U0474243

光明社科文库
GUANGMING DAILY PRESS:
A SOCIAL SCIENCE SERIES

·经济与管理书系·

企业经济责任审计
——基于新时期电网企业的实践与应用

王鑫根 张晓利 宋志波 | 著

光明日报出版社

图书在版编目（CIP）数据

企业经济责任审计：基于新时期电网企业的实践与应用 / 王鑫根，张晓利，宋志波著 . －－北京：光明日报出版社，2021.5
ISBN 978－7－5194－5934－5

Ⅰ.①企… Ⅱ.①王…②张…③宋… Ⅲ.①电力工业—工业企业管理—经济责任审计 Ⅳ.①F239.62

中国版本图书馆 CIP 数据核字（2021）第 066714 号

企业经济责任审计：基于新时期电网企业的实践与应用
QIYE JINGJI ZEREN SHENJI：JIYU XINSHIQI DIANWANG QIYE DE SHIJIAN YU YINGYONG

著　　者：	王鑫根　张晓利　宋志波		
责任编辑：曹美娜		责任校对：张　幽
封面设计：中联华文		责任印制：曹　净

出版发行：光明日报出版社
地　　址：北京市西城区永安路 106 号，100050
电　　话：010－63169890（咨询），010－63131930（邮购）
传　　真：010－63131930
网　　址：http：//book.gmw.cn
E － mail：caomeina@ gmw.cn
法律顾问：北京德恒律师事务所龚柳方律师

印　　刷：三河市华东印刷有限公司
装　　订：三河市华东印刷有限公司
本书如有破损、缺页、装订错误，请与本社联系调换，电话：010－63131930

开　　本：170mm×240mm	
字　　数：207 千字	印　　张：13.5
版　　次：2021 年 5 月第 1 版	印　　次：2021 年 5 月第 1 次印刷
书　　号：ISBN 978－7－5194－5934－5	
定　　价：85.00 元	

版权所有　　翻印必究

目 录
CONTENTS

引　言 …………………………………………………………………… 1

第一章　电网企业经济责任审计实践的发展回顾 …………………… 6
　第一节　我国企业经济责任审计的制度变迁与实践进展 ………… 6
　第二节　电网企业经济责任审计的发展历程与当下模式 ………… 32

第二章　新时代电网企业经济责任审计面临的新形势 ……………… 46
　第一节　国家政策层面对电网企业经济责任审计的新要求 ……… 46
　第二节　公司发展层面对电网企业经济责任审计的新需要 ……… 69

第三章　新时代电网企业经济责任审计的国内外经验参鉴 ………… 86
　第一节　国外企业经济责任审计经验参鉴 ………………………… 86
　第二节　国内企业经济责任审计经验参鉴 ………………………… 104

第四章　新时代电网企业经济责任审计的指标体系及其评价 ……… 120
　第一节　经济责任审计指标体系构建的重要意义 ………………… 121
　第二节　经济责任审计指标体系构建面临的困境 ………………… 125
　第三节　现有经济责任审计指标体系构建的方法及经验借鉴 …… 129
　第四节　电网企业经济责任审计指标体系构建的价值取向 ……… 136
　第五节　电网企业经济责任审计指标体系构建的指导原则 ……… 140

第六节　电网企业经济责任审计指标体系构建的内容维度 …………… 143
　　第七节　电网企业经济责任审计指标体系构建的运用展望 …………… 150

第五章　新时代电网企业经济责任审计的完善路径 …………………… 152
　　第一节　明确电网企业经济责任审计的基本理念 ……………………… 152
　　第二节　探索中国特色电网企业经济责任审计的有效方案 …………… 165

参考文献 ……………………………………………………………………… 191

后　记 ………………………………………………………………………… 209

引 言

作为一种具有鲜明中国特色的审计方式，经济责任审计始于我国20世纪80年代的厂长离任经济责任审计，国家审计机关和理论界沿着这一道路进行了大量的探索，先后经历了开局起步、积极探索、逐渐规范等阶段。2017年，党的十九大明确提出全面依法治国和全面从严治党新战略，要求"改革审计管理体制"，构建党统一指挥、全面覆盖、权威高效的监督体系。其后，2018年3月，中国共产党中央审计委员会成立。党中央和国务院高度重视经济责任审计工作的开展，习近平总书记在中央审计委员会第一次会议上进一步指出："审计工作是党和国家监督体系的重要组成部分，应全面做到应审尽审"，再次强调要"努力构建集中统一、全面覆盖、权威高效的审计监督体系"[①]，标志着我国经济责任审计工作进入新的发展阶段。

2020年1月，习近平在对全国审计机关受表彰的先进集体和先进工作者的祝贺中，又再次强调指出"审计机关要在党中央统一领导下，适应新时代新要求，紧紧围绕党和国家工作大局，全面履行职责，坚持依法审计，完善体制机制，为推进国家治理体系和治理能力现代化作出更大贡献"[②]。在上述国家宏观背景下，立足于我国经济社会领域发生的深刻变革，在新时代国家治理体系与治理能力现代化框架下开展经济责任审计研究，探究经济责任审计发展的战略方向和思路，以及完善经济责任审计体制具有重要意义。

对电网企业来说，加强新形势下的经济责任审计工作具有尤为突出的意

---

① 习近平：加强党对审计工作的领导［EB/OL］. 新华网，2018-05-23.
② 习近平对审计工作作出重要指示［EB/OL］. 新华网，2020-01-02.

义和紧迫性。首先，电网企业的特大国有企业身份使其经济责任审计工作具有全国性的重要影响。国有企业是国民经济的中坚力量，是推进国家现代化、保障人民共同利益的重要力量，对增强我国综合实力做出了重大贡献，国有企业经济责任审计对国有企业的健康长久发展、对国民经济的发展至关重要。而电网企业是国有企业中的重要组成部分，是关系国民经济命脉和国家能源安全的特大型国有重点骨干企业，所提供的电力服务是影响人民群众生活和工业生产的重要能源和基础设施，通过经济责任审计保障电网企业健康发展具有"重中之重"的关键地位。

其次，电网企业的经营风险使其经济责任审计工作的推进面临紧迫性。作为国有特大型企业，电网企业产权结构极为复杂、经营范围广泛、管理层级众多、管理差异明显。这使得电网企业的改革与发展经常处在社会舆论的风口浪尖，受到政府和社会各界的广泛关注。这些都对电网企业的经济责任审计工作提出了更高更新的要求，如何通过有效的经济责任审计控制经营风险成为电网企业需要高度重视的问题。同时，在我国经济发展由高速增长向高质量发展的转型背景下，电网企业如何促进内部审计工作的创新发展，从而适应经济发展的宏观形势构成了当前亟须解决的问题。

概言之，国家关于经济责任审计工作的新要求构成了推进电网企业经济责任审计工作的宏观政策背景，而特大国有企业的身份和现时期的经营风险则进一步赋予了推进电网企业经济责任审计工作的独特使命和深远意义。为对接国家宏观要求、适应时代发展需求以及助推企业战略目标实现，本研究围绕新形势下电网企业经济责任审计的实践与应用，寻求优化电网企业经济责任审计的思路和对策建议。

在具体内容上，本研究围绕新形势下电网企业经济责任审计实践与应用问题，按照"现状评估——问题挖掘——政策建议"的总体研究框架组织相关内容，主要包含电网企业经济责任审计历史回顾、政策需求、经验借鉴、指标体系建构、政策建议五个部分，分别对应于本研究的五个主要章节。在各章内容的整理和书写过程中，综合使用了政策文本分析法、案例研究法、实地调研等方法，通过将面上的调研和深度的蹲点调查、参与式观察统一起来，实现点面结合，保证调查的深度和广度。

通过本研究，课题组旨在就我国电网企业经济责任审计问题做出如下贡献：第一，明确经验与问题，总结电网企业经济责任审计的发展历程与现状。通过对电网企业的经济责任审计工作多个维度的细致考察，结合电网企业经济责任审计发展历程和基本经验，从新时代电网企业经济责任审计工作的实际出发，梳理总结出新时代电网企业经济责任审计的现状与问题。电网企业要提升经济责任审计工作的水平，无疑要明确当前电网企业经济责任审计工作发展定位和存在问题。因此，本研究的目标之一就是梳理出新时代电网企业经济责任审计工作在转变发展方式、计划管理、质量控制、成果运用、考核评价等方面面临的具体问题与挑战，并结合新时代电网企业经营管理环境的新变化、国家政策导向的新要求，明确指出新时代电网企业的经济责任审计工作建设的短板与弱项。

第二，研判环境与需要，辨明电网企业经济责任审计的国家政策导向和企业发展环境。针对党和国家都高度重视国有企业经济责任审计工作的进展，各级政府出台了一系列的政策规定，本项目将全面梳理涉及经济责任审计工作相关内容的政策体系，厘清国家政策对电网企业的要求，明确新时代电网企业的发展环境和定位，在此基础上，探究我国电网企业审计实践中存在的问题，并提出相关政策、制度以及方法层面的建议，以期提升电网企业经济责任审计体制的运行效率和效果。

第三，总结国内外经验，归纳国内外电网企业经济责任审计工作的先进经验。在尽可能的国际国内比较的基础上，总结电网企业的经济责任审计工作发展的经验教训，探索应对不断提高的工作标准与现有经济责任审计发展方式转变动力不足和科学化水平不够之间的矛盾对策，力图为促进电网企业经济责任审计的高效化转型、科学化发展奠定基础，为实践部门提供有效的、可操作的理论建议。同时，以国际国内先进经验为依据，结合新时代电网企业经济责任审计工作的实际，探索适合新时代国内电网企业经济责任审计的发展之路，为新时代国内电网企业的经济责任审计工作标准化建设、合理化管理、高效化运作、合理化考核提供未来方向。

第四，辅助顶层设计，为新形势下电网企业实践部门提供顶层设计参考。基于电网企业经济责任审计工作的建设实践，致力于形成经验总结和理论提升，分析电网企业经济责任审计建设的成功经验和基本规律，探索电网企业经济责任审计建设的普遍性共识，持续推进电网企业经济责任审计工作改革及建设创新，从电网企业经济责任审计的发展战略、建设格局、运行机制、电网企业经济责任审计的制度框架等层面，通过对电网企业经济责任审计建设实践的大数据挖掘和分析，基于丰富的电网企业经济责任审计建设实践案例库建立基础上，探索电网企业经济责任审计的内在机理，把握电网企业经济责任审计建设格局的整体态势，提出宏观上的、系统性的、有针对性的理论指导，研究新时代电网企业经济责任审计建设格局重构问题，为实践部门提供顶层设计方案参考。

第五，拟订行动方案，提出电网企业经济责任审计工作创新的行动策略。基于前述电网企业经济责任审计建设的理论框架、体制关键、功能节点以及电网企业经济责任审计评估的研究，在总结升华以往电网企业经济责任审计体制改革及经济责任审计机制创新的经验与智慧的同时，提炼电网企业经济责任审计体制改革以及电网企业经济责任审计发展创新的诸多要素，以治理理论为基础，综合运用管理学、协同学、博弈论等进行研究，提供更多高质量、高层次、有针对性的对策建议，为新时代电网企业经济责任审计工作实践部门提供实地调研资料和决策咨询报告，提出新时代电网企业经济责任审计工作发展创新的行动策略。

第六，提供制度化平台，为电网企业经济责任审计的实践与理论研究部门提供制度化沟通平台。面向全国，以问题为导向，聚焦新时代电网企业经济责任审计体制与经济责任审计实践问题，以电网企业经济责任审计工作的发展阶段为聚类，收集全国各地电网企业经济责任审计工作创新的实践案例，形成电网企业经济责任审计工作创新案例库，以便系统梳理和总结各地实践中的经验和不足，为新时代各地电网企业进行经济责任审计创新探索提供实证的参考样本，为学术研究和实践部门提供研究素材与经验借鉴，致力于建立新时代电网企业经济责任审计建设的实践调研基地联盟，形成一个相对稳定、有一定知名度的电网企业经济责任审计研究学术共同体，形成实践部门和理论部门的常态化交流互动机制，为新时代电网企业经济责任审计实践与理论研究部门提供制度化沟通平台。

总体而言，新形势下电网企业经济责任审计工作的建设任务虽然千头万绪，但归结起来，主要包括以下几个重点：应对新问题和转变发展方式、提高工作水平、加强和创新工作机制、全面完善经济责任审计体系、提升经济责任审计工作的科学化水平、提升经济责任审计的建设标准。因此，本研究集中探讨电网企业如何应对新问题和转变发展方式、加强和创新工作机制、全面完善经济责任审计工作体系、提高经济责任审计的建设标准、提升经济责任审计工作的科学化水平，并在这一最终目标下探索具体的实现路径，为推进新时代电网企业经济责任审计工作的建设提供智力支持。

第一章

电网企业经济责任审计实践的发展回顾

知悉过往，方能辨明方向。电网企业经济责任审计工作的改进首先要明确其来路和当前状况，从而在准确把握电网企业经济责任审计工作发展定位、现存问题、当下需要的基础上进行定向施策。大体看来，我国电网企业经济责任审计是国家整体企业经济责任审计体系中的一部分，其发展历程和当下模式是符合我国整体的企业经济责任制度变迁和实践发展的一般模式，同时又具有行业性、专业性分工决定的特色之处，存在整体与部分、一般与特殊相辩证统一的实践逻辑。

第一节 我国企业经济责任审计的制度变迁与实践进展

企业经济责任审计是一项具有中国特色的审计制度，是我国社会主义市场经济体制逐步成熟完善的产物。在企业所有权与经营权分离的情况下，如何保障受托经济责任的充分履行，监督企业领导干部权力的行使，加强企业管理，提高企业效益，是经济责任审计工作存在的重要意义。[1] 20世纪90年代开始，企业内审中开始实施经济责任审计，目前已经成为各个企业审计部门的一项重要业务，且发挥着越来越重要的作用。企业经济审计工作有其自身制度变迁的独特历史逻辑。

---

[1] 中国石化审计局武汉分局课题组. 经济责任审计实务研究——与经济效益审计相结合的经济责任审计 [J]. 中国内部审计, 2012 (1): 38-43.

一、我国企业经济责任审计的制度变迁

纵观我国审计工作发展历程，我国最高审计机关——中华人民共和国审计署成立于1983年9月，企业经济责任审计起源于厂长（经理）承包责任的审计，大体经历了四个发展阶段：第一阶段，1987年之前，属于利益导向阶段，主要是厂长（经理）离任审计；第二阶段，1987—1992年，属于契约导向阶段，主要是承包经营责任审计；第三阶段，1993—2010年，属于体制、产权导向阶段，主要是领导干部任期经济责任审计；第四阶段，2010年之后，属于国家治理视角下经济责任审计定位重塑阶段。①② 在企业经济责任审计发展的不同阶段，审计的具体要求、审计目标、审计模式均呈现出不同的特点，并随着中国特色社会主义市场经济体制的不断发展、成熟和完善，始终与我国经济社会发展同呼吸共命运，与国家改革开放同步伐共前进。具体见表1-1。

表1-1 企业经济责任审计发展的四阶段

阶段	起始时间	特征	审计主体	审计客体	审计目标	审计内容
利益导向阶段	1987年前	厂长（经理）离任审计	企业主管机关提请审计机关	厂长（经理）	完善党委领导下的厂长负责制	离任经济责任审计
契约导向阶段	1987—1992年	承包经营责任审计	国家审计机关及其委托的审计组织	承包合同双方及其经营者	监督承包经营责任制	根据承包合同进行审计
体制、产权导向阶段	1993—2010年	领导干部任期经济责任审计	经济责任审计专口机构，配备专口审计人员	国企负责人，党政机关和事业单位领导	维护国有资产安全，促进企业可持续发展	任期责任审计

---

① 张莉. 国家审计与国家治理能力研究［D］. 天津：天津财经大学，2017.
② 马红光. 国家治理视角下国家审计的定位［J］. 现代审计与经济，2011（S1）：4-5.

续表

阶段	起始时间	特征	审计主体	审计客体	审计目标	审计内容
国家治理导向阶段	2010年后	经济责任审计定位重塑	组建中央及审计委员会	国企负责人，党政机关和事业单位领导	监督权力运行、推进民主法治、加强反腐倡廉	审计监督全覆盖

（一）我国企业经济责任审计发展的四个阶段

1. 第一阶段（1987年前）：利益导向的厂长（经理）离任审计阶段

中华人民共和国成立之后，我国物资贫乏、百废待兴，国家实行计划经济体制，集中控制各类物资的生产、供应和消费，保障了我国经济建设的恢复与社会的平稳运行。为进一步解放和发展生产力，1978年国家开始施行经济体制改革，十一届三中全会做出了把全党工作重点转移到经济建设上来的决定，在以农业生产为中心的农业经济体制改革取得一定成功后，逐步将改革重点转向以大中型国有企业为中心的城市经济体制改革上来。[①] 为了调动国有企业的生产积极性，国家采取政企分开，扩大企业自主权，实行厂长（经理）负责制等一系列"放权让利"的改革举措。

1979年7月，国务院颁布了《关于扩大国营企业经营管理自主权的若干规定》等文件，第一次将企业的经济利益与经营效益联系起来。[②] 1984年国务院颁布了《进一步扩大国营工业企业自主权的暂行规定》，国有企业在组织机构设置、人事制度、生产经营计划、相关物资选购、产品价格、销售安排等近10个方面拥有越来越大的自主权，成为相对独立的经济实体，这些举措更进一步刺激了国企生产积极性，为企业提质增效注入活力，企业生产效率大大提高，为社会主义商品经济的发展提供支持。

另一方面，在企业自主权不断提高的同时，国家行政管理部门无法全面

[①] 周锦南. 经济责任审计存在的问题与对策分析 [J]. 中国行政管理, 2006 (4): 40–41.

[②] 叶正茂. 论我国企业改革与经济利益关系 [J]. 长沙民政职业技术学院学报, 2005 (2): 32–35.

了解企业的生产经营情况，只有负责的厂长（经理）完全掌握企业各项经济指标，国家与企业间信息不对称的情况越来越突出，由此带来了许多国企管理问题。① 由于"放权让利"，企业成为相对独立的经济实体，企业管理者和职工的工资与企业的生产经营效益相联系，企业的利润留成直接决定了管理者和职工的工资与福利水平。② 但是，在一定时期内，企业净收入是个定量，国家、企业、个人三个利益主体分蛋糕的时候，是此消彼长的关系。为了保障各方利益，加强对国有企业经营管理的监督，约束厂长（经理）的权力，也为了更有效地保障厂长（经理）的合法权益，开展制度化的奖优罚劣，地方行政管理部门开始从审计管理角度，探索施行厂长（经理）离任经济责任审计工作。

1985年，我国东三省地区开始探索实施厂长（经理）离任经济责任审计。以黑龙江齐齐哈尔市的审计实践为例，1985年4月，该市最先对国企厂长（经理）进行经济责任审计，截至1987年12月，共有281名厂长（经理）接受了市审计机关的经济责任审计，依据经济责任审计结果，提职35人，重奖34人，平调149人，免职49人，降职撤职9人，5人接受司法机关处理。地方厂长（经理）经济责任审计的先进做法引起了中央政府的高度关注。

1986年9月，中共中央、国务院联合发文，要求进一步推进和完善厂长（经理）负责制，《全民所有制工业企业厂长工作条例》中明确指出："厂长离任前，企业主管机关（或会同干部管理机关）可以提请审计机关对厂长进行经济责任审计评议。"③ 随后，审计署发布文件《关于开展厂长离任经济责任审计工作几个问题的通知》，对厂长（经理）经济责任审计工作给出了操作性说明，包括审计内容、审计范围、审计程序以及相关法律依据等。在

---

① 刘奎宁. "走出去"背景下国有企业信息不对称问题 [D]. 昆明：云南财经大学，2013.
② 梅爱冰，潘胜文. 我国垄断行业职工工资外收入状况分析 [J]. 湖北社会科学，2011（4）：88-91.
③ 薛敏. 国家治理视角下完善经济责任审计对策研究 [D]. 上海：上海交通大学，2013.

《条例》和《通知》的指导下,各省、内贸部、地矿部等出台了地方性和部门性的厂长(经理)离任经济责任审计规定,规范了主管国有企业的经济责任审计工作。厂长(经理)离任经济责任审计工作不仅可以督促各位厂长(经理)在任期内积极履行经济责任,严格规范自身权利行使的合法性与合规性,进而保障国家资源的优化配置与财产安全,而且可以在厂长(经理)离任前解脱其经济责任,以达到澄清是非、奖优罚劣的目的,为推进国家经济体制改革提供制度保障。①②③

国有企业第一阶段改革,主要内容是放权让利,改革从企业外部环境着手,实现了经济体制改革的过渡,但未能从根本上解决问题。国家通过肯定企业局部利益的存在,来调动企业的积极性,却造成一种尴尬的困境:一方面,企业将大力争取自身利益,从而导致了经济增长的同时,国家财政收入年年降低。另一方面,加快国民经济建设,推进改革措施,财政支出会逐年增加。这种收支差距不断拉大的现象显然会给我国财政体系带来难题。因此,在这种情况下一种新的经营方式——承包制,被推上历史舞台。从1987年开始,国有大中型企业的改革逐渐转向承包经营责任制,审计形式也发生了转变。④

2. 第二阶段(1987—1992年):契约导向的承包经营责任审计阶段

以放权让利为主要特征的第一阶段改革,大大激发了企业生产经营的积极性,也为经济体制改革的深入推进初步奠定了基础。这也引发了一个重要问题,即如何更好地规范企业的留利行为,从而合理界定政府与企业间的利益关系。我国国企改革在实践中提出的解决方法是根据《合同法》规范,设定企业对政府承包上缴利润的经营责任制形式。

---

① 冯宁. 内部审计视角下领导干部经济责任审计存在问题及对策[J]. 财会学习,2020(3):158,160.
② 李岩. 中央企业开展经济责任审计存在的问题及对策[C]//全国内部审计理论研讨优秀论文集2011. 中国内部审计协会,2012:307-316.
③ 黄太宏. 公司治理视角下经济责任审计的特点、问题和对策研究[J]. 中国内部审计,2012(7):37-39.
④ 于玉林. 经济责任审计的认识[J]. 山东科技大学学报(社会科学版),2002(1):52-56.

1987年3月，六届人大五次会议明确提出：1987年经济体制改革的重点是完善企业经营机制，具体来说，是要遵循所有权与经营权相分离的原则，在企业中积极推进实行承包经营责任制。①

企业承包经营责任制，是指在国家宏观经济计划的统一安排和集中指导下，通过承包经营合同，来确定企业的生产经营活动中国家和承包人各自的权、责、利，使企业成为自主经营、自负盈亏的商品生产者和经营者的一种生产经营管理制度。②③ 承包制的选择是从我国的现实国情出发的，所有权属性没有调整，却实现了两权分离，在观念上，这较易为各主体接受。这一改革未曾否定前期改革中的利改税乃至放权让利的成果，衔接了先前的改革措施。承包制大大激发了企业负责人和企业职工的积极性，激发了企业活力，企业效益显著提高。1987年起，承包经营责任制在全国大中型企业普遍推行开来。这一责任制形式迅速发展，承包的内容不断扩大，承包的形式日趋多样，随着企业内部管理改革的逐步进展，承包经营责任制也渐渐朝着规范化和制度化的方向前进。

实现财产所有权与经营权相分离，是审计的重要前提。因此，需要对以所有权与经营权相分离为特征的承包经营责任制进行审计监督。在企业的所有权不变的前提下，承包者与国家签订合同，从而获取国有企业的经营权和财产使用权。承包者进行生产经营时，需要遵循合同规定的各种约束条件，承担企业的经济责任，从而得到相应的经济利益。结合当时的时代背景来看，承包经营责任制有利于激发职工投入生产的积极性，增强企业活力，提高经济效益，但这一责任制也不可避免地带来一些新的矛盾和问题，例如，承包基数的确定较为困难，从而很难判断标准是否科学；监督承包者的生产经营活动，确保其没有只顾眼前利益不顾长远利益和社会效益的短期行为，则是一项更为复杂的任务；评价承包者是否完成了经营合同，经营成果是否真实；合同规定的奖惩是否合理执行等。这些需要审计部门来监督和评价，

---

① 王欣. 任期经济责任审计问题研究 [D]. 长春：吉林财经大学，2010.
② 李占祥. 搞活国营大中型企业的理论与实践 [J]. 中国人民大学学报，1992 (2)：32-37.
③ 牟继慧，李秀娟，张琛. 论承包经营责任制审计 [J]. 物流科技，2001 (1)：32-34.

以保证国有资产不受非法侵占。

　　1988年2月,国务院颁布了《全民所有制工业企业承包经营责任制暂行条例》,第七条规定:"实行承包经营责任制,由国家审计机关及其委托的其他审计组织对合同双方及其经营者进行审计。"1988年7月1日,审计署发布《关于全民所有制工业企业承包经营责任审计的若干规定》,文件中详细规定了承包经营责任审计的内容、范围、重点和审计程序等重点问题。①②

　　以山东省为例,1989年10月10日山东省审计局颁布了《山东省全民所有制企业承包经营责任审计办法》,全省工业交通企业审计的重点逐渐转向承包经营责任审计。山东省审计局先后对省纺织供销公司、省一轻供销公司、青岛钢铁总厂、省国际海运公司、济南钢铁总厂、招远金矿、浪潮集团和龙口港务局等大型国有企业进行了承包经营责任审计,致力于维护国家、企业、承包者和经营者的合法权益,为促进和保障承包经营责任制的健康发展发挥了重要作用。承包经营责任审计由期前审计验证、期中年度例行审计和期末终结审计评价三个部分构成。③④ 审计的目标是确定下一轮承包基数,一方面能减少并遏制企业经营中的短期行为和分配不公行为,另一方面也将成为下一轮承包的重要参照信息,更为重要的是,承包责任审计能为正确实施对承包者的奖惩提供合理依据,并为检验合同的完成和考核任命干部提供参照。在这一阶段,审计的主要特点是对签订承包合同的双方都进行审计,审计的依据是承包合同。按规定,审计机关对承包双方进行审计,但在实践过程中,由于发包方是企业主管部门、财政部门等国家机关和行政机构,导致了在实际工作中,审计工作仍主要是对承包方的履约情况进行审计。⑤

　　对于我国的国民经济发展而言,实施承包经营责任制的积极作用是十分

---

① 邢维全. 我国经济责任审计制度与国有企业改革的互动关系——历史路径与未来发展 [J]. 天津商业大学学报, 2016, 36 (1): 20-25.
② 张晓春. 关于国有企业改革试点的思考 [J]. 华北电力大学学报(社会科学版), 2001 (1): 23-26.
③ 洪鑫. 国有企业领导人员经济责任审计评价体系研究 [D]. 南京: 南京审计大学, 2018.
④ 张在银. 建立科学严谨的企业经济责任审计评价体系 [J]. 中国审计, 2008 (2): 57.
⑤ 赵芳. 企业经济责任审计评价体系研究 [D]. 北京: 北京化工大学, 2008.

明显的，但在实践中，承包经营责任制也表现出了一定的局限性和问题，例如，合同基数难以承受外部环境变化的冲击，承包者承担盈余，却不为亏损负责的问题；承包者趋于关注短期利益的行为：承包期内，企业扩展及产业结构的调整受到限制。尤其是产业结构调整等一系列重大问题，是承包制本身所无法解决的，我国的经济发展需要对整个经济体制进行深化改革。1992年10月，党的十四大确立了中国经济体制改革的目标：建立社会主义市场经济体制。这使得国有企业的改革和发展进入了一个新的阶段。[1] 这一阶段改革的主要内容是：对国有企业进行股份制改革和建立现代企业制度。随后，现代企业制度逐渐替代了承包经营责任制。以契约为导向的承包经营责任审计逐渐转向领导干部任期经济责任审计。经济责任审计的功能不再仅仅是经济体制改革的配套措施，而是逐渐转化成为干部监督管理机制的重要组成部分。[2][3]

3. 第三阶段（1993—2010年）：产权导向的干部任期经济责任审计阶段

党的十四大以后，随着改革开放的深入推进，社会主义市场经济体制逐步确立，给我国的社会环境和经济环境带来很大影响，经济建设取得举世瞩目的显著成绩，事实证明市场经济有利于确保资源的配置效率，有利于解放和发展生产力，提高人民的生活水平，并且培育了人们的时效观念、竞争观念、平等观念和法制观念等。[4] 但是在积极作用之外，市场经济也有其消极影响：它为商品化和消费主义的盛行提供了土壤，助长了享乐主义、拜金主义、极端个人主义、利己主义等思想。[5]

在新的形势下，原有的干部监督管理约束机制无法适应社会主义市场经

---

[1] 张神根. 试析1992年以来经济体制改革的特点［J］. 当代中国史研究，2001（5）：33-42.

[2] 杨卫东. 论新一轮国有企业改革［J］. 华中师范大学学报（人文社会科学版），2014，53（3）：29-43.

[3] 于玉林. 经济责任审计的认识［J］. 山东科技大学学报（社会科学版），2002（1）：52-56.

[4] 张琼. 论我国现代法治社会的形成条件［J］. 四川职业技术学院学报，2005（2）：15-17.

[5] 李芳田. 试论全球化时代我国人文精神缺失的根源［J］. 前沿，2009（5）：10-15.

济的要求，这对党风廉政建设和反腐败斗争提出了更高的要求。领导干部的廉洁程度和政绩是纪检监察机关和组织部门对其监督考核的重点，而领导干部经济责任的履行情况则是这一重点的集中反映和重要体现。① 但由于各种条件的制约，监督管理部门很难对领导干部的经济活动和经济责任做出科学的考查和评价，从而很难对其廉洁程度和政绩进行全面科学的评价。在现实背景下，全国各地在党政机关和企事业单位试行了领导干部离任经济责任审计制度，把领导干部任期经济责任审计作为考核领导干部政绩、判断奖惩、选育用留的必要程序，纳入干部监督管理工作，并取得一些实践成效。②

1999年5月24日，中共中央办公厅、国务院办公厅印发了《县级以下党政领导干部任期经济责任审计暂行规定》和《国有企业及国有控股企业领导人员任期经济责任审计暂行规定》，具体阐述了领导干部任期经济责任审计的目的，详细规定了审计对象、范围、内容、程序、审计经费。在这一阶段，相较于前两个阶段而言，审计对象的范围明显扩大，不仅包括国有企业负责人，党政机关和事业单位的领导也成为审计对象。③④

在此背景下，审计署以《国有企业及国有控股企业领导人员任期经济责任审计暂行规定》，以及党的十五届四中全会《关于国有企业改革和发展若干重大问题的决定》提出"实行企业领导人员任期经济责任审计"的要求为契机⑤，从2000年开始，逐渐推进中央企业经济责任审计，初步摸索出"摸家底、揭隐患、促发展"的中央企业经济责任审计总体思路。⑥

随着改革的不断深入，我国建立并完善了现代企业制度，公有制的形式也日益多样化。一方面，在关系国民经济命脉的重要行业和关键领域，国有

---

① 陈宏立. 国有企业经济责任审计问责与党风廉政建设问题浅析 [J]. 商业会计, 2016 (7): 82 - 83.
② 李勋. 我国经济责任审计发展历程研究 [J]. 鸡西大学学报, 2012, 12 (2): 59 - 60.
③ 吴正东. 新形势下国有企业党委书记经济责任审计研究 [J]. 商业会计, 2017 (18): 72 - 73.
④ 李丹丹. 论新常态下经济责任审计的定位及方向 [J]. 行政事业资产与财务, 2016 (4): 75 - 76.
⑤ 王坤. 国有企业领导人员经济责任审计研究 [D]. 南京: 南京审计大学, 2018.
⑥ 张桂红. 对新常态下国有企业领导人经济责任审计的思考 [J]. 财会学习, 2019 (34): 162 - 163.

经济仍然占据重要的支配地位，另一方面，在其他领域，国有企业可以通过资产重组和结构调整，来提高国有资产的整体质量。国家作为国有资产的所有者，关注国有资产的安全、保值与增值。① 生产资料公有制实现形式的多样化必然带来审计监督的对象、内容多样化，有针对性地进行经济责任审计才能确保国有资产的安全。国家审计机关拥有从资产所有权中分化出来的审计监督权，应对不同所有制中的国有资产进行审计监督。随后，经济责任审计也将向产权导向阶段过渡发展。

2000—2003 年，中央先后下发多个规范经济责任审计工作的文件，中央和地方各级均建立了经济责任审计联席会议制度，审计署和各级审计机关都设立了经济责任审计专门机构，配备了专门审计人员。

2005 年，中石油集团原领导人员开展经济责任审计，这一实践给中央企业经济责任审计注入了新的思路和审计理念。② 此次审计中，审计组跳出常规思维，对大庆油田后备资源严重不足、设备维修和改造严重落后等重大问题进行了认真研究，并向国务院做了专题报告，在促进企业可持续发展方面，此次审计成果发挥了重大作用。2006 年，新修订的《审计法》颁布，确认了正式经济责任审计的法律地位；党的十七大和十七届四中全会，更是明确提出要健全、完善经济责任审计制度。③ 法律规定和重大会议的要求协同促使了中央企业经济责任审计的层次和水平全面发展，稳步提高，扩展到"把握总体、揭露隐患、服务发展"，在审计中，维护国有资产安全、促进企业可持续发展成为两大审计目标，监督与服务并头推进。④

2010 年 10 月，中共中央办公厅和国务院办公厅颁布了《党政主要领导干部和国有企业领导人员经济责任审计规定》（简称两办规定），明确规定了

---

① 曹丽丽. 从政府审计的视角透视我国国有资产保值增值 [J]. 前沿, 2007 (12): 96-99.
② 洪鑫. 国有企业领导人员经济责任审计评价体系研究 [D]. 南京：南京审计大学, 2018.
③ 李晓慧, 金彪. 中央企业领导人员经济责任审计的现状及其特征研究 [J]. 审计研究, 2013 (6): 33-36, 44.
④ 曾金鸾. 扬州市国有企业审计的发展现状与对策研究 [D]. 扬州：扬州大学, 2016.

审计对象、审计内容、审计程序、审计评价及审计结果的运用。这标志着我国的经济责任审计全面走向法制化、规范化道路。2011年7月，审计署出台《深化经济责任审计工作的指导意见》，对贯彻两办规定做出具体部署。上述政策规定标志着中央企业经济责任审计的工作思路和审计内容更为清晰，构建了"强化管理、推动改革、维护安全、促进发展"的总体思路；自此，中央企业经济责任审计更加强调对权力的监督制约和责任的落实，从查处违法违规问题转变为对重大违法违规问题和完善体制提升绩效问题"两手抓"的任务倾向。① 审计工作在促进企业发展，推动国企改革等方面日益发挥出更大的作用。

4. 第四阶段（2010年后）：国家治理导向的经济责任审计定位重塑阶段

2011年后，我国企业经济责任审计进入深化发展阶段。2011年7月，刘家义审计长在全国审计工作座谈会上专题论述了深化经济责任审计，第一次明确提出，要从国家治理的高度认识经济责任审计工作的意义和作用。随后，他在中国审计学会理事论坛上发表了题为《国家审计与国家治理》的讲话，指出审计的本质是国家治理大系统中的具有预防、抵御、揭示等功能的内生"免疫系统"，对监督制约权力运行、推进民主法治、加强反腐倡廉、维护国家安全、推动深化改革和维护民生等方面具有重要作用，并就进一步加强审计监督、推动和服务国家治理做出了系统指导和部署安排。② 对推进改革经济责任审计、加强国有企业监督提出了明确要求。这两次讲话，标志着经济责任审计乃至整个国家审计已经开始从服务和推动国家治理的高度来思考发展方向，走入深化发展的新阶段。

2014年7月，中央印发《党政主要领导干部和国有企业领导人员经济责任审计规定实施细则》，将"推进国家治理体系和治理能力现代化"列入总则，并对经济责任审计工作进行了细化规定。③ 2014年10月，国务院印发

---

① 李晓慧，金彪. 中央企业领导人员经济责任审计的现状及其特征研究 [J]. 审计研究，2013（6）：33-36，44.
② 胡志勇. 以国家审计为主导 共同参与国家治理 [J]. 审计与理财，2011（12）：7-8.
③ 楼颖. 国企领导经济责任审计评价指标体系研究 [D]. 杭州：浙江工业大学，2018.

《关于加强审计工作的意见》,明确指出审计工作的战略定位是促进国家治理现代化、促进国民经济健康发展,并对深化经济责任审计提出了明确要求。2016年5月,审计署印发《"十三五"国家审计工作发展规划》,将审计监督机制建设发展目标与国家治理现代化明确挂钩,并将经济责任审计全覆盖列入了目标要求部分。

2018年3月,中国共产党中央审计委员会成立,党中央和国务院高度重视经济责任审计工作的开展,在中央审计委员会第一次会议上,习近平总书记指出:"审计是党和国家监督体系的重要组成部分",应全面"做到应审尽审"。① 经济责任审计是一种具有鲜明中国特色的审计方式,在审计体制改革不断深化的大背景下,在中央审计委员会组建成立后,需要创新适应新时代要求的经济责任审计实践体系,推动经济责任审计的新发展,构建集中统一、全面覆盖、权威高效的审计监督体系,从而实现审计监督全覆盖的战略要求。② 总之,立足于我国经济社会领域发生的深刻变化,在国家治理理论框架下开展经济责任审计研究,深入探究经济责任审计发展的战略方向和前进道路,力图在新时代推进完善经济责任审计体制,推进相关工作的开展和落实,具有极其重要的意义。

(二)我国企业经济责任审计政策体系变迁

1. 中央会议文件要求

党中央和国务院高度重视经济责任审计工作的开展,并在多次中央重大会议中提及。从1984年黑龙江齐齐哈尔、吉林辽源市最早开始实行国有企业厂长(经理)经济责任审计的探索,到1986年国务院和审计署相继发文明确厂长(经理)离任经济责任审计,经济责任审计的制度化建设已经走过了30多年的发展历程,并在多次会议文件中有详细规定,具体见图1-1:

---

① 习近平:加强党对审计工作的领导 [EB/OL]. 新华网, 2018-05-23.
② 任一秋. 财政资金审计监督全覆盖实现路径研究 [D]. 重庆:重庆理工大学, 2016.

时间	1999年9月	2007年10月	2012年11月	2013年11月	2014年10月	2018年5月
会议名称	党的十五届四中全会	中国共产党第十七次全国代表大会	中国共产党第十八次全国代表大会	党的十八届三中全会	党的十八届四中全会	—
会议文件	《关于国有企业改革和发展若干重大问题的决定》	十七大报告	十八大报告	《关于全面深化改革若干重大问题的决定》	《中共中央关于全面推进依法治国若干重大问题的决定》	《关于全面深化改革若干重大问题的决定》
内容	提出"实行企业领导人员任期经济责任审计"的要求	健全经济责任审计等制度，经济责任审计是权力监督制约机制的重要组成部分，把这项工作提升到新的战略高度。	强调健全经济责任审计制度，以建立健全权力运行制约和监督体系，让权力在阳光下运行。	加强和改进对主要领导干部行使权力的制约和监督，加强行政监察和审计监督，形成科学有效的权力制约和协调机制。	加强党内监督、人大监督、民主监督、行政监督、司法监督、审计监督、社会监督、舆论监督制度建设。	习近平总书记指出："审计工作是党和国家监督体系的重要组成部分，应全面做到应审尽审。"

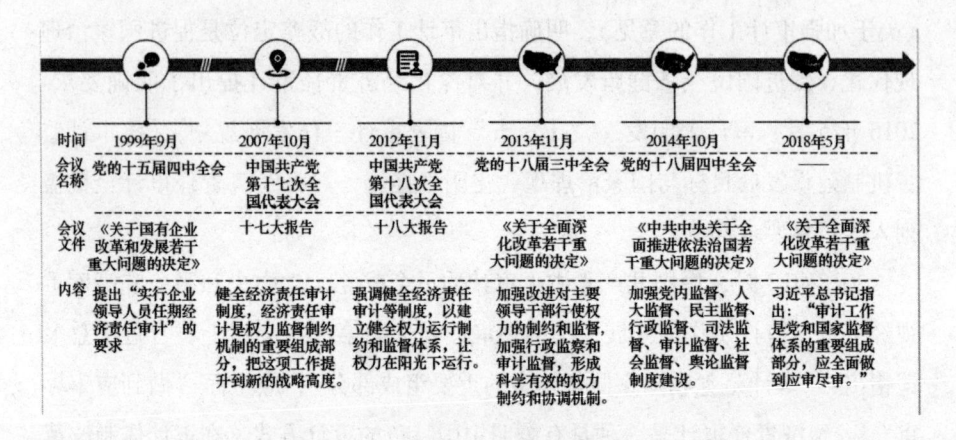

图 1-1 经济责任审计相关会议文件

1999 年 9 月，党的十五届四中全会《关于国有企业改革和发展若干重大问题的决定》提出"实行企业领导人员任期经济责任审计"的要求①；2007 年 10 月，中国共产党第十七次全国代表大会把健全经济责任审计制度，写入了十七大报告，经济责任审计是权力监督制约机制的重要组成部分，十七大把这项工作提升到新的战略高度；2012 年 11 月，党的十八大报告强调健全经济责任审计制度，建立健全权力运行制约和监督体系，让权力在阳光下公开透明地运行；2013 年 11 月，《关于全面深化改革若干重大问题的决定》中关于"加强和改进对主要领导干部行使权力的制约和监督，加强行政监察和审计监督，形成科学有效的权力制约和协调机制"的论述，是作为加强社会主义民主政治制度建设的重要组成部分进行阐述的；2014 年 10 月，《中共中央关于全面推进依法治国若干重大问题的决定》要求："加强党内监督、人大监督、民主监督、行政监督、司法监督、审计监督、社会监督、舆论监督制度建设，努力形成科学有效的权力运行制约和监督体系，增强监督合力

---

① 林炳发，吴威英. 经济责任审计"三结合"问题探讨 [J]. 中国审计，2002 (4)：28-30.

和实效。"①②

2. 政策法规体系发展

在重大会议的指导下,中央部门和审计署先后发布了多个具体的规定、细则和指导意见,审计对象和审计范围逐步扩大,审计组织、审计内容、审计程序、审计要求逐步规范,经济责任审计的框架体系基本成型,根据前文对我国企业经济责任审计发展阶段的划分,主要的政策文件见图1-2:

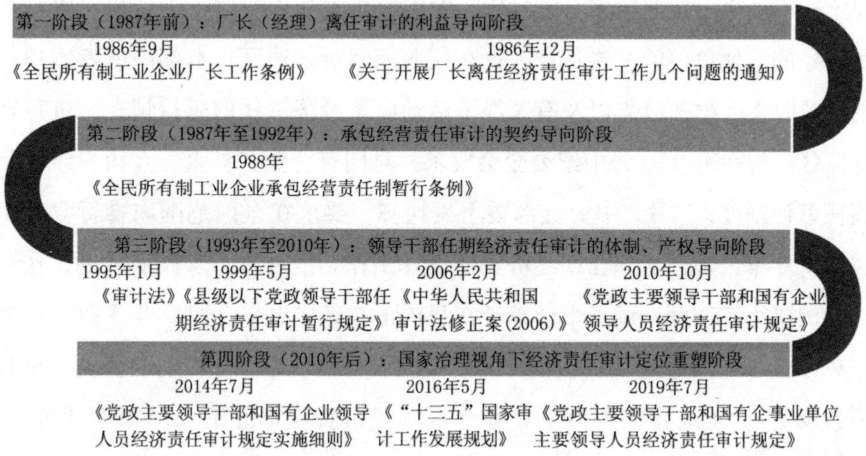

第一阶段(1987年前):厂长(经理)离任审计的利益导向阶段
1986年9月　　　　　　　　　　　　1986年12月
《全民所有制工业企业厂长工作条例》　《关于开展厂长离任经济责任审计工作几个问题的通知》

第二阶段(1987年至1992年):承包经营责任审计的契约导向阶段
1988年
《全民所有制工业企业承包经营责任制暂行条例》

第三阶段(1993年至2010年):领导干部任期经济责任审计的体制、产权导向阶段
1995年1月　　1999年5月　　　　　　2006年2月　　　　　　2010年10月
《审计法》《县级以下党政领导干部任　《中华人民共和国　《党政主要领导干部和国有企业
　　　　　期经济责任审计暂行规定》　审计法修正案(2006)》　领导人员经济责任审计规定》

第四阶段(2010年后):国家治理视角下经济责任审计定位重塑阶段
2014年7月　　　　　　　　　2016年5月　　　　　2019年7月
《党政主要领导干部和国有企业领导　《"十三五"国家审　《党政主要领导干部和国有企事业单位
人员经济责任审计规定实施细则》　　计工作发展规划》　　主要领导人员经济责任审计规定》

图1-2　经济责任审计政策体系变迁

在第一阶段,1986年9月,中共中央、国务院颁布《全民所有制工业企业厂长工作条例》,文件中首次进行了明确规定:"厂长离任前,企业主管机关可以提请审计机关对厂长进行经济责任审计评议。"③ 1986年12月审计署下发《关于开展厂长离任经济责任审计工作几个问题的通知》,标志着经济

---

① 黄泰岩. 我国改革的周期性变化规律及新时代价值 [J]. 经济理论与经济管理, 2018 (11): 31-37.
② 孙立荣. 国有企业领导人员经济责任审计的评价指标体系建设 [C] //中国会计学会高等工科院校分会. 中国会计学会高等工科院校分会第十八届学术年会 (2011) 论文集. 中国会计学会高等工科院校分会, 中国会计学会, 2011: 331-341.
③ 田雪茵. 规范经济责任审计程序　促进企业内部审计工作 [J]. 科技信息, 2010 (13): 400-402.

责任审计正式成为一种独立的审计类型。① 国有企业负责人是经济责任审计在这一历史时期的审计对象。

在第二阶段，1988年，国务院在《全民所有制工业企业承包经营责任制暂行条例》中规定，国家审计机关应对承包经营的合同双方及企业经营者，组织开展审计工作。

在第三阶段，1995年1月1日，现行《审计法》正式施行。第二十五条规定：审计机关按照国家有关规定，对国家机关和依法属于审计机关审计监督对象的其他单位的主要负责人，在任职期间对本地区、本部门或者本单位的财政收支、财务收支以及有关经济活动应负经济责任的履行情况，进行审计监督。1998年1月，中纪委全会要求，对国有企业和县直、乡镇一级实行离任审计制度；2月，中央五部委下发通知，要求在全国范围内推行党政机关、事业单位领导干部任期经济责任审计工作。经过这一阶段的发展，作为一项国家审计制度，经济责任审计在我国正式确立下来。1999年5月，中共中央办公厅、国务院办公厅印发《县级以下党政领导干部任期经济责任审计暂行规定》，正式将县级以下领导干部的经济责任审计纳入国家审计范围。这两个规定颁发后，我国初步建立起较为规范的经济责任审计制度，也标志着我国的经济责任审计已经开始走上规范化、制度化的道路。2000年12月，审计署印发《县级以下党政领导干部任期经济责任审计暂行规定实施细则》和《国有企业及国有控股企业领导人员任期经济责任审计暂行规定实施细则》。随后，各地陆续制定出落实《暂行规定》的地方性法规。这些法规的颁布和实施，促进了经济责任审计的深化和发展，作为一项审计制度，经济责任审计在全国推广，提升了企业经济效益，取得了一系列实践进展。2006年2月，《中华人民共和国审计法修正案（2006）》颁布，其中一处重要修订就是增加了经济责任审计的规定，修正案把实践中行之有效的方法和规定上升到法律层面，这标志着我国的经济责任审计工作已作为一项常规的审计工作来开展，也标志着经济责任审计制度纳入了制度范畴，经济责任审计真正

---

① 杨焕霞. 以风险性为导向进行经济责任审计［J］. 财经界（学术版），2013（9）：212.

上升到法律法规层面，从而真正明确了经济责任审计的法律依据。2010年10月，中共中央办公厅、国务院办公厅颁布了《党政主要领导干部和国有企业领导人员经济责任审计规定》，对经济责任审计对象的范围和层次进行了更广的界定，要求经济责任的审计对象扩大至省部级领导。经济责任审计的范围进一步扩大，意味着经济责任审计成为一种由上至下的考核经济责任和评价官员晋升的重要手段。这为健全和完善经济责任审计制度，加强对党政主要领导干部和国有企业领导人员的管理和监督，推进党风廉政建设提供了具体可行的法律依据，标志着我国经济责任审计进入了一个全新的发展阶段。①②

在第四阶段，2011年7月，审计署出台《深化经济责任审计工作的指导意见》，对贯彻两办规定做出具体部署；中央企业经济责任审计更加强调对权力的监督制约和责任的落实，从查处违法违规问题转变为对重大违法违规问题和完善体制提升绩效问题"两手抓"的任务倾向。③ 2014年7月起，中央纪委机关、中央组织部、中央编办、监察部、人力资源和社会保障部、审计署、国务院国资委联合印发《党政主要领导干部和国有企业领导人员经济责任审计规定实施细则》（以下简称《细则》）、《关于完善审计制度若干重大问题的框架意见》和《第2205号内部审计具体准则》等部门规章，进一步明确了经济责任审计的审计对象、审计内容、审计评价和审计结果运用等内容，形成了较为全面的经济责任审计实践操作体系，对审计工作具有重要的指导意义，这标志着我国的经济责任审计正逐渐进入规范化阶段。④ 2014年10月，国务院印发《关于加强审计工作的意见》，明确指出审计工作的战

---

① 中央经济责任审计工作联席会议办公室主任就《党政主要领导干部和国有企业领导人员经济责任审计规定实施细则》答记者问 [N]. 中国审计报，2014 - 07 - 28 (001).
② 靳殷梦潇. 企业经济责任审计报告的信息质量评估研究 [D]. 哈尔滨：黑龙江大学，2015.
③ 金光一. 国家审计署外资审计司司长孙宝厚博士提出——我国应全面推行经济责任审计制度 [J]. 会计之友，2001 (8)：46 - 47.
④ 褚剑，方军雄，秦璇. 政府审计能促进国有企业创新吗？[J]. 审计与经济研究，2018，33 (6)：10 - 21.

略定位是促进国家治理现代化、促进国民经济健康发展，并对深化经济责任审计提出了明确要求；2016年5月，审计署印发《"十三五"国家审计工作发展规划》，将审计监督机制建设发展目标与国家治理现代化明确挂钩，其中把经济责任审计全覆盖列入了目标要求部分。① 2019年7月，中共中央办公厅、国务院办公厅印发了《党政主要领导干部和国有企事业单位主要领导人员经济责任审计规定》明确阐述了经济责任审计工作指导思想。强调经济责任审计工作必须以习近平新时代中国特色社会主义思想为指导；规范计划管理和审计结果报送；明确审计评价内容；调整责任类型；完善监督纠错机制。

二、我国企业经济责任审计的实践进展

（一）我国企业经济责任审计发展取得的实践成效

经济责任审计作为一种长效的动态监控机制，在经济社会生活中发挥着非常重要的作用。首先，全面发挥审计的监督职责能有效监控国有资产的使用情况，确保国有资产的安全，能促进国有资产的保值与增值；其次，通过经济责任审计，能对领导干部在任职期间的绩效和工作成果进行公平、公正的评价，尽可能避免国有企业管理阶层出现管理短期行为，能有效提高管理质量，推进国有企业良性发展；最后，通过审计可以对领导干部起到督促、警示作用，推动国有企业开展党风廉政建设，确保国有企业健康发展。近年来，我国经济责任审计工作取得了长足的进步和发展，实践成效主要体现在以下五个方面：

1. 审计组织架构逐渐完善

1982年12月4日，第五届全国人民代表大会第四次会议通过《中华人民共和国宪法》，其中第91条规定设立国家审计机关，确立了我国的国家审计制度具有独立的法律地位。1983年，中华人民共和国审计署成立，在国务院的领导下主管全国的审计工作，国家审计制度的独立发展为经济责任审计

---

① 吴正东. 新形势下国有企业党委书记经济责任审计研究［J］. 商业会计，2017（18）：72-73.

制度的产生奠定了基础。县级以上各级人民政府都设立了审计机关，分别在本级人民政府和上一级审计机关的领导下负责本行政区域内的审计工作。①由此，审计机构体系在我国初步建立起来。随着审计工作在国家评价体系中的地位日渐突出，审计部门组织建设得到进一步的完善。

自2000年以后，对国有企业的审计重点逐渐转向对企业领导人员的经济责任审计，着重审计和评价企业会计信息，尤其关注国有企业盈亏的真实性、重大经济决策的合规合法性、资产的质量及保值增值情况、企业领导人员遵纪守法和履行其经济责任的情况；对企业经济责任进行审计的范围也进一步扩展，经济责任审计的对象由省、市国有企业领导人员逐步扩展到中央企业的领导人员；经济责任审计工作的领导机制和工作机制逐步完善，运转良好。经济责任审计结果逐渐得到有效运用，经济责任审计环境日趋良好，为我国经济责任审计的进一步发展创造了条件。②

2018年3月，《深化党和国家机构改革方案》提出，组建中央审计委员会，作为党中央决策议事协调机构。此后，各省、自治区、直辖市也成立了本级审计委员会。审计委员会的设立有利于整合优化各区域经济监督的资源，集中监督力量，增强审计监督的独立性和权威性，有利于在全国推进实现审计全覆盖的目标，有助于提高审计监督的深度和广度，提升审计监督效能。③

目前，全国各地普遍建立了由纪检、组织、审计、监察、人力资源和社会保障和国有资产监督管理等部门组成的经济责任审计工作联席会议制度，成立了由党委或政府领导同志任组长的经济责任审计工作领导小组，建立了专门工作机构，配备了专职审计人员，全国范围内已基本建立起中央、省、

---

① 王华. 国家治理视域下的国家审计研究 [D]. 南京：东南大学，2016.
② 孙立荣. 国有企业领导人员经济责任审计的评价指标体系建设 [C] //中国会计学会高等工科院校分会. 中国会计学会高等工科院校分会第十八届学术年会（2011）论文集. 中国会计学会高等工科院校分会，中国会计学会，2011：331–341.
③ 张涛涛. 新常态下国家审计全覆盖实现路径探析 [J]. 财会通讯，2016（22）：79–81.

市、县四级完备的经济责任审计工作组织管理体制。① 审计组织的健全是国家进行审计工作的基础，完善的审计体系为更好地发挥审计职能铺桥修路，目前我国审计组织体系已初具规模，如何加强体系内部各部门的交流和信息共享，提高审计质量是组织体制改革的首要考虑因素，国家将持续关注审计部门组织架构的情况，为审计工作开展提供更有效的平台和模式。

2. 审计队伍日益专业化、规模化

经济责任审计人即经济责任审计主体，指的是从事经济责任审计工作的专门机构及人员。② 根据《经济责任审计条例（征求意见稿）》的规定，审计机关受托进行经济责任审计，对于属于其审计监督对象的企业，审计机关对其主要负责人实施经济责任审计时，可以采取多种形式，如聘请社会审计机构、评估机构等专业机构的人员参与审计；根据《中央企业经济责任审计实施细则》的规定，国资委可直接组织实施经济责任审计；根据《中央企业经济责任审计管理暂行办法》的规定，国资委组织实施企业经济责任审计工作，可以采取以下三种形式：委托国家相关审计机关开展实施审计工作、聘请具有相应资质条件的社会审计组织承担审计工作任务以及组织或者抽调企业内部审计机构人员实施相关审计工作；根据《县级以下党政领导干部任期经济责任审计暂行规定》，政府审计机关实施经济责任审计工作；根据《国有企业及国有控股企业领导人员任期经济责任审计暂行规定》，政府审计机关可以直接实施经济责任审计，也可委托社会审计组织或者上级内部审计机构进行审计。在我国，经济责任审计主体由政府审计机关、国资委、社会审计机构、评估机构以及内部审计机构等多个主体组成。③

1983 年恢复重建的国家审计机关，其组成人员大多来自财政部门或国有企业财务会计人员，具有国有企业经营财务收支审计的技术专业优势，因

---

① 孙立荣. 国有企业领导人员经济责任审计的评价指标体系建设 [C] //中国会计学会高等工科院校分会. 中国会计学会高等工科院校分会第十八届学术年会（2011）论文集. 中国会计学会高等工科院校分会：中国会计学会，2011：331 – 341.

② 刘琳琳. 基于二次相对效益模型的企业领导人经济责任审计研究 [D]. 哈尔滨：哈尔滨工程大学，2013.

③ 马丽红. 关于国企领导人员经济责任审计几个问题的探讨 [D]. 太原：山西财经大学，2006.

此,从 1985 年开始,在实践进展中,审计部门以各种形式开展任期内经济活动成果的评价和审议,推进了国有企业领导干部经济责任审计的实践探索。

2000 年到 2003 年,中央先后下发多个规范经济责任审计工作的文件,中央和地方各级均建立了经济责任审计联席会议制度,审计署和各级审计机关都设立了经济责任审计专口机构,配备了专口审计人员,这确保了我国审计队伍的专业化和现代化。

3. 审计部门责任分类更加明确

经济责任审计可分为两类:第一类是国家审计机关对党政机关领导干部和国有企业负责人开展的经济责任审计;第二类是党政机关、国有企业对所属单位领导干部开展的内部经济责任审计。

国有企业内部经济责任审计是国有企业内部审计部门接受董事会或管理层的委托,监督和评价领导干部任职期间所在部门的相关经济活动;内部经济责任同时也称为受托经济责任审计,区别于外部受托经济责任审计,内审部门隶属于董事会,内部受托经济责任由管理层直接委托内部审计部门对领导干部进行审计。①

4. 审计方式日益系统、多元

在经济责任审计发展的初期阶段,国有企业审计内容主要侧重于财务审计,以经济增长作为重要考核标准,按审计结果评价领导人的经济责任。传统财务审计的内容主要包括审核财务数据核算的真实性、合法性和合理性。现代企业的发展已不仅仅满足于传统财务审计,资产质量逐步成为关注重点。为适应新常态下我国经济发展的全面化、专业化和创新化趋势,审计部门正在逐步转变审计方式,扩大职能。

第一,从全面审计方式转变为专项审计方式。全面审计方式虽然审计范围大,但正是这种过于宽泛的审计造成了审计质量低下,问题针对性不强的局面。专项审计是着重对某一问题或某一方面进行审查,问题导向性更强,时效性更高,在最大程度上节约审计成本,可以具体问题具体分析,针对国

---

① 赵鋆娜. 新常态下的国有企业内部经济责任审计问题探讨 [J]. 江苏商论, 2018 (12): 113–116.

企改革过程中某个具体问题开展审计调查，并对同一审计项目中不同类型的审计事项所出现的问题有针对性地提出审计意见。①

第二，经济责任评价指标不再只注重于审计结果，还兼顾领导干部的动机、行为和过程。现在的审计方式转变只追求GDP的思维，建立有中国特色的审计模式有利于我国经济责任审计制度的长远发展。

第三，审计方式向创新化和技术化转变。传统审计方式采用烦琐的人工计算等方法费时费力，随着现代互联网产业的发展，数字审计模式为传统审计方式提供了一个跳板。将两种审计模式相结合，通过使用先进的计算机审计技术和方法，减少简单烦琐的审计工作，将显著提升审计效率。近年来，我国审计经验实践在利用数据化和信息化手段这一方面取得了一系列进展。

在中央层面，国家审计信息化支撑能力主要体现在审计业务信息化支撑和管理决定信息化支撑两个方面。在审计业务信息化支撑方面，金审一期工程规划建设的现场审计系统，采用审计工具类软件架构，满足财政、金融、投资、国有企业、社会保障、资源环保、外资运用等各类行业的被审计单位现场审计的需要。②金审二期工程在中央部门预算执行、税收征管、国家投资项目、社会保障等重要经济行业审计应用中取得了较大成效。在管理决策信息化支撑方面，金审工程规划建设的审计管理系统协助审计机关实现审计计划项目编制、项目组织实施、审计过程指导、审计成果汇总、审计质量控制等审计管理的各个环节，力争实现全过程数字化管理。③全国统一组织审计项目管理信息化模式见图1-3。

---

① 赵銮娜. 新常态下的国有企业内部经济责任审计问题探讨 [J]. 江苏商论，2018 (12)：113-116.
② 林忠华. 我国审计组织体系浅析 [J]. 科学发展，2016 (9)：21-28.
③ 周德铭. 国家审计信息化的模式创新与能力发展 [J]. 电子政务，2013 (7)：45-56.

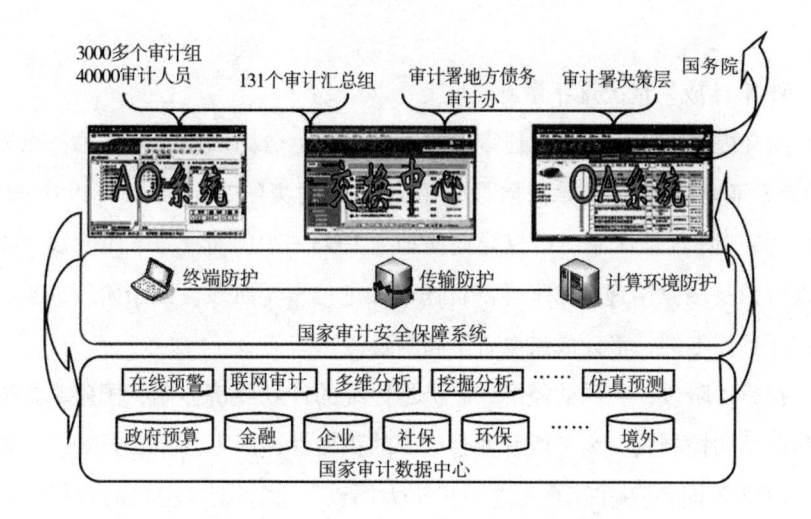

图 1-3　全国统一组织审计项目管理信息化模式

此外，国有企业也在积极探索创新经济责任审计的信息化手段，以沈阳飞机工业有限公司为例，经过几年的实践，该公司建立了审计信息化系统的总体框架，探索总结出了风险导向的经济责任审计联动的新模式。该公司引入企业流程变革理论来构建框架，借助审计信息化系统的途径，评估经济运行风险，识别经济责任审计的风险域，进行审计项目流程再造，从而构建出风险导向的经济责任审计信息化的体系框架，具体见图 1-4。

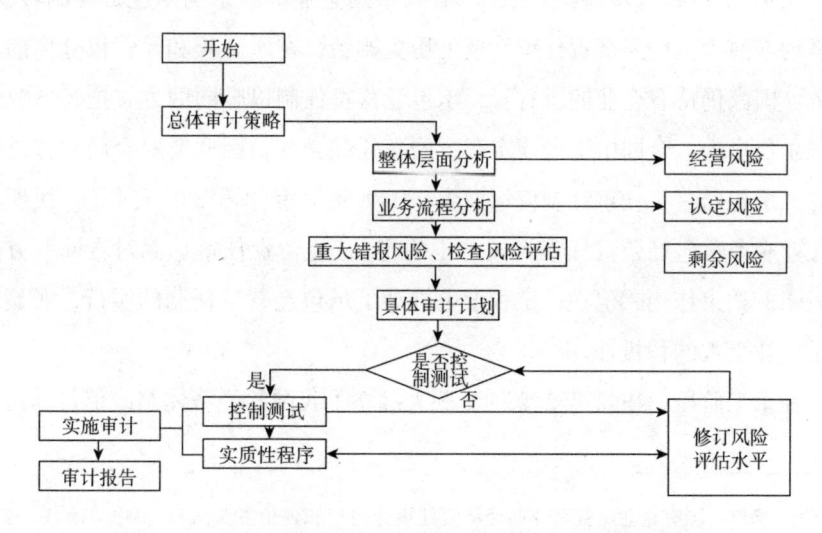

图 1-4　基于风险导向的经济责任审计信息化的体系框架

5. 审计成果情况逐年攀升

前文提及，我国经济责任审计的发展大体上分为四个阶段，第一个阶段是1987年以前的利益导向阶段，第二阶段是契约导向阶段（1987—1992年），第三阶段是体制、产权导向阶段（1993—2010年），第四阶段（2010年以后）是国家治理视角下经济责任审计定位重塑阶段。四个阶段的经济责任审计目标不同，审计成果也有不同的建树。

在第一阶段，我国的经济体制仍是传统的计划经济体制，国家掌握着资源和产品的控制权。为了激发社会生产的积极性，国家开始实行经济体制改革。1984年国务院颁布了《进一步扩大国营工业企业自主权的暂行规定》，在资金使用、资产处理等方面扩大了企业自主权。然而，权力的下放使国家和企业之间出现了信息不对称，厂长（经理）成为双方利益的交锋代表。如何监管厂长责任，规范其权力运用，黑龙江省齐齐哈尔市最先开始了探索。1985年，齐齐哈尔市宣布对全民所有制企业厂长、经理进行离任责任审计。到1987年年底，共对281名厂长进行审查，降撤职9人，免职49人，平调149人，重奖34人，提拔35人。此后，全国都开始实行这种审计方式，以对国有企业的负责人进行监督，并进行绩效评价。

在第二阶段，1987年开始，国有大中型企业的改革向承包责任制转变，以契约导向为主的经济责任审计登上历史舞台。在所有权和经营权分离的前提下，国家仍持有企业的所有权，承包经营责任制以合同的方式把经营权交给国企负责人。合同中明确规定双方的责任和义务，因此要对合同双方进行审计，承包经营责任审计制应运而生。1988年，审计署发布《关于全民所有制工业企业承包经营责任审计的若干规定》，经营责任审计制对合同双方具有较强的约束作用，也在一定程度上推动了承包经营责任制的实行，明显调动了企业工人的积极性。[①]

在第三阶段，1992年，党的十四大确立了我国的经济体制改革目标是建

[①] 徐红. 国有企业经营者任期经济责任审计内容和评价方法研究［D］. 南京：南京理工大学，2008.

立社会主义市场经济体制,现代企业制度逐步建立。① 社会主义市场经济体制下对经济利益的追求和自由主义观念使国有企业领导干部和政府官员频频出现腐败行为。为了减少腐败行为的产生,全国多处实行了领导干部离任经济责任审计制。根据审计署2003—2010年度《审计情况统计结果》,2006年全国共对34253名领导干部进行了经济责任审计,国有及国有控股企业领导人员1335人;2007年,全国共对36429名领导干部进行了经济责任审计②;2008年,全国审计机关以促进责任追究制度和问责机制的建立为目标,对3.4万多名领导干部进行了经济责任审计,112名被审计的领导干部和387名其他问题人员被移送司法纪检监察机关,向司法、纪检监察机关移送案件线索和事项837件;2009年1月,对全国2万多名领导干部开展了经济责任审计。截至2010年,我国各级审计机关开展经济责任审计累计审查的单位数为274081个,审计经济责任人281682个;审计查出领导干部涉嫌经济问题的金额为101102万元,移交司法机关、纪检监察机关的被审计领导干部和其他人员共计4933人。

在第四阶段,2010年以后,我国企业经济责任审计工作进入了深入发展阶段。根据内部审计协会统计数据,2015年我国完成经济责任审计12.79万项,占内部审计项目数的比例为6.36%,2016年完成经济责任审计13.66万项,占内部审计项目数的6.72%,2017年完成经济责任审计15.33万项,占内部审计项目数的7.44%,可见,经济责任审计在我国内部审计中占有重要地位,且越来越受到国家和企业的重视,在国有企业经济监督方面更是发挥着不可替代的重要作用。

综上,审计部门作为保障国有企业资本安全完整、健康运营的安全卫士,最根本的任务和目标就是通过披露审计发现的各项问题和风险,促进被

---

① 郑瑛琨.我国社会主义市场经济体制的发展历程与创新完善[J].辽宁行政学院学报,2012,14(1):85-88.
② 康春燕.浅议经济责任审计的现状与制度完善[J].延安职业技术学院学报,2009,23(2):17-20.

审计单位进行整改，并推进管理制度的完善。① 审计成果作为一项参照性指标，在领导干部绩效考核和国有资产保值增值中的作用重大。

（二）我国企业经济责任审计发展仍然存在的不足

目前，我国的经济责任审计工作中仍存在着一些问题，阻碍着审计质量的提高，主要体现在：随着经济责任审计范围的扩大，审计力量愈显不足；经济责任审计的评价需要一套更加科学合理的标准；经济责任审计成果的界定需要更多的科学依据；完整的审计质量控制体系有待建立。

1. 审计制度建设进展显著，但尚不完整

我国审计制度建设在过去三十年已有了长足的发展，但仍存在一些问题，主要表现在：第一，内部审计部门独立性受限，常常存在信息不对称情况。一般来说，相较于政府部门而言，国有企业的损失浪费现象更为严重，但不论是问责方式还是问责强度上，二者并不存在显著差异，即对政府部门和国有企业的问责方式和强度相当，这被称为"问责悖论"现象。国企领导人与政府官员本就存在着紧密的联系，这就使审计工作或多或少地无法直面事情的真相，无法起到监督作用。第二，缺乏完整的审计质量控制体系。各单位在制定规章、规范流程和程序、规范审计档案管理、加强职业道德教育等方面开展了许多工作，但完整的质量控制体系仍有待建立，这使得一些规章制度难以落实，工作内容缺乏控制标准，也因此难以贯彻执行责任追究制度，无法落实审计责任。

2. 审计指标体系初步建立，但科学性和全面性有待提升

目前来看，对国有企业领导人员的经济责任进行审计的难点是审计评价，审计评价和定责过于简单，监督力度不够。具体来说，难点在于难以建立一套规范、科学的评价指标体系。审计指标体系是度量尺，对审计结果做出判定，能够减少审计评价的主观性和随意性，使公平最大化。在审计指标建立的过程中要遵循权责对等和综合性的原则，从多个方面综合考察。目前，经济责任审计的主要内容是以国家法律法规为评价标准，审计查实会计

---

① 周长庆. 深入推进经济责任审计全覆盖确保国有资本安全增值［J］. 现代商业，2018（31）：155 – 156.

报表数据，对企业的经济活动情况进行评价。但是这些依据和法规存在着一定滞后性，也有一些亟须完善的缺陷，对于如何解决审计中遇到的新情况和新问题，还存在着目的不明确、目标不清晰的问题，这给审计评价带来不少困难和挑战。

3. 审计成果的利用程度仍需加强

审计成果的获得并不意味着审计工作的结束，在我国现有的审计工作中，对审计成果进行合理利用仍有一定难度。首先，在经济责任审计成果的界定方面，总体来说仍然缺乏科学依据。通常以查出违纪违规金额、损失浪费金额、管理不规范金额为出发点，进一步分析这一损失是不是由领导干部直接经济责任造成的，以此作为界定审计成果的标准。但是在这一过程中，审计部门很难对审计成本和审计风险进行全面的权衡。其次，组织人事部门在运用审计成果上也存在着一定困难，"先离后审"的情况普遍。有些国有企业的领导干部到龄退休后或调离原工作岗位并上任新职后才进行审计，所以即使发现了问题，组织人事部也难以追责。最后，在我国的审计实践中，存在着重审计、轻整改，审计整改落实不到位等问题，主要是由于缺乏审计整改责任制度，被审计单位对整改意见极易敷衍拖延、避重就轻，不受约束。

4. 审计风险依旧管控乏力

相对于其他类型的审计而言，经济责任审计具有更强的风险易发性。国有企业领导人员经济责任审计风险是指审计人员对审计对象的经济责任难以准确判断，对被审计对象的评价很难精准，对审计报告使用者也可能带来问题。随着国有企业改革的深化，在市场经济体制完善的背景下，按照权责利对等原则而形成的现代企业制度运行过程中，权力下放已成为新的企业管理模式中的一大特点。企业基层领导干部在管理企业事务中的权力边界逐渐扩展，所涉及的经济事项越来越多，经济责任日益重大。领导干部经济责任审计涉及的内容增多、范围变广、人事关系更加复杂，有限的时间和人力下，审计工作对许多重要的经济活动情况无法实现全面追踪和深入了解。同时，区分领导干部的经济责任类型也有很大的难度，是属于直接责任还是间接责任，领导责任还是执行责任，个人责任还是集体责任，都是需要结合复杂情境具体分析的问题。对于独立性较差的企业内部审计来说,审计项目的具体操作人员级别不高,对上级领导进行评价,更是无法摆脱关系干扰,由此带来一系列难题。目前我国经济责任审计风险主要源于:一、被审计单位提供的财务数据不准确。审计人员可能存在疏忽或审计方法不准确,都可能会形成虚假信息。二、企业经济责任界定不明确。由于被审计企业没有明确界定各部门的经济职责时产生推诿或包庇,很难找到相应的责任承担者。审计风险的易发性是现今中国审计工作发展中需要重视的问题。

第二节 电网企业经济责任审计的发展历程与当下模式

一、电网企业经济责任审计的发展历程

电力工业是关系国计民生的重要基础产业,在国民经济的发展过程中居于重要地位,在世界各个国家都是经济发展战略中的重点,处于国家战略部署中的核心位置。电力工业关系着国家社会经济发展的各个方面,人民的日常生活、经济的可持续发展、社会的进步都与电力工业息息相关。在我国,电网企业是唯一的合法售电企业,具有垄断性质,这也决定了政府和社会民众都对其具有很高的要求和期待。国家政策明确要求,在我国国民经济发展中,保持绝对控制力的重点行业和关键领域,必须达到为社会公众提供相应的保障、产业和服务的目的,从而支持国民经济持续稳步地发展。社会民众要求电网企业将保障人民群众的电力供应放在首位,坚决不容许以权谋私、特权主义等腐败现象的发生。

中国的电力工业具有140年的历史。1949年中华人民共和国成立后,电力工业管理体制多次变化,历经燃料工业部、电力工业部、水电部、能源部,到1993年成立电力工业部。1997年,国家电力公司成立,与电力工业部实行两块牌子、一套班子运行。2002年,国务院实施电力体制改革,决定在原国家电力公司部分企事业单位基础上组建国家电网公司和南方电网公司,2002年12月29日,国家电网公司和南方电网公司挂牌成立,是根据

《中华人民共和国公司法》规定设立的中央直接管理的国有独资公司。

中国南方电网有限责任公司依托广东，总部设在广州，负责投资、建设和经营管理南方区域电网，参与投资、建设和经营相关的跨区域输变电和联网工程，服务广东、广西、云南、贵州、海南五省区和港澳地区；从事电力购销业务，负责电力交易与调度；从事国内外投融资业务；自主开展外贸流通经营、国际合作、对外工程承包和对外劳务合作等业务。南方电网与香港、澳门地区以及东南亚国家的电网相连，供电面积100万平方公里。供电人口2.54亿人，供电客户8741万户。2018年全网统调最高负荷1.69亿千瓦，增长3.4%；全社会用电量11628亿千瓦时，增长8.3%。南方电网是国内率先"走出去"的电网。作为国务院确定的大湄公河次区域电力合作中方执行单位，公司积极落实"一带一路"倡议，加强与大湄公河次区域国家、港澳地区的电力合作。2018年通过南方电网向香港的送电量占其用电量的25%；向澳门的送电量占其用电量的88.8%。截至2018年年底，公司累计向越南送电353亿千瓦时，向老挝送电10.55亿千瓦时，向缅甸进口电量171.04亿千瓦时。

电网企业的平稳快速发展关系着国家的能源安全和国民经济命运的兴衰，是国家重要的骨干企业，不仅肩负着经济责任，同时也肩负着十分重要的政治责任与社会责任。为进一步贯彻落实习近平新时代中国特色社会主义思想，学习宣传社会主义核心价值观，2019年南方电网党组印发《新时代南网总纲》，总纲对南方电网的企业宗旨、企业定位、企业愿景、管理理念、经营理念、安全理念、服务理念、人才理念、团队理念·领导人员、团队理念·人才队伍、团队理念·员工队伍、工作理念、南网精神、品牌形象等做出了具体的定义和详细阐释，是新时代南方电网的治企方略和价值总则，是全体南网人必须内化于心、外化于行的价值公约。其中，南方电网对领导人员的要求为"对党忠诚，勇于创新，治企有方，兴企有为"。明文要求公司各级领导干部必须践行新时代好干部标准，旗帜鲜明讲政治，树牢"四个意识"，坚定"四个自信"，坚决做到"两个维护"，全面贯彻执行党和国家的路线方针政策；必须具有强烈的创新意识，敢为人先、锐意进取，不断提升公司核心竞争力；必须具有较强的治企能力，善于把握市场经济规律和企业发展规律，懂经营、会管理、善决策；必须具有正确的业绩观，勇担当，善作为，工作业绩突出；必须具有良好的职业操守和个人品行，严守底线，廉洁从业，以更大的决心、勇气和智慧，展现新担当新作为，努力推动公司做强做优做大。

　　经济责任审计是指审计部门依据规定的程序、方法和要求，对单位负责人任职期间其所在单位资产、负债、损益的真实性、合法性、效益性及重大经营决策等有关经济活动，以及执行国家法律法规和公司规章制度情况进行监督，并据此评价和鉴证单位负责人经济责任的活动。经济责任是指审计对象在任职期间因其所任职务，依法对所在单位的经营管理以及有关经济活动应当履行的职责和义务。单位负责人任期经济责任包括直接责任、主管责任和领导责任。电网企业经济责任审计是监督规范企业领导人员正确使用权力的重要手段。电网企业经济责任审计也遵循我国整体的社会经济历史发展规律。以南方电网为例，其企业经济责任审计是在国家层面相关法律法规及文件和公司规章制度的指导下开展工作的，并按照相关文件要求制定了《内部审计事务指南——企业内部经济责任审计（内部审计实务指南第5号）》《中国南方电网有限责任公司内部审计工作管理规定》《南方电网经济责任审计办法》，在这些规范性文件的指导下开展经济责任审计工作。

表1-2　国家层面相关法律法规及文件

文件名	文件号
中华人民共和国审计法	中华人民共和国主席令〔2006〕第48号
中华人民共和国审计法实施条例	中华人民共和国国务院令〔2010〕第571号
党政主要领导干部和国有企业领导人员经济责任审计规定	中办发〔2010〕32号
党政主要领导干部和国有企业领导人员经济责任审计规定实施细则	2014年7月27日实施
审计署关于内部审计工作的规定	审计署令2003年第4号
中央企业内部审计管理暂行办法	国资委令2004年第8号

第一章 电网企业经济责任审计实践的发展回顾

续表

文件名	文件号
中央企业经济责任审计管理暂行办法	国资委令 2004 年第 7 号
中央企业经济责任审计实施细则	国资发评价〔2006〕7 号
关于党政领导干部任期经济责任审计若干问题的指导意见	经审办字〔2003〕6 号
关于进一步加强内部管理领导干部经济责任审计工作指导意见的通知	经审办字〔2007〕2 号

中国南方电网公司现行的《经济责任审计管理办法》是在原办法的基础上，于 2014 年修订出台的。一是国家强化国企管理的需要。公司原来的经济责任审计办法是 10 年前印发的，这十多年来，国家关于经济责任审计工作出台了一系列新制度、新规定，对审计的覆盖范围、工作目标、重点把握、组织管理等提出了一系列新政策、新标准，公司原有经济责任审计办法已不能满足国家对于经济责任审计工作的更高要求。二是公司"两型两化""两个转变"建设的需要。为落实公司"成为服务好、管理好、形象好的国际先进电网企业"战略目标，深化电网发展方式与公司发展方式"两个转变"，公司制定了科学发展的"两型两化"方针——服务型定位、经营型管控、集团化运作、一体化管理。对于审计工作，公司不断提高经济责任审计工作的战略定位，从服务全局出发，明确指出，要根据国内外形势的不断变化，持续创新经济责任审计的制度体系，加快推进经济责任审计工作的标准化建设，谋定而后动，明确审计计划管理，严把审计质量关，注重审计成果的运用，加强对审计工作的考核评价等。经济责任审计工作也积极响应党的十九大精神和习近平新时代中国特色社会主义思想的要求，紧跟时代步伐，根据公司经营管理环境的不断变化，及时调整步伐，更新工作体制，进一步规范化、标准化作业，不断科学发展。三是经济责任审计工作发展的要求。7 年来，通过经济责任审计项目的具体实践、通过经济责任审计评价体系的理论研究，公司经济责任审计工作在目标的把握、重点的确立、程序的完善、方法的创新等方面都有很多的发展与进步，需要通过办法的修订，将这些收获

予以积累、予以系统，不断完善公司经济责任审计工作体系。

二、电网企业经济责任审计的当下模式

经济责任审计是企业审计部门的重要工作之一，审计对象是企业负责人及各部门重要负责人员，它不仅具有审计的一般属性，还具有其自身的特性，在企业管理过程中，经济责任审计发挥着重要的经济监督职能、经济鉴证职能和经济评价职能，具有较强的针对性、综合性和政策性，是一项具有中国特色的经济监督制度。实施企业经济责任审计有利于加强对权力运行的监督和制约、有利于增强领导干部依法履行经济责任意识、有利于完善企业领导干部监督考核制度，对国有企业的廉政建设具有重要的保障作用。

南方电网公司根据《内部审计事务指南——企业内部经济责任审计（内部审计实务指南第5号）》《中国南方电网有限责任公司内部审计工作管理规定》《南方电网经济责任审计办法》等，结合企业经济责任审计实践经验，企业经济责任审计的审计范围、审计内容逐步拓展，审计作用、审计影响日益凸显。为进一步贯彻落实习近平新时代中国特色社会主义思想，响应新形势下对国有企业领导人员的要求，公司根据电网企业自身的发展和经营特点，以更宏观的视野，从顶层设计上赋予经济责任审计更高的战略意义，提高实施过程的制度化与规范化水平，强化审计成果的运用，从多环节入手，完善公司经济责任审计管理体系。经过多年探索与实践，电网企业从"立足战略、创造效益、明确责任"出发，以"顶层设计、过程控制、末端治理"为流程，依托信息化技术，以"文化引领和创新驱动"为保障，确立了重源头、控流程、看本质、多思考、见行动的内部经济责任审计管理理念。

在电网企业经营管理过程中，经济责任审计工作扮演着重要的作用，在对领导人员或部门主管人员的经济责任审计工作中，审计部门坚持权责一致的原则，以被审计人员的职责分工为基础，将相关审计事项的历史背景、决策程序、决策过程、文件签批情况、分管情况等纳入审计工作考虑范围，依据相关法律规定及公司内部审计办法认定被审计人员应该承担的责任，具体可划分为直接责任、主管责任和领导责任。直接责任，是指领导干部对履行经济责任过程中的下列行为应当承担的责任：第一，本人或者与他人共同违反有关法律法规、国家有关规定、单位内部管理规定的行为；第二，授意、指使、强令、纵容、包庇下属人员违反有关法律法规、国家有关规定和单位内部管理规定的行为；第三，未经民主决策、相关会议讨论或者文件传签等规定的程序，直接决定、批准、组织实施重大经济事项；主持相关会议讨论或者以文件传签等其他方式研究，在多数人不同意的情况下，直接决定、批准、组织实施重大经济事项；由于授权（委托）其他领导干部决策且决策不当或者决策失误，造成国家利益重大损失、公共资金或国有资产（资源）严重损失浪费、生态环境严重破坏以及严重损害公共利益等后果的行为；第四，其他失职、渎职或者应当承担直接责任的行为。主管责任，是指领导干部对履行经济责任过程中的下列行为应当承担的责任：第一，除直接责任外，被审计人员对其直接分管或者主管的工作，不履行或者不正确履行经济责任的行为；第二，除直接责任外，主持相关会议讨论或者以文件传签等其他方式研究，并且在多数人同意的情况下，决定、批准、组织实施重大经济事项，由于决策不当或者决策失误造成国家利益损失、公共资金或国有资产（资源）损失浪费、生态环境破坏以及损害公共利益等后果的行为；第三，疏于监管，致使所分管部门、单位发生重大违纪违法问题或者造成重大损失浪费等后果的行为；第四，其他应当承担主管责任的行为。领导责任，是指除直接责任和主管责任外，领导干部对其不履行或者不正确履行经济责任的其他行为应当承担的责任。

（一）顶层设计，全面规划经济责任审计蓝图

加强顶层设计，明确经济责任审计在企业战略层面的重要作用，为审计工作明确方向提供指引。电网企业重视源头治理，不断完善经济责任审计工作的制度建设，在建立健全工作机制上下功夫，从源头上为经济责任审计工作明确标准、树立机制、完善流程，不仅要对审计流程做出规范，实际操作过程中的重点与注意事项，组织架构和人员保障等方面都需要有明确的要求，从顶层设计层面完善经济责任审计工作体系，以制度化建设推动经济责任审计工作的规范化与科学化。

以南方电网公司相关规定为依据，在《中国南方电网有限责任公司内部审计工作管理规定》的指导下，下属电力公司结合地方特色和自身工作实

践,制定了经济责任审计暂行办法、实施细则、经营管理责任追究办法、审计质量控制实施细则等制度体系,按照建立健全流程、职责、制度、标准、内控和考核"六位一体"工作要求,建立健全经济责任审计监督保障机制。

明文确立经济责任审计的主要内容。电网企业经济责任审计的主要内容主要涉及以下十一个方面:(1)贯彻执行党和国家有关经济方针政策和决策部署,推动企业可持续发展情况;(2)遵守有关法律法规和财经纪律情况;(3)企业发展战略的制定和执行情况及其效果;(4)有关目标责任制完成情况;(5)重大经济决策情况;(6)企业财务收支的真实、合法和效益情况,以及资产负债损益情况;(7)国有资本保值增值和收益上缴情况;(8)重要项目的投资、建设、管理及效益情况;(9)企业法人治理结构的健全和运转情况,以及财务管理、业务管理、风险管理、内部审计等内部管理制度的制定和执行情况,厉行节约反对浪费和职务消费等情况,对所属单位的监管情况;(10)履行有关党风廉政建设第一责任人职责情况,以及本人遵守有关廉洁从业规定情况;(11)对以往审计中发现问题的整改情况。

不断创新审计工作的组织管理模式。电网企业经济责任审计工作贯彻"谁聘任、谁审计"的原则,按照干部管理权限和单位产权关系,依据"统一要求、分级负责"的要求组织开展。公司经济责任审计主要包括三类,分别是离任经济责任审计、任中经济责任审计和专项经济责任审计。单位负责人任期内办理调任、降职、免职、辞职、退休等事项时,必须进行离任经济责任审计。单位负责人任职时间届满三年的,原则上应当进行任中经济责任审计。单位负责人存在违反廉洁从业规定和其他违法违纪行为,或其任职单位发生债务危机、长期经营亏损、资产质量较差等重大财务异常状况,以及发生合并、分立、重组、改制、出售、破产、关闭等重大经济事件,必须进行专项经济责任审计。按照国家有关审计法规规定,公司及所属各级单位应将主要业务部门负责人作为审计对象,纳入经济责任审计范围。

在审计方式的采用上,各单位在组织开展经济责任审计工作的时候,根据审计规模、任务期限、专业配备、审计性质等实际工作需要采取联合审计、交叉审计、委托审计、聘用审计等方式,审计部门应做好组织和监管,确保审计质量。联合审计是指审计部门协调相关业务部门派员或抽调下级单位审计人员（相关专业人员），组成联合审计组开展审计。交叉审计是指审计部门委托被审计单位外的其他所属单位组成审计组对被审计单位实施审计。授权审计是指根据单位隶属关系，上级主管单位审计部门将其审计范围内的经济责任审计事项授权下级单位进行审计。聘用审计是指必要时通过规定程序聘请符合资质条件的社会审计组织（中介机构）承担或参与审计任务。承办任务的社会审计机构应具备下列条件：具备政府部门颁发的执业资格，资质条件应与企业规模相适应；具备较完善的审计执业质量控制制度；具有经济责任审计执业经验；近三年未有违法违规不良记录；与企业或企业负责人不存在利害关系；三年内未承担被审单位年度财务决算审计业务；能够配备经济责任审计任务所需专业力量。

经过近二十年的发展过程，电网企业的审计工作已经建立了一整套一体化的运作机制，审计部、审计中心统筹安排审计力量，整合公司审计资源，实施"上审下"的工作格局，始终将审计工作的独立性、公正性、严肃性放在首位。在审计人员方面，公司坚持以培训为先导，每年会定期组织审计人员接受综合培训，一方面要求审计人员全面掌握新出台的国家相关文件和公司的重要决策部署，另一方面要求审计人员熟悉经济责任审计的工作方案和操作指南，就热点和难点问题做详细解答。为了提高经济责任审计培训的精准性，公司还会邀请相关职能部门的领导来讲授经济责任审计应该关注的热点和难点问题，邀请高校教授讲解沟通技巧。经济责任审计人员要注重相关理论的学习拓展，以及工作技巧的演练提升，不断提高自身的综合能力，追求审计工作的精益化。

近年来，为切实保障企业经济责任审计工作符合新形势的需要，下属电力公司积极探索，主动作为，建立了年度动态修订经济责任审计操作指南机制，操作指南成为审计人员现场工作的"小贴士"，为审计人员及时高效全面地掌握经济责任审计工作新要求提供了极大的便利，也为审计结果的质量提供了保障。另外，为保证经济责任审计结果的全面、客观、公正，电网企业深入学习上级文件精神，结合自身工作实际，建立了经济责任审计评价体系，依据相关背景环境的变化，动态修订该评价体系，以保障经济责任审计结果的客观公正。

(二) 过程控制，系统管控经济责任审计质量

加强过程管控，以制度化、规范化、精细化为要求，严把经济责任审计工作质量关。为保障审计部门高质量地完成经济责任审计工作，电网企业以"控于流"为手段，经济责任审计工作前期要做足准备，中期要严把质量，并有效使用各种审计手段。电网企业经济责任审计工作的主要程序涉及审计准备阶段、审计实施阶段、审计报告及整改阶段、审计归档阶段。现行审计办法对各个阶段的工作内容做出了具体规定。

审计准备阶段，首先是审计立项，审计、人事、监察部门每年提出下一年度经济责任项目的建议，并将建议报送至联席会议办公室，由联席会议办公室提出草案，再由审计部门报请分管领导审定后，纳入审计部门的年度审计工作计划并组织实施。其次是审前调查，根据审计计划安排，按项目的复杂程度、任职时间跨度、具体实施要求等情况，安排适当的人员和时间，调查了解被审计单位的基本情况和审计对象履行经济职责的有关情况，听取同级人事、纪检监察等部门的意见，收集相关材料。随后编制经济责任审计工作方案，按照经济责任审计的主要内容及相关要求，突出本年度国家监管重点和公司中心工作，结合审前调查及以往对被审计单位的审计情况，编制审计方案。审计方案应明确审计目标、范围、开展时间、审计内容与重点、审计组织方式、工作要求等内容。然后确定审计组，印发审计通知书，审计通知书应在实施审计3个工作日前下达给被审计单位和审计对象（特殊情况下，可在审计进点时送达），要求被审计单位提供经济责任审计有关资料和必要的工作条件。在前期准备方面，为进一步明确审计预期方向，在审计过程中，还非常注意以下几点：一是注重非现场数据收集。审前调查阶段，审计人员会充分利用审计相关信息系统、业务系统、营销系统、财务管控系统等进行审计信息收集与整理，形成初步分析，提前筛选现场抽样样本，锁定相关审计问题及审计疑点，为现场审计开路，提高工作效率。二是建立审计对象典型库。在经济责任审计过程中，通过对比审计结果与数据库信息，发现经营管理问题和线索。三是构筑信息数据共享平台，电子自动化操作会在很大程度上提高审计工作效率，为审计人员查阅数据提供便利。为充分发挥信息数据共享平台的作用，审计部门要定期组织工作人员收集整理挖掘相关

审计数据，呈现审计问题的演变过程和发展轨迹，精准定位问题根源，预判问题未来的发展趋势。

审计实施阶段，首先要编制审计实施方案，审计组在审计工作方案的基础上，进一步细化审计内容及重点，拟定具体的实施步骤、成员分工、项目节点安排、审计质量控制措施等具体事项。然后，召开审计组进点会议，安排审计工作有关事项，审计组主要成员、审计对象、被审计单位领导班子成员及有关人员应参加会议。审计对象应就其任职期间履行经济责任的情况进行述职。进点会议后，应召开经济责任审计进点座谈会，审计组审计、监察部门等组成人员、被审计单位有关人员参加会议，会议议程应包括听取有关意见和建议，进一步了解被审计单位情况；发放调查问卷，对审计对象廉洁从业等情况进行测评调查。审计进点时应进行审计公示并取得被审计单位已签章的重要事项承诺书。接下来是现场审计，审计组按照审计方案开展现场审计，在被审计单位本部设立举报信箱，公示电子邮箱和举报电话，收集审计证据，编写审计工作底稿，审计过程严格执行项目质量控制。监察部门参审人员负责编制发放并回收调查问卷，统计分析调查结果；对被审计单位班子成员和有关部门、单位人员进行访谈，调查了解有关情况；结合信访、举报信息和日常工作中所掌握的被审计单位有关情况，对涉及审计对象履行经济责任和职工反映强烈的问题等重大线索进行核实查证。全面完成审计方案，结束全部现场审计工作后，审计组撤点。撤点前要全部收回经被审计单位签署意见的取证表。

审计报告及整改阶段，要求审计组根据现场审计情况，汇总编制审计报告初稿，提交审计部门负责人审阅。在审计报告初稿形成后，由审计部门负责人带队，对被审计单位进行回访，通报审计情况，交换初步意见，并了解项目审计人员审计纪律的遵守情况，审计报告征求意见后，印发审计报告。被审计单位和被审计人员应根据印发的审计报告有关意见，组织开展审计整改工作。审计部门应对审计发现问题的整改情况进行跟踪监督，并根据实际情况确定是否实施后续审计。最后，审计组应整理汇总项目有关资料，交本单位档案管理机构归档。

另外，电网企业在经济责任审计的实践过程中不断完善过程质量控制，进一步强化了审计现场成果。一是建立审计现场督导机制。由督导小组负责审计现场督查工作,通过定期或不定期督查的方式,掌握审计项目进度和底稿质量,为现场审计人员解答疑问,及时介入审计过程中出现的疏漏,降低审计风险。二是建立审计人员评价机制。电网企业重视审计人员评价的制度化与规范化建设,通过设立明确的考核评价内容,对审计人员现场审计效果进行评价,并以此作为综合考评的主要依据。三是建立审计责任追究机制。关于审计责任的追究,电网企业有明文规定相关实施细则,在审计的过程中强调留痕机制,如若出现审计记录或者审计底稿模糊遗失、审计程序操作不当、审计问题处理不及时或者其他过失行为,将根据实施细则明确责任和处罚。在审计现场实施组长负责制,组长负责对组内人员明确分工,并监督各位组员的职责履行情况。为进一步规范现场审计人员的行为,电网企业出台十余项制度,以制度建设约束指导现场审计行为,强化"火炉效应",防范"灯下黑"风险。最后,基于有效应用手段,运用统计抽样技术,构建沟通交流渠道,借助运营监测平台等,确保审计过程效率。

(三)末端治理,强化经济责任审计成果应用

加强末端治理,在提高审计结果质量的基础上,充分发挥经济责任审计结果的效用,强化审计结果的多方应用。电网企业坚持充分发挥经济责任审计结果的效用,针对审计过程中暴露的突出问题,实施重点关注和防控,不局限于简单的审计结果文本,强化多层次的综合分析,厘清线索,强化问题意识,跟踪回访相关部门及人员,反过来促进审计问题考核机制的进一步完善,做到审计成果效用最大化。在人事管理过程中,应坚持审计先行,经济责任审计应该是提出人事任免意见的必要依据。只要经过经济责任审计,才能解除被审计人员任期内的经济责任。

在经济责任审计工作中,电网企业审计部门注重审计视角的全面性与专业性,将经济责任审计与专业管控审计相结合看问题,专业管控审计覆盖财务、人资、营销、生产等12个职能部门,已经具有完整的审计评价体系,将经济责任审计指标体系与专业管理审计指标体系结合起来实行综合评价,使得经济责任审计的结果更加精准、科学。电网企业经济责任审计结果实行两级通报,被审计单位及公司两级。在被审计单位层面,通报审计结果及具体

的得分排名情况,一方面有助于被审计单位清楚地认识到管控短板,另一方面可以通过排名,激发被审计单位的创先争优意识,主动整改审计过程中出现的问题,强化审计结果的应用效能。在公司层面,定期召开审计联席会议,通报各单位经济责任审计结果及专业管理部门的排名情况,从公司战略决策层面强化审计成果的运用,从上至下传导压力,引领末端治理水平的提升,实现"治于本"的审计治理目标。严格贯彻落实审计回访机制,审后必访,切实有效地监控审计问题的整改情况,对经济责任审计中发现的问题进行分门别类,依据问题的具体情况,明确整改要求及整改期限,保证审计意见的充分落实,对拒不整改或者整改效果不明显的单位,依据相关管理办法严格问责。不断完善经济责任审计成果共享机制,特别是审计部门与人事管理部门、纪检监察部门、决策部门的审计成果共享机制,将审计结果归档,并作为人事调动的重要参考。对审计过程中出现的严重违规和涉嫌犯罪的经济问题,纪检监察部门要及时介入,防止经济损失的进一步加大以及恶劣影响的深化。

(四)文化引领,柔性保障经济责任审计成效

发挥文化的引领作用,以优秀的企业文化为经济责任审计工作保驾护航、凝心聚力。为贯彻落实党的十九大精神、习近平新时代中国特色社会主义思想,宣扬社会主义核心价值观,2019年南方电网党组印发《新时代南网总纲》,要求全体南网人必须内化于心、外化于行。其中,南方电网的工作理念为"策划、规范、改善、卓越",要求全体工作人员把全面质量管理的要求融入业务、融入岗位、融入行为,开展工作前要周密策划,科学部署,坚决禁止违法违规行为,执行中密切关注项目动态,尽可能及时调整方向、策略,不断改进工作方式方法,精益求精,培养自我超越、追求卓越的行为自觉。具体到经济责任审计工作中,不断强化"合规文化"和"绩效文化",并以其引领经济责任审计工作。从公司发展战略高度把握经济责任审计的作用,特别是对公司领导干部的监督作用,审计要紧跟党中央关于新时代干部的规定及要求,履行审计监督职责,真正做到为企业负责,为领导负责,为审计自身负责。审计部门也要在审计文化宣传上下功夫,注意在日常工作中发挥经济责任审计的警示作用,开展领导干部的合法合规教育,定期组织开

展培训班，集中学习上级管理部门的审计报告，为重点审计内容、典型审计案例编制宣传手册。从审计问题透视企业经营管理层面的问题，分析企业的机制设计与制度规划，更加立体地呈现被审计单位的运营管理情况，对审计结果呈现出的共性问题，从完善制度和流程的角度提出审计建议；对审计结果呈现出的个性问题，针对企业管理的弱点和难点，提升审计建议的可操作性；对难以界定经济责任的事项，以审计风险提示、管理建议书等形式，帮助企业提升经营管理水平。

（五）创新驱动，推行经济责任审计提升工程

发挥创新的驱动作用，不断创新审计手段、技术和方法，为经济责任审计工作提供技术支持。南网精神强调"勇于变革、乐于奉献"，在经济责任审计工作中，要不断加强理论创新、制度创新和方法创新，为提升经济责任审计结果质量、优化经济责任审计工作提供保障。

一是强化理论创新，加深对审计工作的认识，把握审计工作的重要性。针对审计管理工作中出现的问题，组织内部专业人员和外部专家学者，扎实开展相应的课题研究，组织开展理论研讨会、学术交流会，从专业的理论视角，结合国内外先进的审计工作经验，深入探讨实践问题，分析问题存在的原因，并提出相应的对策建议，进而完善电网企业经济责任审计工作的组织管理和质量控制，从经济责任审计实践中发现理论问题，以理论指导经济责任审计实践。

二是强化经济责任审计的方法创新，提升审计结果质量。积极学习探索信息化技术在经济责任审计工作中的应用，依靠审计相关的信息化管理平台，创新远程审计方式，实现审计结果的信息资源共享，以技术进步推动审计结果质量的提升；创新审计抽样技术，提高审计结果的公正客观性；综合应用目标管理、平衡计分卡、内部控制评价等审计评价方法，优化经济责任审计评价指标体系，提高经济责任审计成果的完整性、客观性和专业性。

三是强化经济责任审计工作的机制创新，促进协同监督。实行更加灵活的经济责任审计组织形式，审计时间上，依据企业的经营管理情况，在适当时间开展年度经济责任审计或者任中经济责任审计；审计实施上，将经济责任审计与专项审计相结合，将经济责任审计发展成为一种经常性的监督手

段，不仅要重视审计的直接效果，更要重视审计的控制效果，形成审计常态化预警机制，为企业运营管理纠偏，为提高企业绩效分析出力。企业管理层面要更进一步优化组织协同，建立经济责任审计工作联席会议制度，由联席会议统一组织、领导、协调经济责任审计工作。审计部门要定期与其他职能部门，特别是人事管理部门与纪检监察部门沟通交流审计相关信息，协商制订更加合理有效的经济责任审计工作计划；人事管理部门等相关部门要积极主动参加审计报告通报会，提高审计成果的应用范围和运用效用。

第二章

新时代电网企业经济责任审计面临的新形势

基于对我国电网企业经济责任审计政策变迁与实践发展的系统回顾,可以看出电网企业经济责任审计是党和国家一直高度重视的政策场域,政府出台的一系列政策规定构成了电网企业经济责任审计的外部环境,而电网企业自身的内部探索亦不断建构起了具有中国特色的经济责任审计模式。在此基础上,厘清当前阶段国家政策对电网企业经济责任审计的新要求,明确新时代电网企业发展的新环境和新定位,构成了辨识电网企业经济责任审计当前问题、未来方向的认知前提和有效路径。

第一节 国家政策层面对电网企业经济责任审计的新要求

电网企业作为国家能源安全的特大型国有重点骨干公用企业,其产权结构较为复杂,经营结构广,同时与国家国民经济命脉息息相关,是推进社会主义现代化建设的重要保障。[1][2] 包括电网企业在内的国有企业的经济责任审计工作,一直备受国家重视,是我国国有企业管理的重点内容。[3] 因此,

---

[1] 国家电网公司工会. 科学发展 创新管理 加快建设"一强三优"现代公司:国家电网公司一届一次职工代表大会暨 2006 年工作会议专辑 [M]. 北京:中国电力出版社,2006.

[2] 许柠贺. 国网 A 省电力有限公司安全管理研究 [D]. 哈尔滨:哈尔滨工程大学,2017.

[3] 曹永兴. 四川电力科技发展战略规划及管理研究 [D]. 成都:西南财经大学,2008.

国家在这方面出台了一系列政策文件要求。大体来看，新时期国家政策层面对电网企业经济责任审计工作的新要求可概括为集中统一、全面覆盖、权威高效（参见表2-1）。

表2-1 国家政策层面有关经济责任审计工作的新要求

2013	党的十八届三中全会	在全面深化改革的战略目标中，审计全覆盖首次被提出
2014	党的十八届四中全会	从全面推进依法治国的角度出发，审计监督被党和国家监督体系纳入其中，是国家审计的重要地位的明确
	七部委联合印发《党政主要领导干部和国有企业领导人员经济责任审计规定实施细则》	将权力监督对象范围进一步扩展，并且强调各级审计机关要坚持"党政同责，同责同审"，揭示领导干部贪污受贿、权力寻租、利益输送等腐败问题。对经济责任审计对象、审计内容、审计评价、审计报告、结果运用及组织领导和审计实施等方面做出了详细的规定，为促进经济责任审计更好地开展和实施提供了有力保障
2015	央办、国办联合颁布《关于实行审计全覆盖的实施意见》	明确要求"对公共资金、国有资产、国有资源及领导干部履行经济责任情况实行审计全覆盖"，"对重点地区、部门、单位以及关键岗位的领导干部任期内至少审计一次"
	央办、国办印发《关于完善审计制度若干重大问题的框架意见》	提出对公共资金、国有资产、国有资源和领导干部履行经济责任情况实行审计全覆盖。自此以后，区别于"审计风暴"的"审计全覆盖"，成为高频词
2018	中央审计委员会第一次会议	习近平总书记再次强调要"努力构建集中统一、全面覆盖、权威高效的审计监督体系"

续表

2019	央办、国办印发《党政主要领导干部和国有企事业单位主要领导人员经济责任审计规定》	对2010年两办印发《党政主要领导干部和国有企业领导人员经济责任审计规定》的修订。在以下方面新增诸多内容：a. 审计内容；b. 资料提供；c. 终止审计；d. 审计结果运用范围；e. 审计结果运用反馈

面对国家关于经济责任审计工作出台的一系列新制度、新规定，电网企业原有经济责任审计办法已不能满足国家对于经济责任审计工作提出的新要求。如何贯彻落实、主动创新经济责任审计工作，构成了当前电网企业面临的一项新的改革议题。①与传统电网企业的经济责任审计模式相比，新时代要求经济责任审计在传统着重监督功能和事后审计任务的基础上，不断建立健全审计体系，不断创新审计方式方法，使经济责任审计工作紧跟党和国家的发展政策方针开展，适应时代发展的需要，为电网企业的长效稳定发展保驾护航。下述三个层面依据习近平总书记在中央审计委员会第一次会议上强调的"努力构建集中统一、全面覆盖、权威高效的审计监督体系"，②进行阐释、解读。

一、集中统一要求

（一）要求坚持党对审计工作的集中统一领导

"坚持党的集中统一领导，坚持党的科学理论，保持政治稳定，确保国家始终沿着社会主义方向前进的显著优势"③，这也是我国经济发展的独特优势。坚持党对于审计工作的集中统一领导，发挥党总揽全局、协调各方的领导核心作用，是新时代全面提升经济责任审计工作水平的基础，也是保障电

---

① 康洋. 我国经济责任审计法律中存在的问题及规范化建设研究［J］. 法制与经济，2017（2）：97–98.
② 习近平：加强党对审计工作的领导［EB/OL］. 新华网，2018–05–23.
③ 人民观点：坚持党的集中统一领导［EB/OL］. 人民网，2019–11–08.

网企业持续健康稳定发展的大前提。① 坚持党对审计工作的集中统一领导，主要从以下几个方面来进行：

1. 坚持党委、党组织在电网企业经济责任审计中的核心地位

坚持党委、党组织在电网企业经济责任审计中的核心地位，一方面需要中央审计委员会按照习近平总书记的要求，强化顶层设计和统筹协调。同时也要求自上而下各级的审计单位和审计机构紧紧围绕党和国家的中心任务开展审计工作，按照国家总体的战略方针和各自的实际情况调整审计工作的目标、任务和重点。②③

另一方面，各级审计部门特别是基层审计机关需要加强党组织建设和行政组织管理建设。④ 通过设立党支部、党小组等形式，统筹监督审计过程，特别是重要事项、重大决策、重要人事及重大项目安排和大额资金使用过程；统筹管理党风廉政建设工作的开展，在要求被审计对象作风正派的同时也要求审计人员作风清廉⑤⑥；统筹负责党小组内党的理论知识宣传、教育以及党的政策方针执行落实等情况。通过落实"三会一课"等组织生活，提高审计人员，特别是党员同志的党员意识、先进意识，发挥其先锋模范作用。

2. 坚持党的领导与依法审计、独立审计相结合

依法审计是经济责任审计工作的基本原则，它要求审计部门以及审计人员按照国家相关法律法规和审计行业的行业准则，开展审计工作，捍卫国家

---

① 程哲鹏. 节能服务环境下的电网综合资源协调规划新方法分析 [J]. 科技传播，2013, 5 (20): 90-91.
② 习近平主持召开中央审计委员会第一次会议 [EB/OL]. 中国政府网，2018-05-23.
③ 中共中央办公厅 国务院办公厅印发《关于完善审计制度若干重大问题的框架意见》及相关配套文件 [J]. 交通财会，2016 (1): 79-82.
④ 闫燕. 新时期基层审计机关党组织建设的瓶颈与纾解 [J]. 决策探索（下），2018 (11): 28-29.
⑤ 王楠. 审计文化促进清正廉洁审计途径探讨 [J]. 中国管理信息化，2014, 17 (22): 7-9.
⑥ 张成起. 论新形势下审计机关的党风廉政建设 [J]. 河北审计，2000 (4): 3-4.

法律的尊严以及审计行业的权威。①② 审计法律法规和行业准则是按照党的指导方针和国家的发展要求制定的，因此，审计部门及其人员在依法依规开展审计工作的过程中，势必要遵循党的统一领导。同时也应当按照新时代下党和国家的发展要求，对行业的发展规范做出适应性的修订和补充，保证审计工作的与时俱进。

独立性是审计工作保持公平公正的前提。它要求审计部门及其审计人员在开展审计工作的过程中不受外部因素的影响和干扰，对被审计对象和被审计工程开展客观评价。③ 只有审计人员独立于被审计部门，才能保证其客观中立地对被审计对象及被审计部门进行监督和评价，不偏不倚地得出审计结论。但任何审计机关也不是绝对独立的，其职能的实施，同时受到本国国体政体的影响。因此，在中国特色社会主义制度下，审计部门应当紧紧围绕党中央不同时期的工作重心④，按照党和国家关于电网企业改革的总体部署，安排企业开展相对应的审计工作。一方面，保证在坚持党的集中统一领导下，依法依规开展独立审计，按期按质完成审计任务，确保党中央关于审计工作的重大决策部署得到全面坚决执行。另一方面，通过审计工作的开展，引导电网企业领导人贯彻落实党中央的政策方针，健全电网企业的经营管理机制，为实现社会主义现代化进程添砖加瓦。

3. 突出政治建设在审计工作中的统领地位

审计工作作为独立专业的经济监督形式，是党和国家监督体系中重要的一部分，其实施过程和结果关乎党和国家的发展全局。⑤ 电网审计的结果不仅要对电网企业的整体运营和经营管理负责，也应当为党和人民负责。因此，提高每位审计人员，特别是党员的政治意识，增强他们的职业责任感和使命感，是坚持政治建设在审计工作全过程中统领地位的必然要求。

---

① 龚琳. 对强化审计法制工作的思考 [J]. 科技信息（学术研究），2006（10）：433.
② 刘彦博. 论电力行业内部审计风险的防控 [J]. 财会学习，2015（8）：127-128.
③ 佘映华. 关于内部审计质量管理的几点思考 [J]. 经济研究导刊，2013（33）：160-161.
④ 审计署驻化工部审计局，中国化工审计学会. 顾秀莲谈化工审计（一九八九至一九九五）[M]. 北京：化学工业出版社，1996.
⑤ 束国辉. 国家审计队伍的职业化建设研究 [J]. 中国商论，2019（19）：165-166.

因此，在审计部门的建设和管理过程中，必须先加强审计队伍的思想政治建设，提高审计队伍的政治素质。要求审计人员切实践行社会主义核心价值观和"责任、忠诚、清廉、依法、独立、奉献"的审计人员核心价值观[①]，学习习近平总书记关于审计工作的重要讲话，学习党中央部署关于审计工作的相关文件，把文件中相关的内容和精神与当前的实际工作相结合。深入落实"实、高、新、严、细"的工作作风，锻造优良的政治品质，打造过硬的纪律作风，在审计工作中坚持围绕中心、服务大局，树立政治意识、大局意识、核心意识、看齐意识。加大力度跟踪监督电网企业对党中央各项方针政策的落实和实施情况，加大力度揭露揭示电网企业经营管理过程中存在的风险隐患和腐败现象，推进党风廉政建设，使审计队伍的政治素质和纪律作风再上一个新台阶。

4. 发挥党的领导在实现审计工作目标中的作用

加强党对经济责任审计工作方向的引导，发挥党的领导在包括维护群众利益等方面的作用。通过政策文件、精神传达等多方面的途径，引导电网企业在开展经济责任审计过程中，以人民群众作为审计工作的重点，重视民生相关业务的审计工作，建立健全公共服务体系，保障公共服务设施的正常运行，保障公共服务的均等化，提高每一位普通民众在电网企业服务业务中的获得感，保证权力的运行为公众业务谋发展，为人民群众谋福利。

引导电网企业在开展经济责任审计过程中关注公共利益，推动电网企业更好协调核电、水电、风电、煤电等各类发电途径和居民用电、商业用电、工业用电等多种用电途径之间的价格定位，增强对电网企业的社会责任审计，在保障基层居民用电需求，满足人民对美好生活的向往的前提下，促进企业的增值发展，促进电网企业为社会提供相关的公益支持。

(二)主张创新党委统一领导形式

经济责任审计工作是国家和企业为了适应社会主义经济发展的过程而逐步建立起来的新形式监督模式。相比其他传统的审计方式，它没有既往的经验积累可以参考，也没有国外的研究案例可以借鉴。因此，需要审计部门在

---

① 吴剑锋. 青年审计人核心价值观的塑造[J]. 审计与理财，2013 (5)：54-55.

党委统一领导下，大胆创新、勇于开拓，通过案例分析、典型宣传等方式，探索党委统一领导的新形式，使得经济责任审计过程中的政治建设更加形象化、具体化。具体要求如下：

一是形式创新。要求电网企业经济责任审计工作在党和国家的领导下，创新审计部门党建活动形式，通过审计人员喜闻乐见的形式开展组织生活，宣传党和国家的相关要求和政策，学习党的相关理论知识，让审计人员，特别是党员同志在丰富多样的组织生活中提高政治意识，提高审计工作中的政治敏感度。

二是理念创新。在传统理念中，企业负责人等被审计对象对于经济责任审计工作有天然的排斥感，认为审计工作是"抓小辫子"的行为。在新时代背景下，要求电网企业在党委的统筹带领下，通过形式多样的教育，引导各负责人树立正确的理念，重新定位经济责任审计工作，完善审计政策的结构和内容[1]；引导审计活动开展服务于党和国家的建设需要，服务于企业的发展需要，服务于广大人民群众的切实生活需要。

三是路径创新。经济责任审计的路径创新包括两个方面，一个是在党集中统一领导的前提下，保证各区域之间电网企业的经济责任审计平等。习近平总书记曾经说过"全心全意为人民服务是党的根本宗旨"[2]，因此，电网企业的经济责任审计工作也应当遵循人文审计的原则，规范审计的标准，同一项目不同区域的审计对象采用统一指标，防止出现分裂式的审计结果，保证审计面前人人平等。二是在实施审计工作过程中结合习近平总书记的生态发展观，开展绿色环保审计，呼唤各区域、各相关部门之间协同审计。要求审计过程特别注重电网企业生产经营和技术创新活动过程中可能造成的环境问题，协同各区域各部门发掘或研发相互依赖的共生产品、共生环节，减少企业发展过程中给自然带来的危害。

四是制度创新。要求电网企业经济责任审计工作运用法治思维和法治方

---

[1] 田艳华. 新常态下如何搞好基层审计工作 [J]. 现代经济信息, 2016 (7): 207.
[2] 习近平. 在庆祝改革开放 40 周年大会上的讲话 [N]. 人民日报, 2018 - 12 - 19 (002).

式推动审计工作制度创新。通过建立健全经济责任审计考核评价体系，将政治建设纳入审计部门的考核内容中，并作为关键的考核要素。要求审计部门及其管理单位在开展审计考核的过程中，将党和国家对审计工作的新要求和对电网企业的新期望结合起来。强化审计部门在开展政治建设的同时，立足企业发展需要的观念。使得审计部门及其人员自上而下地重视政治建设在审计工作开展过程中的重要性，自觉将政治建设与部门发展相融合，将党统一领导一切的思想贯穿于审计工作的方方面面，同时提高电网企业经济责任审计工作的规范性。

二、全面覆盖要求

电网企业经济责任审计全面覆盖，指的是审计机构和审计人员在其职权范围内，对电网企业重大经营事项、单位财务、企业绩效、工程管理、电力销售等方面中制度的健全性、有效性，权力运行，公共资金、企业国有资产以及资源的使用、管理，经济责任关系主体，经济责任履行等情况进行有效的、全方位的、不留死角的监督、审查、评价和鉴证。一方面，电网企业经济责任审计的全面覆盖可以协助摸清电网企业现有公共资金、国有资产以及现有资源的存量，便于后续电网企业发展过程中对资金、资产和资源的使用规划；同时全覆盖经济责任审计还能对其使用、配置和管理进行全方位的监督。另一方面，电网企业经济责任审计的全面覆盖实施，也可以对权力运行进行全方位的监督，预防并揭露其责任领导人可能存在的贪污腐败行为或企业国有资源的浪费现象，从而起到震慑效果和及时止损的目的。

在党的十八届三中全会上，在全面深化改革的战略目标中，审计全覆盖首次被提出。在党的十八届四中全会上，从全面推进依法治国的角度出发，审计监督被党和国家监督体系纳入其中，明确了审计监督在国家审计中的重要地位。2014年，七部委联合印发《党政主要领导干部和国有企业领导人员经济责任审计规定实施细则》，将权力监督对象范围进一步扩展，并且强调各级审计机关要坚持"党政同责，同责同审"，揭示领导干部贪污受贿、权力寻租、利益输送等腐败问题。对经济责任审计对象、审计内容、审计评价、审计报告、结果运用及组织领导和审计实施等方面做出了详细的规定，为促进经济责任审计更好地开展和实施提供了有力保障。① 2015 年，央办、国办联合颁布《关于实行审计全覆盖的实施意见》，印发《关于完善审计制度若干重大问题的框架意见》，再次强调"审计全覆盖"。2018 年，在中央审计委员会第一次会议上，习近平总书记再次强调要"努力构建集中统一、全面覆盖、权威高效的审计监督体系"。系列文件的出台和国家领导人的重要讲话，体现了党中央、国务院对于经济责任审计工作的高度重视。②

随着国家经济的发展，党和国家对于国有企业的经营管理、生产要素运用等各方面的监管力度逐渐增强，对于包括电网企业在内的国有企业的审计工作力度与日俱增；随着全面依法治国、全面从严治党的形势和要求不断变化，新时代经济责任审计制度的进一步修订完善也势在必行。党的十九大以来，中央明确提出全面依法治国和全面从严治党新战略，要求"改革审计管理体制"，构建党统一指挥、全面覆盖、权威高效的监督体系。其后，2018年 3 月，中国共产党中央审计委员会成立。党中央和国务院高度重视经济责任审计工作的开展，习近平总书记在中央审计委员会第一次会议上进一步指出："审计工作是党和国家监督体系的重要组成部分，应全面做到应审尽审"，再次强调要"努力构建集中统一、全面覆盖、权威高效的审计监督体系"。③

作为最新的国家顶层设计举措，中共中央办公厅、国务院办公厅于 2019 年印发了《党政主要领导干部和国有企事业单位主要领导人员经济责任审计规定》（以下简称《规定》），并于 2019 年 7 月 7 日起施行，2010 年 10 月发布实施的《规定》同时废止。《规定》对于审计的覆盖范围、工作目标、重点把握、组织管理等提出了一系列新政策、新标准，是指导经济责任审计工作的纲领性文件，在保障党中央令行禁止、维护国家经济安全、推动全面深

---

① 王家新，晏维龙，尹平，等.《关于完善审计制度若干重大问题的框架意见》学习笔谈纪要 [J]. 审计与经济研究，2016，31 (1)：3 - 17.
② 习近平主持召开中央审计委员会第一次会议 [EB/OL]. 中国政府网，2018 - 05 - 23.
③ 习近平：加强党对审计工作的领导 [EB/OL]. 新华网，2018 - 05 - 23.

化改革、促进依法治国、推进廉政建设等方面具有重要作用。①

具体来看，国家政策层面的经济责任审计全覆盖落实到电网企业主要体现在以下几个层面：

（一）审计流程的全覆盖

电网企业经济责任审计流程的全覆盖，指的是包揽前期、中期、后期的全环节、全过程的经济责任审计。传统的电网企业经济责任审计工作中缺乏全过程审计的概念，往往比较侧重事后审计任务，而决策、投资阶段的风险评估和风险预警，资源开发、配置等各业务环节和管理流程的监督和审计作用常常被忽略。然而，现实实践发现，决策失误、风险失控往往会给企业发展带来不可挽回的灾难，这种亡羊补牢式的审计方式容易造成经济责任审计存在滞后性和被动性，效果极不显著。②

不仅如此，只侧重事后审计还容易导致"先离后审"的现象，即审计过程在责任领导人离任之后进行，或审计结果在责任领导人离任之后产生，使得审计结果与责任领导人的直接利益关系相脱节。审计结果与整改情况无法与被审计对象的考核、任免、奖惩相挂钩，对审计发现的违纪违法问题线索或其他事项也无法及时向被审计对象追责。因此，容易导致审计工作流于形式化，无法体现其应有的价值，降低审计工作的权威性。③

因此，主动的审计关口前移，在被审计对象的任前、任中和离任都开展经济责任审计活动，做到任前"重规范"，任中"重监督"，离任"重责任"，实行全方位、全覆盖监督，使得经济责任审计贯穿任职、决策、资源开发、资源配置、业务、管理、任期等全方位全流程，将比被动的事后审计能够更好地发挥审计作用。也仅有实现事前计划—事中执行—事后反应的全环节审计流程，才能真正实现审计流程的全覆盖。其中，全覆盖的审计流程

---

① 习近平主持召开中央审计委员会第一次会议 [EB/OL]. 中国政府网，2018 - 05 - 23.
② 陈一杰. 公共责任视域下的国有企业经济责任审计研究 [D]. 保定：河北大学，2016.
③ 中共中央办公厅　国务院办公厅印发《关于完善审计制度若干重大问题的框架意见》及相关配套文件 [J]. 交通财会，2016（1）：79 - 82.

主要体现在监督对象、权力运行、经济要素、评价体系四方面的全覆盖审计。

(二) 监督对象全覆盖

监督职能是经济责任审计活动在电网企业内部最基本的职能。电网企业经济责任审计的监督对象，既包括电网企业的法定代表人或经营承包人，也包括被审计领导干部所在单位、部门甚至地区的经济情况。经济责任审计通过监督评价领导人员对于电网企业经济责任的履行情况，包括领导人直接负责的责任，以及领导人管辖的部门、单位或职工等间接负责的主管责任，以防止职权滥用现象的出现。因此，要求电网企业要拓宽经济责任审计工作的广度和深度，对于审计对象实施全覆盖监督，消除审计监督盲区。

从横向上来看，拓宽监督对象的广度主要指的是拓宽被审计对象履行经济责任情况实行审计全覆盖。[1] 主要覆盖以下三个方面：一是方向把控方面，包括被审计对象在任职期间是否贯彻执行党和国家经济方针政策、决策部署情况，在开展、组织、管理经济活动过程中是否遵守有关法律法规和财经纪律的要求。二是职责表现方面，包括被审计对象在企业重大决策事项、重大人事任免事项、重大项目安排事项、大额度资金运作事项上的规划、决策、执行及其效果。三是个人作风方面，包括被审计对象在任职期间是否存在作风腐败等行为，是否遵守党风廉政建设的要求。[2]

从纵向上来看，拓宽监督对象的深度主要指的是对自上而下负责人的逐一不遗漏监督。包括电网企业主要负责人、重要业务部门负责人、重大项目负责人、关键技术负责人、子企业负责人等。[3] 做到无论位置高低，一个不漏地开展审计工作，不放过一个漏洞，不丢掉一个盲点，形成自上而下的管理体系和自下而上的监督体系，实现被审计对象的全方面覆盖。

---

[1] 彭多林，戴永胜. 推进市级政府投资审计全覆盖的思考 [J]. 审计与理财，2018 (9)：11-13.

[2] 曹元坤，王光俊. 国资委对权属企业风险管理的本质特征和模型构建 [J]. 现代经济探讨，2011 (11)：28-32.

[3] 王欣. 基于信息不对称理论的国家科技计划项目风险管理研究 [D]. 北京：北京交通大学，2012.

(三) 权力运行全覆盖

权力有着天然被滥用的趋势,权力监督作为权力制约最有效的方式,是审计职能的根本出发点。权力运行全覆盖监督,指的是对电网企业领导干部、关键岗位、主要人员等的权力使用情况和经济责任履行情况监督。特别是对重大决策事项、重大人事任免事项、重大项目安排事项、大额度资金运作事项的"三重一大"事项决策过程权力运行的规范化监督。在新时代背景下,电网企业经济责任审计过程中对于领导干部的廉洁从业更加关注。一方面,通过强化权力运行的监督,防止决策权掌握在个别人或者少数人的手上,防止专断决策的出现,确保决策过程的民主性,从而提高决策内容科学合理性,保证决策的合法合规以及决策结果符合民意。另一方面,通过全覆盖的权利运行监督,能够有效地增加被审计对象实施权力滥用行为的风险系数和成本,提高其腐败行为的监督范围和惩治力度,从而对其起到震慑作用,构建电网企业内部"不敢腐、不能腐、不想腐"的良好风气,推进党风廉政建设和防腐败建设。[①]

(四) 经济要素全覆盖

国家政策层面要求电网企业经济责任审计要维护人民的根本利益。在审计过程中要密切关注公共资源、公共资金、公共资产、公共服务的分配合理化、公平化。这需要电网企业通过实现经济要素全覆盖来响应国家这一号召。

经济要素的全覆盖审计,包括对电网企业公共资金、企业国有资产以及资源的使用、管理。[②]

公共资金的审计全覆盖,既包括了对电网企业直接收入、支出公共资金的审计,也包括了电网企业经手或者受委托管理的资金情况以及其他相关的经济活动。

国有资产的审计全覆盖,主要指的是对电网企业等国有企业中国有资产的管理、使用、运营等过程中遵守国家法律法规等情况的审查。

---

① 徐云光. 遏制腐败的根本途径 [D]. 哈尔滨:黑龙江大学,2010.
② 曹飞. 国家审计监督全覆盖初探 [J]. 现代审计与经济,2017 (1):23-25.

国有资源的审计全覆盖,在电网企业中主要指的是对特许经营权等无形资产的审计。

审计部门和审计单位实现对于电网企业公共资金、国有资产、国有资源的数量、来源、使用、分配、管理等关键环节重点监督和全流程覆盖监督。在摸清存量的同时,确保电网企业财务收支的真实性、完整性、合法性和效益性;通过经济责任审计工作的开展,全面审查电网企业在经营管理过程中财会信息、财务报表、往来款项等是否真实完整,记录和使用流程是否合法合规,从而确保资金、资源和资产的合法合规有效使用管理。同时,还要求审计部门和审计单位对与上述资金、资产、资源相关的经济活动进行全覆盖监督,包括利用其进行的重大投资项目中的投资决策、项目经营、项目管理、项目绩效等的经济管理监督;也包括经济要素管理部门的部门运行情况、管理状况和职能分配情况等的职责监督,确保其使用管理过程贯彻执行国家重大政策措施和宏观调控部署情况。①

(五)评价体系全覆盖

全覆盖化的审计流程,还需要建立健全科学化的、整体化的审计考核评价体系作为强力的支撑。

第一,需要建立全覆盖领导干部经济责任评价体系。通过建立统一、全面的评价体系,对被审计对象的职责和职权进行清楚界定,对其在被审查期间的成绩和不足进行系统、客观的考核。同时也要求审计工作通过定性、定量相结合的审计方式,对被审查对象的审查结果形成结论性的评价,对于被审查对象存在的问题,依法依规认定其应当承担的责任;对于其取得的成绩也予以客观肯定。通过客观公正的评价体系,使得企业负责人对审计工作有更高的认同感,也促进其更好地依照评价体系履行自己的职权,尽职尽责。

第二,需要建立全覆盖的审计工作流程评价体系。通过加强对企业经济责任审计工作的管理,提高审计方案、审计证据、审计记录、审计底稿、审计报告等全流程的规范化和科学化水平,保证审计证据充分,审计报告客

---

① 魏清,李兆银.创新体制机制实现黑龙江垦区审计全覆盖[J].农场经济管理,2016(7):44-47.

观、公正、精准、清晰，在全方面提高审计工作质量的同时，提高审计工作在企业内部的被认可度。

第三，需要建立内外相结合的监督体系。在电网企业建立经济责任审计评估小组的过程中，除了需要审计部门成员参与其中，提供专业技术等方面的监督之外。还需要引入部门以外其他成员对部门的整体运转和成员职业道德、工作态度等情况的监督。同时还需要通过民意调查、满意调查等形式对电网企业内审计部门的工作情况进行反馈，以促进部门内部制度的完善和工作方式方法的规范。

第四，需要加强中介审计机构的全覆盖考核力度。第三方审计机构作为独立于电网企业和企业负责人的审计方，能够较好地客观、公正开展审计工作。目前，电网企业中部分经济责任审计是依托第三方独立审计机构进行的，因此，这对于中介审计机构的能力和标准提出了新要求。也要求电网企业在审计工作开展过程中加强对受托中介机构的管控力度，明确审计的质量和目标，制定详细的实施细则和评价体系，从审计的各流程对中介审计机构做好监督和管控，保证审计工作开展的质量。

（六）审计功能的全方位

1. 多角色：由单一到多元

随着电网企业经济新常态下发展结构的优化以及输配电价试点改革的推动，电网企业内部审计已经不局限于财务收支的审计，而是将审计内容扩充到电网经营管理的各领域以及电网业务的各流程。内部审计要从传统的单一查错纠弊功能，向多元全方位的审计功能转变。[①]

一是掌舵引航功能。经济责任审计通过对电网企业贯彻执行党和国家有关经济方针政策和决策部署的监督和检查，确保企业发展的大方向与党和国家的要求相一致，推动电网企业的可持续发展。

二是跟踪监督功能。通过对电网企业负责人遵守法律法规和财经纪律情况的审计，对电网企业推动企业发展战略的制定、执行情况和执行效果进行

---

① 杨润辉，唐中青，李菁. 新常态下电网企业基层内部审计如何更好地发挥作用［J］. 财经界（学术版），2016（18）：280，282.

评估，对以往审计发现问题的整改情况进行跟踪审计。针对每次审计过程中发现的问题，由审计部门主动牵头督导整改措施的提出、整改方案的设计等方面的具体情况。① 通过整改情况反馈检查责任单位落实情况，对整改不到位的进行严肃问责，将整改情况与被审计对象的绩效相关联，确保形成闭环管理。

三是风险防范功能。在电网企业进行决策或实施重大项目过程的投资、建设、管理等环节，通过开展专项风险审计，及时进行项目风险评估和效益审计，及时将风险因素反馈给企业负责人，为企业快速寻找风险控制的关键点提供决策辅助，帮助企业做好风险防范措施和风险应对预案，提高其风险抵抗能力。

四是查错纠弊功能。对于电网企业日常经营过程实行全覆盖监督，及时发现薄弱环节和异常情况，并且及时开展专项经济责任审计，纠正可能存在的问题，帮助电网企业加强内控，更好保证企业的持续健康稳定发展。同时，对经营成果造假、贪污腐败、滥用职权等行为及时进行责任追责，保障公共资金、国有资产和国有资源的合理利用，使防腐警钟长鸣。②

五是责任落实功能。针对经济责任审计结果发现的存在问题开展实事求是的分析，制定切实可行的整改意见，追踪整改过程，检查整改结果。③ 对于未按时按质落实整改的被审查对象重新开展追责，确保责任落实到位。

六是信息服务功能。经济责任审计通过利用历史审计案例、历史审计结果等材料的收集汇编和共享学习，能够为电网企业审计工作制度建立提供相应的指导信息材料。对于审计结果中揭示出的具有典型性、普遍性、倾向性的问题，可以通过深入分析、总结经验的方式，为电网企业在今后企业发展和制度完善过程中发挥借鉴作用。④

---

① 中办国办印发《党政主要领导干部和国有企事业单位主要领导人员经济责任审计规定》[EB/OL]. 中国政府网, 2019 – 07 – 15.
② 何晨. 电网企业内部审计战略研究 [D]. 北京：华北电力大学, 2018.
③ 张晋. 电网企业风险导向审计体系及其应用 [J]. 企业改革与管理, 2019（2）：122 – 123.
④ 温桦馨. 国网 HLJ 省分公司内部审计信息化体系优化研究 [D]. 哈尔滨：哈尔滨商业大学, 2019.

2. 多方向：负向纠错与正向辅助并重

传统事后审计的方式中，经济责任审计主要发挥了负向纠错的功能，即在事件发生之后通过审计的方式对其进行复盘，审查并揭露决策、资源使用、财务、业务、管理等环节中存在的问题，并通过经济追责等方式对违法违规个人、集体进行惩戒，同时督促企业通过制度建设等方法进行纠正。在全覆盖背景下，电网企业中经济责任审计的职能定位、业务模式等运行机制已有多方面调整，审计活动不再仅限于负向纠错功能，而是向发挥正向辅助功能转变。其正向辅助功能主要体现在以下几个方面：

一是规避风险功能。在电网企业中，经济责任审计不再是单纯地对经营管理行为进行监督，以揭露当下或以往存在的问题；而是通过审计知识、审计理论、审计方法与现实审计情况相结合，发挥审计人员的知识技能和经验积累，发掘电网企业未发生但可能潜在的问题因素，对电网企业的经营管理提出具有针对性的有效的分析、评价，并结合企业自身的特点提出具有建设性的意见，为电网企业的规范管理提供借鉴性报告，在其未真正转化为影响企业发展的问题之前，及时将其"扼杀在摇篮中"，帮助电网企业更好地规避风险，保证其正常的经营发展不偏离轨道。

二是经济鉴证功能。电网企业经济责任审计的经济鉴证功能，指的是审计部门在开展审计工作的过程中，对电网企业的财务报表以及其他财务材料进行检查核验，确定其经营成果和财务状况的真实性、公允性以及合法性；或者对被审计对象的资产状况、经济活动情况进行监督核查，确定其经济行为的合法性以及其资产状况的真实性，并且为社会公众或相关部门出示相关的审计证明报告。电网企业经济责任审计的经济鉴证，能够协助企业更方便地申请资金的投资，壮大企业的发展。

三是经济评价功能。电网企业经济责任审计的经济评价功能，指的是审计人员对被审计对象的经济活动进行监督，对其相关的经济材料进行核查，依据相关的标准和程序对其决策过程的科学性、计划实施落实的有效性、制度建设的健全性、资料信息的真实性等各方面展开评估，并对其产生的成绩予以肯定，对其存在的问题予以揭露，综合各方面的情况做出综合的评价报告。电网企业经济责任审计通过经济评价功能的实施，有效促进被审计对象对自身经济状况的宏观掌握，促进其经济效益的提高。

3. 多时空：往期与长期兼顾

大数据时代使得全数据审计、联网审计、实时审计等传统审计无法实现的方式变为可能。目前，在线缴费、线上物资调配等在线业务已经在电网企业中开启，电网企业线上服务器在日常运行过程中能够采集并记录每一个工作数据，组成数据集，为全数据审计提供基础。

一方面，审计人员可以随时调取历史数据、实时数据，通过建立线上审计平台、审计模型等方式，在规范审计流程、审计报告，促进审计工作信息化、电子化的同时，对数据进行全面跟踪、梳理、整合和分析。通过对历史数据库信息的发掘，辨明以往存在的经济责任问题，扫清历史遗留问题和电网企业发展的阻碍，保障电网企业高速稳定发展。同时，通过对以往数据的汇总以及与现实企业发展案例相比较，还可以总结出企业发展规律，为电网企业未来的发展提供借鉴和启发。

另一方面，通过大数据平台的数据积累，审计人员可以对被审计对象进行长期跟踪审查。通过业务数据、财务数据、单位数据、行业数据等的综合对比和关联分析，结合现有的在线审计系统，审计部门及其人员可以同时对多位被审计对象开展日常化的动态监控和实时分析，实现高效的监督。通过采用在线分析和在线预警的方式，及时发现当前企业经营管理过程中的潜在风险因素，并实施干预处理，从而提高审计工作的执行力和敏捷性，确保审计人员更快、更准确地做出判断和分析。同时，审计人员还可以按照时间轴或事项对数据集进行分门别类，对被审计对象进行全方位无死角的立体监督，对当前的企业发展态势和未来的发展情况进行预测和判断，指导电网企业更合理地规划企业的发展方向。此外，审计部门、审计相关管理人员还可根据党和国家的发展战略方针，结合电网企业的实际经营和管理要求，建立相应的指标体系，优化数据分析的能力，提高审计工作的时效性和准确性，扩大审计工作的广度和深度，从而实现多时空交互审计。使得宏观审计和微观审计相结合，提高审计工作的精准度。①②

4. 多能力：全面而动态

目前我国电网企业的经济责任审计稽查队伍中，呈现审计人员平均年龄较高、业务能力稍欠缺的现象。传统审计工作中，审计人员日常忙于审计工作，而缺乏系统的专业技能学习时间、学习动力和能力提升通道。因此，实现经济责任审计工作的全覆盖，还需实现审计人员的业务能力全覆盖。

第一，增强定量定性相结合的审计能力。现代电网企业经济责任审计的过程通常是定性与定量相结合的过程，在通过整合相关人员对被审计对象的意见和汇总分析各项目、各人员的考核分数之后，形成最终具体的审计报告。③ 因此，要求开展审计工作的工作人员扎实掌握各类型评价指标体系的构建及其分析，同时掌握定性材料采集分析的方法和技巧，确保在审计过程中采集到全面、公平、公正的一手资料，保证审计材料的收集全覆盖。

第二，提高信息挖掘的能力。审计人员面对的审计材料通常纷繁复杂，如何在海量的审计材料中既能挑取所需的有价值的信息，又不遗漏任何一个有效信息，是审计能力的重要体现。因此，需要各审计人员在日常工作中积累经验，向优秀的同行学习借鉴，同时寻找适合自己的工作方式和方法，提升自己对于审计材料的敏感性，提高自身挖掘信息的能力，保证审计信息采集的全覆盖。

第三，培养与时俱进的工作能力。新时代下，信息的更迭速度迅速，电网企业经济责任审计部门及其工作人员，应当保持一颗与时俱进的心，在工作的过程中紧跟时代的步伐。相较于传统单一的审计内容，大数据平台下电网企业审计信息化建设工作的开展，需要审计人员从以下三方面实现能力的全覆盖：一是知识储备全覆盖，包括审计知识和计算机、网络、系统安全等多领域的知识。二是实操能力全覆盖，包括数据采集、数据整理、数据分析

---

① 王志洁. 我国内部审计质量问题与对策研究［J］. 商业经济，2017（10）：36-38.
② 徐倚寒. 内部审计质量控制存在的问题及其对策［J］. 中国管理信息化，2017，20（18）：12-13.
③ 余天京. 国有企业经济责任审计存在的问题及对策［J］. 中国审计，2010（13）：47-48.

等基本能力和模型构建、大数据挖掘等深层能力。① 掌握现代化的审计辅助软件使用。通过借助现代化信息技术和技能手段，协助开展审计过程的各项工作，包括材料收集、信息挖掘、过程监督、数据分析、结果检测等方方面面。在人机相结合的审计模式中提高审计能力。三是综合能力全覆盖，数据分析能力、综合判断能力、专业处理能力，此外还需要掌握更强的审计本领，以适应现场审计向线上审计转变的新趋势。

三、权威高效要求

（一）权威性要求

经济责任审计的权威性体现在以下两个维度，第一个维度是外部层面的，是党中央和国家相关规定政策文件赋予经济责任审计的权威性。它包括"审计通知书、审计报告抄送同级纪检监察机关、组织部门等有关单位"等程序上的规范②；也包括要求各级党委和政府要定期听取审计工作情况汇报，帮助解决实际困难和问题，保障审计机关依法独立行使审计监督权，不受其他行政机关、社会团体和个人的干涉等多方面的保障。③ 通过文件的形式给予被审计对象一定的威慑作用。

第二个维度是内部层面的，是电网企业被审计人、领导负责人、员工以及电网企业外部社会相关人员对审计程序、审计结果的认可和对审计报告中提出的相关建议从心理上和行动上的接纳。即电网企业负责人及其员工能够发自内心地同意审计活动的开展和审计结论，能够采取行动去配合审计工作的开展，能够在接纳经济责任审计中发现的问题的同时，集思广益，积极主动寻求解决方法和途径；对于审计报告中提供的建议进行认真的研究并具体落实。

权威性是经济责任审计制度的基础，是审计结果有效性的保障。因此，

---

① 陈强. 三位一体的大数据服务体系［J］. 中国新通信，2018，20（3）：119.
② 中办国办印发《党政主要领导干部和国有企事业单位主要领导人员经济责任审计规定》［EB/OL］. 中国政府网，2019-07-15.
③ 中共中央办公厅 国务院办公厅印发《关于完善审计制度若干重大问题的框架意见》及相关配套文件［J］. 交通财会，2016（1）：79-82.

在党和国家大力推动经济责任审计的环境下，只有电网企业自上而下地认同经济责任审计的权威性，才能对审计过程中发现的问题及时整改，才能客观地对待审计结果并采取相关的行动。而权威性的建立，需要审计部门与电网企业勠力同心，共同构建。

一方面，审计部门需要制定规范化、标准化的审计流程，严格培训、管理审计人员，制定科学、合理的指标体系，保证审计程序公平、公正、公开，审计人员操作规范，审计指标合理科学，审计结果准确度高、可信度高、实用性强，从总体上提高审计部门的真本领，提高经济责任审计的权威性。

另一方面，电网企业内部采取权力集中的模式，审计部门由企业的最高管理层或企业党委直接领导，体现审计工作对党负责的理念。同时，通过建立健全电网企业内部对于审计结果的应用机制和整改规范，增强企业成员对经济责任审计工作的重视程度；同时，通过领导人带头强化审计意识、带头整改审计过程中揭露的问题等形式，提高企业内部对审计工作的认可度，提高审计权威性。

（二）高效性要求

电网经济责任审计工作的高效性，指的是审计部门及其人员开展审计工作的效能高、审计工作完成质量好。[①] 审计工作的高效性，是确保审计部门权威性的重要基础。国家层面要求电网企业的经济责任审计工作要重点推动发展审计质量和审计效益，把绩效理念贯穿整个审计工作当中。[②] 因此，它要求审计部门及其工作人员从以下几个方面确保其工作高效开展。

1. 优化审计工作流程

审计流程是审计部门及其人员开展经济责任审计工作的依据。通过结合党和国家对电网企业发展的大方向和总要求，结合电网企业发展的实际情况，不断地调整和完善经济责任审计的工作流程，摒弃不合时代要求的工作

[①] 王燕. 经济责任审计评价指标体系构建及其应用研究［D］. 北京：首都经济贸易大学，2016.

[②] 蓝建萍. 新形势下如何开展领导干部经济责任审计［J］. 财经界（学术版），2016（4）：236，238.

方式方法,精简审计工作内容,制订科学有效的审计计划,安排合理的审计任务,对审计工作分门别类,有序整合,确定审计频次,突出审计工作重点,确保审计工作有深度、有重点、有步骤、有成效地完成,确保通过现有的审计工作流程获得的审计结果符合当下党和国家发展的要求,符合电网企业发展的需要。

2. 发展现代化审计

在新时代背景下,国家层面政策要求电网企业审计工作全面推广"总体分析、发现疑点、分散核实、系统研究"的数字化审计方式。① 因此,电网企业的经济责任审计工作应当与时俱进,顺应信息化时代的发展趋势,借助计算机等智能技术,大力发展审计硬件和审计软件建设,提高现代化审计水平,从而提高审计工作的高效性和实操性。②③

一是通过构建审计数据系统和数字化审计平台,积极运用大数据技术,探索建立审计实时监督系统,实施联网审计。通过审计平台和手机终端使用程序,使得审计工作从线下审计向线上与线下联动审计的模式转变,减少审计工作的时空阻滞,同时实现工作的全过程留痕,确保所有的审计材料和审计操作都有记录、可回溯、可供查证。

二是借助大数据平台的数据记录,实现全数据采集和全数据分析,确保数据的准确性和全覆盖,减少材料收集所需的人力和物力,缩短经济责任审计工作所需的时间,提高审计材料收集的便利性以及经济责任审计工作结果的准确性。④ 加大业务数据与财务数据、单位数据与行业数据以及跨行业、跨领域数据的综合比对和关联分析力度,提高运用信息化技术查核问题、评

---

① 肖开银. 刍议大数据技术实现审计全覆盖的路径 [J]. 农村经济与科技,2018,29 (16):102.
② 于丹. 信息化环境下内部审计工作浅析 [J]. 鞍山师范学院学报,2010,12 (5):11-13.
③ 李德胜,张成海,赵宏,等. 信息化环境下的内部审计工作思路 [J]. 中国内部审计,2008 (12):66-67.
④ 蔡鹏. 论经济责任审计项目的组织方式 [J]. 时代金融,2015 (24):221-222.

价判断、宏观分析的能力。①

三是借助云计算功能，利用数据建模等方式实现大数据分析，帮助经济责任审计工作寻找电网企业的工作规律，破除传统审计工作人员的固化思维和固有模式。同时，利用模型分析，将基础的计算分析职能交给计算机自动运行，减少审计人员重复性工作的工作量，确保审计人员能够将更多的时间投入计算机无法替代的工作中去，切实提高审计工作的效率。

3. 提高审计人员专业化水平

提高审计人员的专业化水平，是保证新时代电网企业经济责任审计工作开展的基础。新时代背景下，审计工作对审计人员的思想觉悟、职业素养、工作能力、业务水平等提出了更高的要求。因此，提高审计人员的专业化水平，一方面要求审计部门及其领导部门为审计人员提供系统的专业培训机会，为审计人员打通提升自我的途径；同时也应当多吸收年轻的成员加入，在为部门注入新活力的同时增加部门整体的学习能力和与时代接轨同步伐的水平。另一方面，也要求审计人员将审计工作与自我发展相结合，积极对待本职工作，杜绝"踢皮球"、拖沓等不良作风，在日常审计工作保质保量完成的基础上，不断提高专业知识储备量和专业技能，与时俱进。通过审计人员自身专业化水平的提高，确保审计工作的高效有序开展。②

4. 重视审计成果的转化与利用

经济责任审计成果，是电网企业审计部门通过全面有效监督、收集、分析、审查之后形成的总结性报告，是审计工作的精华。通过对被审计对象经济活动的梳理，审计结果一方面肯定了被审计对象工作过程中的贡献和成绩；另一方面也揭露了其工作过程中存在问题和可能存在的风险因素。正反两方面构成了对被审计对象全方位的评价，使得其更加宏观全面地了解自己，从而帮助其在今后的发展过程中弘扬优势、改正问题、规避风险。

电网企业经济责任审计成果的转化与利用，是经济责任审计工作避免浮

---

① 中共中央办公厅　国务院办公厅印发《关于完善审计制度若干重大问题的框架意见》及相关配套文件［J］. 交通财会，2016（1）：79-82.
② 尹登高. 审计全覆盖背景下审计资源整合研究［D］. 南京：南京审计大学，2017.

于形式化的方法，其转化和利用率从某程度上来说，也是经济责任审计工作在电网企业中权威性的反映。①② 目前，大部分的电网企业对于经济责任审计结果的重视程度相对较低，对审计结果的转化与利用还是停留在比较浅层上；同时企业也缺乏相应的使用指导或使用规范，使得不同审计结果转化和利用效果参差不齐。因此，新时代背景下，电网企业需要从以下几方面重视并规划经济责任审计成果的转化和利用，以推动电网企业以及企业经济责任审计工作的发展更上新台阶。

第一，提高审计效率和审计质量。经济责任审计工作的效率和审计成果的质量，是审计成果被转化和利用的基础。只有审计部门和人员提高审计工作的效率，避免延迟审计，才能保证审计成果的时效性，保证结果符合当下企业发展的需要。也只有提高审计成果的质量，保证其全面、真实、有效，才能为企业审计成果后期的转化和利用提供可靠的依据，否则基于此转化而出的举措也必将有失偏颇。

第二，加强审计成果转化意识。一是提高电网企业职工，特别是领导层干部对于经济责任审计成果转化的重视程度，形成自上而下的审计成果转化思想。③ 只有意识上的重视，才能反映到行动中的执行。二是提高电网审计部门及其审计人员的审计成果转化意识。④ 只有审计人员意识到审计成果对于被审计对象的重要性，感受到自己劳动成果的被认可，才能由内而外地调动其提高自身审计专业化水平、提高工作精准度的积极性。

第三，建立健全成果利用转化体系及其规范。电网企业通过建立健全经济责任审计成果的利用转化制度，构建审计过程与企业经营管理之间的关联度，指导被审计对象运用审计成果的方式方法。通过制度规范的方式要求培养电网企业每一位职工对经济责任审计成果的重视，提高审计成果利用率和转化率，使得经济责任审计成果不再是审计部门和审计人员"私有"的成

---

① 高红梅．我国经济责任审计存在问题及对策研究［D］．长春：吉林大学，2008．
② 程玲．我国经济责任审计存在的问题及对策建议［J］．会计师，2017（15）：47-48．
③ 唐玲．电网企业数字化审计管理模式创新实践［J］．会计师，2019（3）：53-54．
④ 孙静，邵天龙，王小静．企业数字化审计模式的创新与实践［J］．中国商论，2018（26）：122-123．

果,而是全电网企业共有、共享的财富。

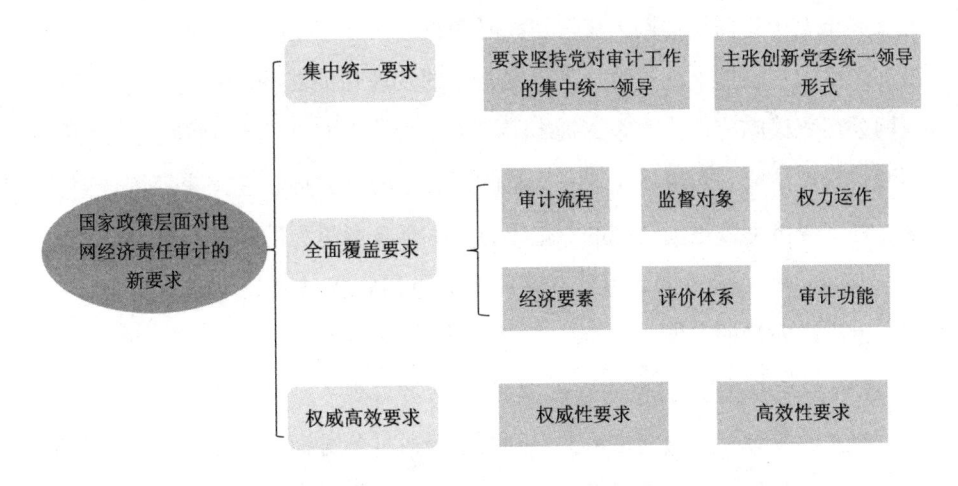

图 2-1 国家政策层面对电网企业经济责任审计的新要求

第二节 公司发展层面对电网企业经济责任审计的新需要

在中国共产党的正确领导下,中国人民经过风风雨雨,在无数的探索和实践中,坚持走中国特色社会主义发展道路,经历了一个又一个发展阶段,实现了从站起来到富起来、强起来的伟大转变。[①] 如今的中国正处于从高速增长进入高质量发展的新阶段,而电网企业也在为促进自身高质量发展,适应社会发展和迎接外部挑战的新需要做好准备。在新时代特别是智能电网迅猛发展的背景下,电网企业的运营模式与整体格局都面临着诸多挑战,通过完善经济责任审计实现电网企业的"提质增效"和持续发展面临更大的必要性和紧迫性。

一、高质量发展需要

在新时代的大背景下,在中国经济新的高质量发展要求下,全面提高电

---

① 万建强. 辉煌的成就 宝贵的经验 [J]. 江西社会科学,2009 (10):9-10.

网建设质量愈益提上日程，成了党和国家经济发展的推动力。中国电网企业的发展正处于特高压电网大规模建设时期，十三五规划中提出要全面贯彻实施高强度大规模的电网建设，为电网企业的发展指明路径。与此同时，国家电网公司积极响应中央政策，提出了"七个能力"的提升计划和"一六八"新时代发展战略，对电网企业高质量的发展指明了方向。在国家经济转型升级，外部经济形势逐渐严峻的双重压力下，自身竞争力的保持和提升对于电网企业的发展尤为重要，因此，电网企业更需积极认真贯彻和落实会议精神，追求高质量的发展。

（一）电网企业实现高质量发展的现实需要

在党的领导和会议的指示下，电网企业通过各方面的建设，使电网企业的发展符合新的高质量发展需求。第一，将工作主基调定在打基础、利长远上，时刻着眼于长远目标的实现，做好发展规划，切勿局限于眼前的利益而耽误整体计划的实施。第二，全面落实安全生产、注重提质增效，将电网企业的改革发展引到精益管理的道路上，追求全面创新。为取得高质量的发展需要，坚持党的建设与企业和谐发展是一个重要环节，适应大形势下的发展潮流，紧跟党中央的发展指示，占据有利地位。

1. 实施发展质量提档计划的需要

经济高质量发展是以创新为推动力、市场为风向标、政府为保障的发展体系，从长久发展来看是动态过程。创新是引领经济高质量发展的第一动力，发展高质量提档计划是以创新为核心，符合经济动态发展过程的规律，能够帮助达到高质量发展的目标。[1][2] 在此过程中要求电网企业以"三型两网"建设为战略目标，适应电力企业改革的新潮流和能源结构转型的新形势，促进政企协调沟通互动，提供高质服务，打造"电政商民"和谐发展的良好环境。首先，它要求电网企业认真贯彻执行国家的各项方针政策，结合企业发展实际情况调整战略关系，将企业各方面的发展目标与国家最新高质

---

[1] 林海燕. 中国共产党发展理念的演进与创新——兼论五大发展理论与全面建成小康社会 [J]. 教育教学论坛，2017（24）：45-47.

[2] 孙灵燕. 中国共产党的创新发展理念研究 [D]. 上海：上海师范大学，2017.

量发展战略相联系，促进两者的协同发展。其次，它要求电网企业要着眼于顾客的真实需求，灵活应对需求的多样化和市场变化，并将提供优质服务放在首要地位。将新的高质量发展目标提上日程，实施发展质量提档计划，促进电网企业的新一代转型升级，适应经济发展的变化趋势。

2. 严格化生产标准、确保安全生产的需要

只有电网企业以更严格的标准规范生产流程，才能确保企业的安全生产，才能为企业追求高质量发展保驾护航。电网企业的安全生产主要包括以下几方面的内容：一是强化"安全第一"的安全意识，从思想层面加强企业的安全意识管控；二是做好超前预防，及时发现潜在的危险因素，并及时遏制危险的发生；三是落实实干态度，细心认真踏实地全面落实年度安全检查和安全生产的重点任务，做好常规的安全演练和安全检查。因此，电网企业应当从以下几个方面来规范安全生产的流程，提高生产安全标准：一是实行一对一责任制，出台安全责任清单，将安全责任落实到个人，划清各部分的安全界限，明确每个项目的安全责任负责人；二是制定电网设备线路定期检修计划，实行专项整治工作，对设备的运行能力、使用寿命等进行定期评估，及时发现设备和线路存在的安全问题，排除安全隐患和装置性违章，为电网企业高质量的运行撑好保护伞；三是实行集体企业工程分包、劳务分包，加强企业高层管理安全，做到预先预防，推动工作安全高质量运行；四是提高企业员工的安全意识和安全技能。通过安全测试考试、一帮一、老带新等形式，全面提升员工的安全意识，培训员工的安全操作技能，将人为产生的安全隐患概率降到最低。

3. 精细化管理措施、拓展效益空间的需要

电网企业应当始终坚持以经济效益为中心，以更精细的态度争取更大的管理效益空间，以此达到价值思维和效益导向的强化。因此，电网企业可以从以下几方面开展更精细的管理，以达到拓展效益空间的目的：一是定期开展会议总结和经营分析例会，分析用电环境的利弊盈亏，因地制宜采取相应措施，确保扭亏增盈措施落实生效；二是通过电能使用宣传，加大电能在老百姓生活中的影响力，推动电能代替和电力外送扩展到更大的区域和人群，拓展电力市场，拉动售电量的增长，为电网企业的发展打造更广阔的空间；

三是实行企业考核制度,针对内部利润和外部增收,实行激励和惩罚制度,严格执行奖惩,营造竞争氛围,拉大相互之间的竞争力度,并带动各单位的相互监督和鼓励,实现增收创效;四是把握计划进展进度,刚性执行计划,对企业的业绩状况做到心中有数。在计划实施过程中坚持不懈严控人耗和物耗,严防资金漏洞的出现,对突发情况也能做到及时调整;五是充分发挥运营监测作用,监督生产工作,铁面无私,严格执行,减少"跑冒滴漏"现象,协调沟通与电网企业处于同一条流水线上的各个企业单位,对生产链上的每一个部位都监控到位,不容出错。例如,积极配合小煤矿等企业的整治工作,统筹做好电费回收和专项监督工作。

4. 和谐化生产局面、促进企业发展的需要

和谐局面为企业的发展营造良好氛围,提升工作愉悦感,增进员工归属感,从而提升工作效率。企业的良好运转离不开员工队伍的齐心协力,新的高质量发展更是少不了和谐局面的形成。因此,电网企业可以从内外双向促进企业生产和谐,达到优化效益。从员工角度,企业应当抓好职工队伍建设,从软实力方面树立积极思想,实行职工专业技能培养计划,从硬性方面提升职工整体水平,只有职工整体素质的提升才能促进企业的发展能力提升,有动力朝着新的高质量方向发展。从品牌角度,企业应当落实品牌形象建设,深入人心、受人喜爱的企业形象顺应社会意识潮流,迎合市场需求发展,贴近消费者内心,使企业在市场竞争中占据有利地位。从和谐企业建设角度,树立中国特色社会主义核心价值观,规范企业内部风气,落实各级民主管理工作,严禁"黑色交易",完善监督机制,净化管理环境,积极落实深化职工服务中心建设。

(二)加强经济责任审计对实现电网企业高质量发展的意义

高质量发展符合马克思主义政治经济学揭示的发展规律,新时代的经济发展以科学技术与创新力为第一生产力,生产规模的扩大和企业实力的增长需紧紧依靠技术进步,努力向生产的深度和高度进军。但是在经济形势的下行压力下,企业内部运行机制不适应,为保证高质量发展的顺利进行且有好的效果,需要发挥经济责任审计制度对经济责任审计的监督和保障作用。持续跟进和完善经济责任审计制度,与新的发展战略目标相契合,利用制度优

势优化企业规范化、标准化、科学化，为电网企业高质量发展争取机会与平台，最终打造高效率高质量的电网企业运行机制。此外，将经济责任审计制度的监督作用转化为鞭策动力，明确审计计划管理、质量控制、成果运用和考核评价等要求，同步推进公司经营管理环境的发展，为新时代电网企业健康、高质量发展有着重要的意义。

1. 有助于推动审计落实、促进企业改革

通过经济责任审计制度，严肃揭示了上有政策、下有对策，有令不行、有禁不止，以及慢作为、不作为等履职不到位问题，此类问题在发展过程中造成了降低职工积极性，严重拉低行政效率，营造不良风气的不良后果，严重阻碍电网企业的高质量发展。对此，企业要促进改革，加大国家重大政策措施落实情况的审计力度刻不容缓。各项审计项目落实好上级政策措施，在项目实施过程中严格抓好经济责任审计制度，通过审计制度查清每个部分发展不充分的地方，对症下药，落实责任到人，加强对个人的监督，客观公平公正，防止责任推脱落空。在企业改革中保证各个环节的顺利进行，打击消极怠工等潜规则行为，促进改革取得良好结果。实施经济责任审计制度，有利于深化"放管服"改革、推动重大项目落地、加强责任落实、减轻企业负担等，为企业发展清除隐患，保障发展道路的顺畅，实现高质量发展的时代要求。

2. 有助于聚焦资金盘活、促进经济提质

企业经济流转过程中较为关键的环节是资金的灵活流动，但其中因人才运营、自身管理不足、客观环境的现行压力等原因容易出现各种问题。在高质量发展过程中，也会遭遇计划实施受阻、政策方向错误、执行人员贪污腐败等，造成资金使用不当、资金损失浪费和沉淀闲置等问题，使得电网企业朝着高质量发展缺乏动力。通过经济责任审计制度，将企业财政预算收支审计全覆盖，掌握资金流转运行情况，关注重大项目的资金去向，做好资金跟踪审计。在审计过程中，要深入揭示资金使用中存在的滞拨截留、效益低下、损失浪费等问题，及时发现和纠正项目实施过程中的违纪违规行为。确保资金规范高效流转和项目顺利实施，保障资金链在经济责任审计制度下正常运转，在根源层面促进经济高质量的提质提效，保障电网企业项目的高效实施。

3. 有助于聚力民生利益、改善发展环境

提高产品和服务的有效供给能力，解决社会主要矛盾，满足社会需求，达到保障和改善民生，是高质量发展的内在要求，围绕国家提高保障和改善民生水平的部署要求是经济责任审计制度的第一要义。对此，民生专项资金和项目的审计力度不断加大、民生政策的落地落实见效、民生资金的安全使用、民生项目的高效建设运行，与经济责任审计制度目标意义的实现密切相关。在招商引资"饥不择食"，同业竞争严重，产业发展缺少特色的灰色地带，存在着明显的政策套利、权色交易、腐败贪污等行为，严重损害了人民群众的利益。通过经济责任审计制度，关注企业法人治理、内控制度、经营业绩等情况，揭示重大违纪违法、重大风险隐患、重大履职不到位、重大损失浪费等问题，有利于强化权力运行制约，使企业的经济运行与政府机关保持合法融洽的合作关系，合法合理地进行供电服务，不搞裙带关系暗箱操作，切实保护人民大众的切身利益。经济责任审计制度在电网企业中的实施离不开聚力民生利益的出发点和立足点。

二、高增长社会需要

经济责任审计制度是典型的中国式国家审计制度，其目的是保证和监督干部依法履行自己的经济职权、为相应的经济责任负责。而企业的经济责任审计制度同样也是为了保证和监督企业管理人员及员工依照相关规定履行其权利、承担其义务，从而推动企业经济的良性发展。在中国特色社会主义经济发展的同时，人民群众的需求呈现多样化和高增长化，使得新的高增长发展的社会需要迫在眉睫。社会和经济的有效运行以及资源的合理配置都需要依靠经济责任审计制度发挥力量，通过对企业实施政策的监督和职工道德责任的监督等，扫清电网企业发展障碍，为企业发展营造良好高效率的氛围，同时将企业的发展回馈到社会，经济责任审计制度通过企业这个载体，逐渐实现社会的高增长发展需要，通过提升经济发展的效率，进而满足人民日益增长的物质需求等多方面需求。

(一) 电网企业面临高增长的社会需求

随着现代社会的发展，市场经济在不断地深化，政治体制也在不断改革。为促进民主政治的发展完善对领导干部的监督、企业发展的和谐稳定、产品服务的质量提升、市场秩序稳定等高增长社会需求的规范，要求经济责任审计在经济政治民生等方面贯彻与实施。

1. 推动电网建设的需要

追求新的高增长的社会需求要求推动电网的建设发展。社会经济的快速增长，三大产业的繁荣发展，人民生活水平的不断提高，给电网企业带来了巨大的市场，但也意味着潜在的挑战。高增长的社会需求要求以更合理的节奏推动电网建设，着力解决电网发展不平衡不充分问题。因此，多方面因素要求电网企业不断推动企业改革：一是实现管理层面社会需求，将国家"十三五"电力发展规划贯彻到各省交流特高压规划方案中，加强组织管理安排与领导，强化各要素协调、资金常规运转、工程物资供应充足的保障，确保电网企业的前后生产链的重点工程按期落实任务。二是实现资源利用层面社会需求，坚持精准扶贫，在电网建设规划中，建立以信息贯通、数据共享、资源共享为支撑，优化资源管理，提高资源利用效率。三是实现精准市场层面的社会需求，要精准开拓市场，找寻目标精准出击，调整传统市场战略点，把握好电力市场的发展趋势，推动企业经济发展方式的深化改革和转变，对焦市场推动电网建设发展。

2. 提升服务质量的需要

追求新的高增长社会需求要求以更高效的服务质量优化营商环境。第一，打破传统服务模式和理念，顺应当今信息化时代，利用大数据资源，深化"互联网+"新模式，实施优化营商环境专项行动，打造"网上国民"服务平台，贴近时代发展，运用新模式适应市场需求，提高电网企业服务效率。第二，践行"人民电业为人民"企业宗旨，将顾客放在第一位，推行人本主义，满足顾客的社会需求。全面推进"让人民生活更加美好八大服务工程"，电网企业服务策略以顾客用电特性数据库为出发点，建立营配融合作业模式。第三，建立电网企业后勤服务，设立专门机构和监察大队，合理安排检修计划，保证用电顺畅，避免频繁停电。在电网企业人员管理层，严厉查处优化电力营商环境中违反廉洁纪律和工作纪律的行为,做到顾客为上,加强服务意识。电力企业的供电服务公开透明,接受人民的监督,立志打造良好的服务环境,提供优质的服务项目。

3. 维护市场秩序的需要

追求新的高增长社会需求要求维护市场秩序。从广义上看,市场秩序包含了市场经营主体的交易行为和市场经营管理者的管理行为。但随着近几年金融和税务等经济体制的不断深化和改革,市场经济发展趋势也日趋复杂,目前我国大部分行业出现产能过剩、资源浪费等问题,社会主义的经济责任监督机制还存在一些问题,贪污腐败的现象时有出现,市场资源配置不够充分,出现了发展不平衡不充分的整体态势。此外,电网企业面临着更高的社会需求,社会需求层面也呈现着总量增长与多元化的趋势,日渐增长的社会用电量对电网企业的传统输配电业务提出了巨大的挑战。维护市场秩序在双重压力下显现出更加重要的作用,社会需求的满足需要物质基础的支撑,而市场秩序的稳定是经济平稳运行的前提条件,为保证新的高质量社会需求的实现,维护市场秩序是必由之路。

(二)加强经济责任审计对满足高增长的社会需求的意义

经济责任审计是现代审计理论与中国特色审计实践相结合的一种审计制度的创新,作为现代审计理论和中国特色社会主义实践相结合的一种审计类型,在企业经济和社会发展中越来越受到重视,也发挥着重要的功能和作用。这涉及一般的监督、鉴证和评价,更上升到加强干部管理监督、党风廉政建设等方面,以促进经济又好又快发展作为目标,这些不仅是经济责任审计的主要内容,也是国家治理的内在要求,国家治理的发展又是高增长社会需求的重要体现。实现经济责任审计,通过审计制度合理评价企业发展和领导干部经济责任的履行情况,规范相关行为,促进依法治国的深入,加强勤政廉政意识,从而营造良好企业风气,促进经济健康发展和社会稳定。电网企业适应新的高增长的社会需求,必须将经济责任审计作为有力武器,查找自身不足,保障企业发展朝着正确的方向良性发展。

1. 开展经济责任审计对实施依法治国和反腐倡廉具有现实意义

公共权力是社会需要的一个重要因素,当公共权力在合理轨道运行时,社会需要呈现良性特征，但当公共权力脱离轨道，则会发生越轨行为，造成社会动荡，则是经济责任审计制度发挥制约公共权力的作用。如何确保公共权力的正确使用是实施依法治国的重要内容，是反腐倡廉的重要保障。依法治国做到有法可依、有法必依、执法必严、违法必究，每个社会行为都需要在法律范围内行使，开展经济责任审计促使法治观念的具体落实，满足社会人民的迫切诉求。当前，电网企业在竞争环境下实现进一步的升级转型，肩负的经济发展任务愈加沉重，伴随着责任，企业领导干部能否用好手中的权力，依法合理有效地分配和管理使用资金，将其放在合理位置，关系到高增长社会需求的顺利实现，也涉及党风廉政建设。通过经济责任审计制度，可以考察财政财务资金的流动状态，企业领导的所作所为，遏制违法违纪行为，打击腐败行为，增强法制观念，提高自身约束力，促进企业和社会的健康成长，正确履行经济职责，做到依法治国和反腐倡廉的良好风气建设。

2. 开展经济责任审计是加强企业职工队伍建设的迫切要求

随着社会主义市场经济和现代企业制度的建立和发展，企业自主经营权的扩大相应扩大了个人权限，若不将行使权力的情况置于有效的监督之下，那权力的扩大意味着许多问题的出现。比如只考虑眼前的、任期内的利益而不着眼于企业整体的长远发展，以权谋私等权利滥用手段等。经济责任审计制度的实施则是为保证经济管理职能的落实，对企业职工做出客观公正的审计评价，明确责任，奖优罚劣，增强职工队伍的事业心和责任感。首先，对企业内部出现的弄虚作假、违法违纪的职工予以检查和披露，从源头遏止恶性循环，整体排斥不良行为。其次，将职工的个人行为记录在案，无形中产生监督约束作用，督促职工提升个人素质和专业技能，在互相竞争和上级压力下提升职工整体素质水平。最后，严格履行企业相关规章制度，将个人行为规范在制度的笼子里，做到个人行为不逾矩。经济责任审计制度在外部监督和内部激励两个方面，提升整体职工队伍的建设，从而促进企业发展，满足新的高增长社会需求。

3. 开展经济责任审计是加强市场秩序建设的重要保障

经济责任审计的延伸和发展，是企业实现经济管理目标的自身需要。当今企业发展的经济环境是复杂多变的，如市场秩序的失灵，经济交易的腐败，企业运作的效率低下，而为了维护市场秩序的稳定，适应近几年金融和税务等经济体制的不断深化和改革，企业需要制定经济责任审计制度，并且能够跟着市场实际情况做出适当的调整。通过审计制度，及时发现发展漏洞，切实关注市场秩序走向，通过资金监管，维护财政秩序，通过企业制度监督，防止企业自主经营权扩大后带来的各种副作用的产生。企业实行经济责任审计制度可以起明确和规范企业责任和行为的重担，促进企业的健康运行和发展。将权力置于有效的审计监督下，防止权力的滥用，营造良好的社会市场氛围，满足社会发展的高需要。

三、高竞争环境的需要

（一）电网企业面临新的高竞争市场环境

电网企业面临着新的高竞争局面。随着中发〔2015〕9号文《关于进一步深化电力体制改革的若干意见》及有关配套文件的相继出台，电力体制改革的重点及路径逐步明确，电力市场化成为新一轮电力体制改革的基本方向。在传统电网业务中，由于输配电业务性质的特殊性，基本不存在竞争。然而，自2015年国务院文件提出"三放开、一独立、三强化"，我国一直由电网公司自然垄断的配售电体制被打破，新的市场竞争主体不断涌现。客户设备代维、市场化售电、电动汽车服务、储能、清洁能源分布式业务等综合能源服务业务逐渐兴起，且新兴业务领域市场完全开放，竞争空前激烈。电网企业如果不能依托自身优势超前布局抢占市场，就很难在激烈的竞争中取得优势。

1. 适应新的市场环境的需要

在传统的电网企业中，电的买卖都由电网企业直接与市场进行单独交易，企业对于市场的把控力强，收益风险低。然而随着电力市场的发展和经济的多元，部分发电企业开始直接与电力用户进行输配送电的服务，导致电网企业的市场份额减少，经济利益也降低。因此，要求电网企业在新的市场环境中更加注重企业的发展规划和投资战略，将收益范围从传统的输配送电扩展开来。要求电网企业通过评估各类新能源、新发电方式的稳定性，评估负荷变化的趋势，制定科学合理的配套电价方案和企业经营战略，规避市场风险，提高企业盈利。

2. 适应新的技术环境的需要

现今，中国制造业与信息化正在加速融合，而且中国制定了"中国制造2025"国家战略，这一战略的制定将中国信息化与工业化相结合。中国的发展重点集中在电力、信息以及新能源汽车等十大新兴领域。同时，随着以"互联网+"为核心的产业革命加快兴起，中国制定了"互联网+"行动计划，这一计划将会进一步促进传统制造业和互联网进行深度融合，促进一系列新的技术、产品、模式出现，这些新的发展变化在为电力产业的创新发展提供新的能源动力，推进其进行更好的改革发展的同时，也对电力企业转型改革，提供综合能源服务发展提出了要求和挑战。

3. 适应新的竞争环境的需要

由于电力市场的开放，竞争主体也朝着多元化的方向发展，对电网企业的传统地位发出了新的挑战。从长远的方向来看，由于电力体制改革的影响，电力企业在电力供应中本应有的枢纽地位将会受到不同程度影响。在当前开放格局的影响下，越来越多的跨领域高新企业正在不断崛起，有些进入了电网技术研究领域，而在微电网、储能等方面具有较为前沿科研实力的企业将会对传统的电网企业发出挑战，成为传统电网的挑战者。

（二）加强经济责任审计应对高竞争市场环境的意义

电网企业在市场化改革下，为了缓解电网企业市场份额流失越来越大的压力，必须进行相应的转型或者改革，在做好风险控制的同时需要增强决策的灵活性以及适应性，以各地区电网企业作为实际的出发点进行决策以便推进电网企业朝着综合能源服务业务方向前进。而经济责任审计作为电力企业改革的重点内容，在干部考核、单位考查、风险防范、整改推进、监督覆盖等方面发挥着深刻的意义。

1. 有助于帮助领导人员加强其职责认知，提高其执行能力

企业经济责任审计工作的开展，能够及时对被审查对象进行全覆盖审查，及时对其可能出现的问题进行督察，同时启动相关的处理方案。同时，审计报告通过全方面多角度分析，对企业领导人员在任职期间工作能力和经济责任履行情况进行综合评价。通过这样的方式，一方面可以加强企业领导对自身的职业能力评估；另一方面通过监督和审计融合，可以指导企业领导及时纠正企业运营过程中可能存在的问题，从而提高其工作执行能力和执行效率。

2. 有助于促进电网企业转型升级，提高其经济效益

用户自身收入的增长，其对电力产品和服务业的需求也发生了变化，需求不再是旧式的一成不变，而是逐渐趋向多元化、差异化以及个性化，用户新的行为模式也促使电力企业提升自身的电力综合服务能力以便更好地满足用户的需求。同时，在这一发展过程中也出现了一些新的变化，如电力用户对于数据信息的敏感度比以往加强，国家对于用户的信息保护力度不断强化等，这些变化使用户对电网企业综合能源产品的要求更高。

经济责任审计通过长期的企业审计工作，可以比较全面地掌握企业经济活动状况，同时通过广泛、深入调查和综合分析，结合企业发展的经验和用户的需求，寻找到企业经营管理过程中可能存在的薄弱环节。并且利用调查数据和专业审计知识，针对企业存在的问题制定有效的改进方案和措施，帮助企业管理者更好地掌握企业发展的方向，同时挖掘企业自身的潜力和市场潜力，提高经济效益。

3. 有助于拓宽电力企业战略视野，提高其应变能力

由于当前中国经济的发展呈现"新常态"的趋势，中国的经济发展有所放缓，中国经济发展的方式也变得更加集中，这些经济发展的新变化使中国要求电力企业转变自身的服务模式，顺应经济发展的需要，适当转变生产方式才能够进一步提升生产的运行效率。

而经济责任审计制度的改革则直接增强了经济责任审计的队伍力量，扩大了经济责任审计覆盖面，同时也要求经济责任审计拓宽战略视野、提高战略纵深、增强对外部因素之间复杂关联的鉴别力，随时做好应对变化，特别是以整合思维把握审计人员与被审计对象之间的矛盾的统一，共同迎接外部环境不确定性对国家治理体系和治理能力现代化带来的重大挑战。

四、阶段性总结需要

电网企业近年来的经济责任审计经验需要阶段性总结与进一步推进。近

年来，通过经济责任审计项目的具体实践与创新，电网企业经济责任审计工作在目标的把握、重点的确立、程序的完善、方法的创新等方面都有很多的发展与进步，有必要将这些收获予以积累、予以系统，进一步完善电网企业经济责任审计工作体系。

（一）现阶段的经济责任审计经验有待总结

我国电网企业任期经济责任审计活动经过漫长努力，已经初步形成了一些体系，并且具有一定的科学性和经济有效性，审计活动的质量和效果在近些年来也得到了很大提升，但是仍然不可否认，还是有很多问题存在。大体来看，目前需要系统探讨和总结的问题主要有：

1. 如何认识专业结构不合理、审计力量不足问题

当前，80%的省级电网企业参与经济责任审计人员，来自财务和工程管理专业，重财务报表审计，轻经营管理审计，缺少营销、人资、计算机、物资等专业审计。审计人员的整体数量和专业能力不能够满足新时代下电网企业对经济责任审计工作的需求。

2. 如何认识数字化审计应用水平偏低、审计手段落后问题

传统的电网企业审计工作中，大都是依靠线下手工审计为主，审计人员需要凭借自己多年积累的工作经验发现可能存在的问题，没有形成系统的可迁移的工作体系。导致经济责任审计工作效率低、精准度不高，并且新的审计人员需要花费较长时间重新摸索规律。

3. 如何认识科学的评价体系缺乏、履职责任评价质量不高问题

目前，我国电网企业的经济责任审计工作中，欠缺科学合理的评价指标和评价体系，使得企业经济责任审计工作缺乏明确统一的工作部署和指导方针，对企业经济责任审计工作的开展和企业的经营发展带来较大的阻力。首先，缺乏统一的评价指标，不同的审计部门甚至同一部门的不同审计人员对审计工作有不同的经验和理解，因此，经济责任审计结果的客观性很难得到切实的保障。其次，缺乏统一的评价体系，使得经济责任审计最终产生的审计报告存在披露问题质量不高、审计范围不广、审计深度不够、问题对策不切实际等问题，从而导致经济责任审计报告甚至是经济责任审计活动流于形式化，没办法为企业的发展或者企业领导干部的考核任免提供可靠的参考依

据。不仅如此，科学评价体系的欠缺，也容易导致经济责任审计部门的权威性不高，被审计对象和企业对于审计工作的信任度低。

4. 如何认识问题整改不彻底、成果运用不足问题

一方面，经济责任审计评价体系的欠缺，使得企业对经济责任审计成果的信服度不高，影响审计结果的运用。另一方面，电网企业中经济责任审计工作及审计中发现问题的整改任务都落在审计部门上面，而统计部门之间缺乏良性的合作关系，导致经济责任审计中发现的问题不能完全落实到行动上进行整改。同时，审计报告中呈现的问题整改与考核相连不到位，导致部分企业领导的风险意识不强，往往出现多年审计出相同问题的现象，甚至出现经济事项前后责任混乱、公有财物丢失等严重现象，导致很多经济损失都无法做到有效的评估，致使公司财产得不到有效的保护。

（二）下一步的经济责任审计实践需要明确标靶与合理规划

电网企业要有效提升经济责任审计的质量，提高审计结果对企业发展的作用，就必须转变传统的思维方式，提高经济责任审计工作在企业中的地位，将经济责任审计工作融入企业发展的方方面面，同时建立健全科学合理的经济责任审计工作指导方案，从内外两方面提升经济责任审计工作的质量和效率。具体来说，新时代背景下企业的经济责任审计工作需要探讨的问题包括以下几个方面：

1. 如何以"一盘棋"思维集约管控审计资源，完善审计管理体制

建立健全电网企业经济责任审计相关制度。通过制度的建立和实施，将审计过程中存在的效率、质量、成果转换等问题进行系统解决。同时通过制度的建立，使得企业内各部门之间职责明确、权限清晰、流程规范，实现审计部门内部的统一、实现审计部门与其他部门之间的有效联动。

组建柔性专家团队，发挥专业骨干作用。通过不断吸收不同领域人才的加入，拓宽经济责任审计队伍的专业范围和审计力量，特别是适应新形势审计任务需求的计算机、工程管理等领域，解决经济责任审计队伍能力单一、现代化能力不强的问题。同时组建审计部门内部专家人才库，明确审计人员的考核奖赏机制，打通审计人员的晋升渠道，同时针对不同的经济审计任务派出不同的审计专家进行针对性审计，在有效扩充经济责任审计人才储备的

同时，不断提高经济责任审计工作的质量和效率。

充分发挥专业骨干力量在内部审计中的作用，进一步促进审计资源优化整合并加强企业内部审计力量，采取"个人申报、单位推荐、公司复核"的方式，经考核筛选，由人资、财务、营销、物资、工程等多类专业骨干人员组成内部审计人才库，结合重点审计项目，统筹培养、管控和考核内部审计人才库人员，形成一支派得出、专业精、能力强的柔性专家团队，有效扩充经济责任审计力量。

组建审计联络员队伍，拓展审计覆盖面。为适应经济责任审计全覆盖的要求，电网企业可以根据自身的需要，在各职能部门设立全职或兼职的经济责任审计专员，将经济责任审计工作真正下沉到全方位中去。一方面，审计专员可以配合审计部门完成日常的经济责任审计监督工作，及时发现部门内可能存在的问题；另一方面，审计专员也可以作为审计部门和职能部门间的协调联络员，配合审计部门开展审计成果转化等工作在职能部门内的开展。

2. 如何以"数字化"思路探索创新审计手段，改进审计方式方法

建立数字化审计保障机制。电网企业可以根据以往经济责任审计的工作经验，制定统一规范的经济责任审计流程和相应的工作记录模板，优化工作形式的同时简化工作的内容。同时配备齐全的软硬件设施，培养审计人员的现代化审计能力，根据大数据时代的特征，对历史审计内容进行数字化录入储存，便于后期经济责任审计工作的溯源追踪。

逐步推进非现场审计工作的开展。非现场审计工作很大程度上依赖非现场数据分析，因此需要电网企业将日常经营过程中的各个环节尽量数字化、信息化、规范化记录下来，一方面方便工作的回溯和复盘，另一方面也方便非现场审计工作的开展。通过信息化手段对信息系统、业务系统等企业内部系统进行分析整合，辅助提高经济责任审计工作的针对性和高效性。

常态化实施持续审计监督。利用大数据平台的支持和计算机模型的构建，努力实现电网企业日常运营自动化监督系统，将日常化的操作进行数字化转换，实现日常动态实施监控，通过利用人工智能减轻经济责任审计人员机械性操作的负担，让审计人员可以把经历集中在计算机无法完成的审计任务上，在扩大审计工作覆盖面的同时提高审计工作的精准度。

3. 如何以"标准化"思想固化审计作业流程，构建审计标准模式

审计项目流程标准化。电网企业应当以明确原则、完善程序、深化内容、试行总结、研究探索为思路，对现有经济责任审计工作的流程进行标准化设置。根据国家相关经济责任审计的文件要求，明确电网企业中经济责任审计各阶段的工作目标、工作内容和工作要求。通过标准的审计流程提高经济责任审计工作的权威性。

现场作业流程标准化。在标准化的审计流程下，要求电网企业经济责任审计部门严格按照规定流程开展审计工作，并在工作过程中做好相应的记录台账，严格做好负责人复核审查工作，确保经济责任审计人员真实、客观记录审查内容、确保审查结果报告公平公正。

审计整改流程标准化。在经济责任审计出报告结果之后，对于审计过程中发现的问题需要电网企业及时跟进整改。因此，需要审计部门对问题进行分门别类并及时向被审计部门发送整改通知书。被审计单位对审计发现问题进行整改后，形成审计发现问题整改验收单，先由本单位自行验收，然后业务管理部门根据业务类型进行整改验收，最后交由审计部门验收复核，完成审计发现问题的整改销号，最终完成问题整改工作。

4. 如何以"科学化"思路加强审计考核评价，健全审计评价体系

开展领导干部经济责任评价。遵循统一性与适用性相结合、全面性与重要性相结合、定量评价与定性评价相结合的原则，构建科学合理的内部经济责任审计评价体系。根据审计查证和认定的事实，对审计对象履职期间取得的主要成绩、存在的不足进行评价，重点对审计对象任职期间履行经济责任过程中存在的问题，依法依规认定其应承担的直接责任、主管责任和领导责任。依据经营业务、审计发现的问题及责任界定情况，对审计对象履职情况做出结论性评价。通过客观公正地评价审计对象的经济责任，促进领导干部更好地履职尽责，为选人用人提供参考。

深化审计实施质量评价。不断加强内部经济责任现场审计质量管控力度，从审计方案、审计证据、审计记录、审计底稿、审计报告等方面，制定审计项目质量与评价标准，强化审计项目质量过程管控。组织评审专家对各审计项目进行评价，评价审计项目方案是否清晰明确、现场审计流程是否合

规、审计证据是否充分、信息沟通是否到位、审计报告是否清晰等,全方位评价现场审计工作质量。

强化中介审计机构考核力度。加强对受托开展经济责任审计项目中介机构的管控力度,制定委托社会中介机构审计管理考核评价实施细则,明确审计质量评价标准,从现场人员配置、审计工作时效、审计过程管控、审计报告质量、审计工作纪律五个方面对受托中介机构按季度、年度进行考评,考核结果作为审计项目招标采购的重要参考依据。

5. 如何以"零容忍"态度推进审计整改闭环管控,健全成果运用机制

建立审计整改责任压实机制。强化审计整改分级督办,压实整改主体责任,坚决落实审计整改一把手负责制,明确各类问题整改里程碑任务节点。以审慎包容态度,实行差异化销号制度、问题整改会审制、问题整改联动机制,通过建立差异化销号规则、召开审计问题整改推进会,充分发挥审计和业务部门协同督导和合力整改作用,建立整改结果由审计和专业部门双审验收的销号制度,促进审计成果得到充分利用。

建立审计成果动态共享机制。通过召开审计成果会商会等,将经济责任审计成果及时共享给业务部门。定期向组织部门提交经济责任审计报告,将经济责任审计结果作为考核、任免、奖惩被审计领导干部的重要依据。定期召开经济责任审计联席会议,健全问题和线索移送制度,及时将重大问题线索移交监察部门。通过资源共享、多方运用,有效提升经济责任审计结果利用成效。

建立审计结果考核问责机制。强化问题整改与党风廉政建设、企业负责人业绩考核联动机制,实现整改闭环管理。严格执行问责制度,对整改态度不积极、工作不到位的单位,约谈其主要负责人,同时将问题整改情况纳入企业负责人年度业绩考核。

国家越来越重视企业内部审计工作,这对内部审计来说既是发展机会,也是巨大挑战。电网企业内部审计机构和内部审计人员要把牢审计质量生命线,不断改革审计管理体制、改进方式方法、构建审计标准模式、完善审计评价体系、健全成果运用机制,以适应内部经济责任审计发展的新需要,提高审计意见和审计建议的针对性和可操作性,客观评价领导干部经营业绩,充分发挥内部经济责任审计在加强干部监督、推进全面从严治党和依法从严治企进程中的重要作用。

第三章

新时代电网企业经济责任审计的国内外经验参鉴

党的十九大报告做出了健全党和国家监督体系,改革审计管理体制的决策部署,组建了中央审计委员会,要求加强党对审计工作的领导,建立集中统一、全面覆盖、权威高效的审计监督体系,更好地发挥审计监督作用。党的十九届四中全会再次强调要推进国家治理体系和治理能力现代化,在新的历史时期,要准确把握审计工作的职能定位,为经济社会发展做出更多贡献。企业作为我国经济发展的重要主体,更应该自觉开展审计工作,接受独立审计机构的审查与监督。经济责任审计体现了我国特色的绩效评价理念,是具有中国特色的审计制度。从全球视野看审计的发展趋势,世界主要国家的国家审计制度都在向以绩效为中心发展。由于体制的不同,国外并没有经济责任审计的制度安排,但绩效审计与之最为接近,同样对我国电网企业经济责任审计有较为重要的启发意义。

第一节 国外企业经济责任审计经验参鉴

一、国外企业经济责任审计的实践

国外审计制度普遍以资本主义经济的发展和管理需要为导向,监督经济的发展。西方发达国家的现代审计制度产生于19世纪后期,并在20世纪得到迅速发展,目前已经成为各个国家社会经济发展管理和监督的重要手段。由于国情差异,不同国家的审计责任模式呈现出较大区别,具体表现在审计依据、审计内容、审计对象、审计范围、审计方式、审计结果与审计报告的差异上。

美国审计署是其最高审计机关，隶属于美国国会，2004年更名为美国政府责任署。1988年美国审计署《政府审计准则》首次写入绩效审计，经过多次修订后明确规定，绩效审计的目标是对项目经济性、效率性、效果性和内部控制、遵循法规等进行评估。立法型审计体制、重视绩效审计、审计范围广泛、审计计划周密、审计手段先进、审计结果公开、审计人员多元等是其绩效审计制度的主要特点。比如重视审计计划编制，每两年更新一次战略计划，并充分听取国会的反馈意见，确保不同时期的项目计划相互衔接，更好地满足未来的需要；审计手段先进，广泛运用现代信息技术、大数据分析技术提高绩效审计水平，并在绩效审计中利用系统论、控制论、信息论等多样化的现代科学知识改善计划、分析、管理，推动绩效审计管理科学化、制度化和信息化水平的提升，使管理效率得到大幅度的提高；审计人员多元，注重招聘多学科专家，改进绩效审计的人员队伍和工作能力等。

英国国家审计署隶属于议会，由主计审计长及其任命的工作人员组成，负责对政府及其所辖组织、公共机构开展财务和绩效审计，向议会公共账目委员会提交审计报告并接受监督。其绩效审计制度包含了立法型审计体制、制度标准完备、审计内容广泛、评价标准客观、对象选择慎重、计划组织周密、注重证据支撑、审计结论公开、注重质量控制、重视人才队伍这十大特点。

德国联邦审计院是德国最高审计机关。在德国，绩效审计与合法合规审计同步进行、密不可分，其他各专业、行业的审计也都在审计结果中反映和关注绩效的内容，绩效审计并不作为独立的审计类型而存在。独立型审计体制、法律依据系统、审计范围宽广、审计原则明确、审计重点突出、审计适度超前、审计方式多样、审计技术先进等是其绩效审计制度的主要特点。

综上所述，美国、英国、德国的审计发展时间长、审计制度较为完善，具有较强的代表性、典型性与可借鉴性，因此本项目基于美国、英国、德国国家的审计实践，提炼其中对电网企业经济责任审计有意义的经验。

(一)审计依据

审计依据是指审计人员在审计实践中的权限与职责和评估被审计项目是非优劣的标准,具有权威性、层次性、相关性、地域性与实效性的特点。在选择审计依据时审计人员需要遵循准确性、适用性、可靠性的原则。审计依据通常来自法律法规、规章制度、业务规范、技术经济标准等,是提出审计意见,做出审计决定的依据。具体来看,美国审计署的审计依据主要源于法律法规以及规范审计行为的审计准则;英国审计署的审计依据主要源自法律法规与社会机构评判标准且在选择审计依据时严格遵循适用性原则;德国审计署的审计依据则主要是以维护投资人利益为目的的法律法规。

美国审计署的审计依据主要包括对审计机关权限职责做出规定的法律法规、对国有企业及其监管做出规定的法律法规,以及规范审计行为的审计准则等。

对审计署权限与职责做出的规定主要来自《1921年预算和会计法》《1993年政府绩效管理改革法案》和《2004年审计署人力资本改革法案》。《1921年预算和会计法》设立了美国审计署,赋予美国审计署调查所有联邦公共资金相关事务的权力;《1993年政府绩效管理改革法案》中规定,审计署须向国会报告政府绩效情况;《2004年审计署人力资本改革法案》使美国审计署有权对政府行为和项目结果进行评价和问责。以上规定都是美国审计署权限与职责的法律依据。

对国有企业及其监管做出规定的是《1945年政府公司控制法案》。该法案规定美国审计署应依据适用于商业性公司的准则和程序以及审计长颁布的规则和条例对国有企业进行审计,审计长须递交两份报告给国会,一是每个财政年度的审计报告,审计报告应说明审计范围,且附有反映资产、负债、资本和结余(或赤字)的报表、结余或赤字分析表、收入和费用表以及资金来源与运用表;二是反映审计中发现的亏损以及对政府资本回报和股息支付方面的建议报告。该法案同时规定,审计报告应当揭露审计中发现的不符合法律法规的项目、支出和其他财务活动。除此之外,在对国有企业的设立和运营做出规定的单行法中也包含了对国有企业开展审计和监管的要求。

规范审计行为的审计准则主要来自《国家审计准则》《财务审计手册》

《绩效审计手册》。《国家审计准则》对美国审计署的各项审计工作都有详细的操作要求；《财务审计手册》与《绩效审计手册》是美国审计署为开展政府部门和国有企业的财务审计和绩效审计而专门制定的业务指导。美国审计署在审计工作中必须严格遵循这些准则。

英国审计署的审计依据主要源于法律法规与社会权威质量评估机构评判标准。英国审计署会依据审计对象的性质而采用适用性最强的审计依据与准则，并在审计工作中严格遵循。

就英国审计署对政府的绩效审计来说，审计依据并不仅仅是法律法规。为让审计标准与社会普遍标准及时同步，英国审计署在绩效审计中并不自己制定绩效审计标准，而是借助历史数据、各行业主管部门绩效管理指标体系和以往的审计资料等。此举不仅能够确保绩效审计中引用的数据、标准、指标、评价结果被社会各界接受，又能对各部门的绩效管理产生切实的功效。

就英国审计署对国有企业的审计来说，审计依据主要为法律法规。除了授予主计审计长和审计署审计权限的多项法律——《1866年国库和审计部法》《1921年国库和审计部法修正案》《1957年国库和审计部法修正案》和《1983年国家审计法》及其修正案外，还包括规范英国经济管理的《公司法》等基本法律。特别的是，在主要国有企业私有化改革前，负责的主管部门会成立独立于政府的私有化立法和政策制定委员会，立法先行。

英国审计署对国有企业的审计还会依据一定的准则。一是财务审计准则。英国审计署在对国有企业及其监管机构执行财务审计时执行的财务审计标准基本和外部注册会计师一致，主要依据英国审计实务委员会颁布的国际审计准则和最佳实务指南。二是绩效审计准则。虽然并没有明确的企业绩效审计准则。但英国审计署关于绩效审计自成的方法体系，完全适用于其对各类国有企业的股权变更、资金适用、提供公共服务、国家相关政策执行等重大事项开展的绩效审计，也适用于对国资监管部门监管状况和公用事业行业整体效率的绩效评估。

德国法制健全，公民法律意识较强，作为德国审计院审计依据的法律主要源于德国联邦政府颁布的预算基本法、企业透明法与企业监控章规章制度。这些法规的建立主要以维护投资人利益为目的，要求企业建立内部审计制度,加强企业内部控制,降低经营风险,促进企业效益最大化。《联邦和州预算基本原则法》第53条规定了联邦审计院对私法企业的审计权,第54条规定了联邦审计院对私法企业的信息权,第55条规定了对联邦公法法人企业的审计权。

(二)审计内容

审计内容是指为实现审计目标所需实施的具体审计事项,主要有财政财务审计、财经法纪审计和效益审计三类。通常情况下,为节省审计成本,审计机关或审计人员在审计实践中会有所侧重,侧重点取决于审计类型。具体而言,美国、英国与德国审计署审计工作主要是对政府与企业进行绩效审计和财务审计。其中,政府审计侧重于绩效审计,企业审计则偏向于财务审计。此外,各国因经济状况与制度体系的差别还会有各自的审计重点内容。

美国审计署的主要审计工作可分为两大板块。一方面是对政府的审计。美国审计署对政府主要进行绩效审计,范围从政府自身运作到重大政策的实行,涉及面较广,内容较多,主要包括以下内容:一是对联邦政府履职情况和绩效进行审查评估,同时,向国会提交审计报告或发表证词,包括政府履行法定职责的绩效状况、重大政策的实施状况及效果、重大决策事项等。二是对联邦现行重大外交、军事、财政、金融和商业政策进行跟踪审计,评估政策执行情况、对政策本身的有效性提出完善建议。三是对联邦机构和投资项目(包括接受联邦资金资助的地方政府和私营机构)进行绩效审计评价,提出建设性意见,以帮助改进管理,提高绩效。总体而言,美国审计署通过对政府运作以及政策落地情况进行审计与评估,提出意见,从而促进政府管理水平的提升。

另一方面是对国有企业的审计。首先,根据相关的法律法规,美国审计署对国有企业的审计内容主要由国有企业的类型决定。美国审计署对国有企业的审计可用"高频次、多角度"形容,其国有企业审计的范围包括财务收支、运营绩效和管理领域等国有企业运营的所有方面,如对田纳西河流域管理局的审计包括对其债券销售、采购、资产管理、支出、合同管理等专门领域单独开展的审计。总的来说,主要有财务收支审计和绩效审计(专项审计)两种类型,以公司治理、内部控制、风险管理、重点业务管理和绩效等内容作为审计重点。

在财务收支审计方面,美国审计署主要对国有企业审计财务报表和财务收支活动。在绩效审计方面,美国审计署对国有企业的审计内容并不固定,主要依据专项审计的目标而定,并且有所侧重。由于审计署的审计重点在资源使用的经济性、效率性和效益性(简称"3E",即"绩效审计"),因此,它对国有企业的绩效审计重点为对企业内部管理与项目管理的评估。同时,美国审计署还会在国有企业执行重大经济政策的过程中持续审计,并对其经营过程中可能出现的风险进行评估。从美国主要国有企业的审计报告来看,美国审计署侧重于采购、招投标、服务质量、资本投资、雇员管理和内部标准制定等方面的审计。除此之外,国有企业的日常经营与发展前景也是审计署的关注重点,审计署会经常对国有企业运营过程中有关经济、社会、国家安全方面的风险进行前瞻性分析。

此外,美国审计署也高度关注美国持续进行的私有化改革、金融危机后的救市措施的实行以及宏观经济政策的落实。在国有企业的私有化阶段,美国审计署对国有企业不仅会进行例行的审计工作,也会对私有化的具体政策进行评估,提出意见和建议,对国有企业私有化进程进行有效监督与指引。如美国审计署对联邦政府的"立约承包"项目进行审计并发表审计报告,对"竞争招标"私有化新方法进行政策评估等。

英国审计署审计工作的内容主要有财务审计与绩效审计。而对于英国审计署而言,除了这两项之外还有国有资产私有化的审计。首先,在财务审计方面,即使被列为英国审计署财务审计对象的国有企业并不多,但财务审计工作仍然是英国审计署履行职责的核心。英国审计署在进行财务审计时重点关注财务报表和资金适用的合规性、真实性、公允性,并在此基础上对被审计公司风险防控和财务管理的做法进行评价。具体审计内容包括资金支出使用情况、税收征缴情况以及资产负债情况等。

其次,在绩效审计方面,英国审计署对国有企业的绩效审计目标具有多元性,对政府而言是维护政府作为持股人的利益;对社会公众而言是保护纳税人的利益;对企业而言是提高企业经营效率和绩效。因此,除了例行的绩效审计外,英国审计署还经常会针对国有企业运营管理、资金使用、公共服务提供等不同领域选择特定事项开展专项绩效审计，主要包括对国企关闭、重组、援助、私有化与国有化等重大事项开展专项审计、对企业执行国家政策情况开展审计以及对国资监管和行业监管情况开展审计。

最后，在国有资产私有化审计方面。基于国有企业私有化的国策，英国审计署对国有企业的审计致力于开展国有企业私有化绩效审计。英国国有企业私有化绩效审计主要有三部分：一是对国有资产售前准备工作的审计，主要包括检查是否设定明确的出售目标，核心是在公开竞争的条件下实现最高出售价格和最有利的出售条件。二是对国有资产出售过程的审计，主要包括检查卖方所提供的待售单位的信息是否准确、充足以保证公平；调查卖方是否已采取严格的步骤确认所有合格买方；检查投标商名单筛查和正式评标情况。三是对售后工作的审计，主要包括对已出售的公司与国有部门之间的后续贸易往来进行检查以防止新公司随意涨价；检查采用可变价格的情况。

作为最高联邦机构之一的德国审计院，其审计对象主要是政府部门和公共企业。对政府部门主要进行绩效审计，对公共企业则注重财务审计与绩效审计。

第一，政府部门的绩效审计。为确保国家机器高效运转，联邦审计院主要通过财务监督、咨询建议以及自身厉行节约的原则进行绩效审计。在预算监督方面，联邦审计院的主要审计内容是审查预算单位支出是否合法、是否经济，并重点关注经济性。联邦审计院通过在审计报告中提供关于事实的信息和数据提供决策帮助，而非直接评价一项政治决策。审计院始终在法律允许的范围内承担咨询任务，为决策提供参考。具体而言，咨询重视事前的经济性研究与分析，建议包含提高质量以及开源节流的方式。值得一提的是，咨询是德国联邦审计院在其经济审计方面的独到之处。

第二，联邦公共企业审计。财务报表审计与绩效审计是联邦审计院审计联邦公共企业的主要内容。联邦审计院审计的内容和重点依据公共企业的形式而定。具体而言，主要有三种情况：

首先，对联邦私法法人公共企业的审计。根据《德国商法》，审计不局限于联邦作为股东的参股活动，同时也包括所属股份的盈利和私有化过程中股份出让的情况。联邦审计院享有法定审计权和协议确定的审计权。

其次，对联邦特殊财产的预算执行和其他财政收支的审计。公允性、合规性与经济性是审计院的关注重点。在审计实践中，首先审查组织结构与人事管理，以及重要的投资项目和其他大型项目，如舆论界讨论的焦点项目。

最后，对事业单位的预算执行和其他财务收支的审计。与审计联邦直属管理部门相同，对非营利性的全额拨款事业单位的审计是依据其预算计划和收支账目进行的。其中，对营利性差额补贴事业单位的审计注重商业的原则，并且内容有所扩展，主要包括从联邦预算中得到的拨款、向联邦财政上缴的资金、人员定制、经济计划、年终决算和其他财政收支管理。

（三）审计对象与审计范围

审计对象即审计客体，是指被审计单位的财务收支及其有关的经营管理活动和作为提供这些经济活动的信息载体或其他相关资料。清晰的审计对象有利于明确审计概念，充分发挥审计监督职能。审计对象与审计内容紧密相关。如今英国审计署、德国联邦审计院的审计对象主要都是政府与国有企业。英国审计署对国有企业进行直接审计，德国联邦审计院则对国有企业进行间接审计。

所有国有企业成为英国审计署审计对象的过程具有渐进性。在英国审计署成立之初，部分国有企业和其他公共机构被明确排除在其审计对象之外，而之后的专项法案开始逐步取消相关限制，赋予审计署对大部分国有单位进行审计的权限。如《1983年国家审计法》规定英国审计署可对使用议会拨款的政府部门、管理机构和其他团体，以及对主要由公共基金资助运营（资金来源超过一半）的经济实体审计其经济性、效率性和效果性，但同时明确对该法案附件4中所罗列的23家国有企业和其他公共机构不授予权限。

英国审计署对国有企业进行审计由限制到开放的过程经历了很长时间，主要原因是英国政府审计与注册会计师审计之间的泾渭分明。在市场经济国家法律体系下，法律规定国家审计机关主要监督政府权力的运行与公共资金的使用绩效，而社会审计则通过对公司财务报表的审计服务于股东监督管理层和企业降低代理成本的需要。两者利益出发点与目的的不同也必然导致了政府审计与注册会计师审计之间分工和定位的明确。在关于公司财务报告的审计规则由资源审计转变为了全面强制审计的基础上，英国于20世纪上半叶通过了《1984年公司法》，该法律规定了注册会计师专任审计的法定模式，明确规定担任公司审计师的必须是公司以外的专业会计人士；《1985年公司法》则规定企业年度经营情况必须由社会中介机构进行审计，并独立发表审计意见，出具审计报告；审计后的会计报表在政府有关部门备案，同时向社会公布，接受包括政府在内的各方面监督。以上规定都将审计署对国有企业的审计权限限制在了较小的范围内。

随着《2000年政府资源与会计法》的颁布，主计审计长的审计范围扩大，英国审计署对国有企业的审计权限也随之扩大，但仍未予以明确。直到《2006年公司法》对政府国有公司的审计做出了重大调整，对此前公司法中规定的"审计署不得作为国有公司外部审计师"的内容做出了修改，从2008—2009财年开始，审计署可与事务所竞争参与国有公司的审计。至此，英国审计署的审计对象实际上已经覆盖了英国所有国有企业。

一般就财务审计项目而言，英国审计署每年会对所有的政府部门和其他公共机构的财务报表进行审计，其中涵盖了不同主管部门负责监管的国有企业的财务报表；就绩效审计项目而言，英国审计署主要关注政府的项目、方案和举措的实施情况，其中涉及对国防、交通、教育、环境、卫生、文化、基础设施等多个领域的国有企业经营管理绩效的评估，同时还会向政府提出有关提高监管效率和改善公共服务的建议。

具体到英国审计署对国有企业审计的实际情况来看，根据对英国审计署官网所登的全部审计报告的分析，英国审计署对国有企业审计的范围主要是以下五大领域：国有企业私有化、常规财务收支审计（含财务报表、投资、收入等）、综合事项审计（含行业研究等）、绩效评估和其他领域（含国有化、重组、公私合作项目等）。其中，国有企业私有化是英国审计署对国有企业审计的重点，而常规的财务收支审计受重视程度较低。

这种情况和20世纪80年代以来英国大力推行国有企业私有化的基本国策紧密相关。根据议会的要求，英国审计署对私有化实施全程审计监督，并设立了专门的国有资产私有化绩效审计部，该部门负责对国有资产私有化的绩效审计。同时，英国审计署还高度重视不同领域国有公司运营、监管和提供公共服务的绩效，对行业性的综合性调查研究也体现了国家审计的宏观视野。但从英国公司法对国有公司外部审计制度规定的演变历史来看，英国审计署对国有公司财务审计的重视程度较低。

德国联邦审计院的国有企业审计对象主要包括联邦独资、参股的公法法人企业和私法法人企业，以及接受和使用联邦基金但不受联邦直接管理的团体和第三方机构。但联邦审计院一般不直接审计公共企业的经营管理者，而是审计该企业的股权所有者，即调查审计联邦参股企业的主管部门及代表国家股权的监事会成员履行其作为国家股权代表的责任的情况。联邦审计院在公共企业审计方面的审计对象主要涉及下列5类企业：

1. 在联邦财政预算内的联邦各部以及特殊基金管理单位，如联邦铁路基金、继承债务基金等；

2. 在联邦法律下建立的公法法人企业，如德国复兴信贷银行等；

3. 在联邦各州法律规定范围内的社会保险机构，这些机构由联邦政府批准或担保，如联邦退休保险联盟、联邦矿工保险联盟、法定医疗保险公司等；

4. 联邦参股的私法法人企业，对这类企业进行审计时，要求遵循商业原则，如德国电信股份公司、德国铁路股份公司；

5. 不由联邦政府直接管理的团体和第三方机构，如果其接受和使用联邦基金，联邦审计院同样负有审计职责，如各联邦州、当地权威部门或者被授予使用联邦基金的其他组织。

审计范围是指针对联邦公共企业所开展的审计实践活动在空间上所能达到的广度。审计范围并不固定，主要依据不同的审计对象和审计目标确定。联邦审计院在决算审计师的审计报告和扩展审计报告的基础上确定公共企业的审计范围，主要包括以下三部分：一是将决算审计师的审计报告中所认定的缺少控制和控制薄弱的业务系统或业务环节，列入审计范围；二是将特定时间内未得到良好控制的业务系统或业务环节，列入审计范围；三是将固有风险较大的经济业务、联邦参股私法企业的参股必要性列入审计范围。

（四）审计方式

审计工作涉及多个领域与多个部门，多元化的审计模式已经成为西方发达国家审计实践过程中的突出特征。当前国外审计实践已经积累了大量的审计经验，并在审计工作中不断改进与创新原有的审计方法，形成了适用性较强的审计方式。

美国内部机构运行具有数量多、模式复杂的特点。美国政府部门数量多，职能多样，关系复杂，在实行政策或完成项目的过程中往往涉及多个政府职能部门。同时，某些政府部门还直接或间接管理一些国有企业。为了对美国机构进行全面合理的审计，美国审计署的审计工作形成了灵活多样、形式丰富、科学精准、适用性强的特点。在实践中的常用方法有：审阅法、访谈法、查账法等。审阅法是指通过对书面材料进行审查、阅读而取得证据的一种方法。审计人员可根据需要查阅被审计单位的报表、账册、财务收支计划、内部管理制度等文件，有助于审计人员掌握有用的信息与数据；访谈法是通过召开座谈会或进行个别访谈而取得证据的一种方法。审计人员可以通过网络、电话、面对面谈话等形式对个人进行访谈，也可以以召开座谈会的形式进行，有利于获取更加广泛与全面的信息；查账法是指通过对企业会计资料进行核算得出审计结果的一种方法。审计人员会对会计凭证、会计账簿、会计报表等资料进行审阅与核算，从而准确评估资金变动状况。美国审计署采用的审计方式与方法最基本的有调查、检查、分析、报送审计、就地审计等，在此基础上依据审计内容进行调整。具体来说，常用的审计方法包括以下两类：

第一，财务审计的方式与方法。美国审计署在对国有企业进行财务审计时主要采取两种方式。一是将财务审计外包。出于技术与成本的考虑，美国审计署会将国有企业的财务收支审计外包给独立注册的会计师事务所。二是由公司内部的监察长办公室进行审计。无论采取哪种审计方式，审计实施者都应严格遵守美国审计署颁布的《财务审计手册》。必要时，审计长还会在财务审计过程中进行抽审或者复审，对审计工作进行监督。

第二，绩效审计的方式与方法。实施绩效审计通常的方法主要有综合评价法、结构访谈法、案例研究法、前瞻性分析审计法等。其中，在美国审计署的绩效审计工作中，前瞻性分析审计法应用较多，发挥的作用较大。前瞻性分析审计的主要内容有对未来需求、成本和结果的科学预测，使绩效审计结果更加完整有效。除此之外，美国审计署还会对政府部门职能进行分析审计。审计署会在执行例行审计工作的同时进行审计调查，旨在调查政府部门工作中职能交叉、重叠的情况，并对可进行职能分割的项目与领域提出实施建议。此举有利于提高政府行政效率，节省行政成本。比如，在2014年公布的年度报告中，美国审计署提供了11个发生重复、交叉与分割的政府行为证据，发现了15个资源重复配置的领域，提出了64项改进措施，预计可以节省5亿美元以上的财政支出。

英国积极探索高效的审计方法，现已形成一套相对成熟的审计工作流程。英国较为完整的审计体系主要由8个关键步骤组成，分别是确立审计项目、制订审计计划、现场审计和起草审计报告、交换意见、批准并发布审计报告、提交议会公共账目委员会、衡量审计影响和跟踪检查。

英国审计署作为英国最高审计机关，每年都要制订审计计划并把它作为一项重点工作。计划制订后，进入审计实施阶段。审计实施主要是收集审计数据。英国审计署常用的证据收集方法可分为定量法和定性法两类。定量法主要包括调查法、案例研究、统计分析法等；定性法主要包括访谈法、观察法、文档和实物证据法等。通过将数据资料与规定目标完成情况进行对比得出结果。审计事项完成后要撰写审计报告，审计报告内容主要包括审计目标、审计范围和时间、审计结论、审计的问题和建议等。同时，为了保证审计结果的公正性，在审计报告完成之后，审计人员会向审计组全体人员讲解审计成果。英国尤其注重审计成果的利用和转化，因此在审计报告提出一段时间后，审计人员将进行跟踪检查，获得反馈并完善后续审计建议。

英国审计方式主要有以下特点：一是根据各国有企业类型来确定审计范围和深度，体制上相对灵活。二是审计的公正性和创新性强，审计标准和跟踪检查等都是利用计算机分析大数据完成的。三是注重对审计成果的利用和转化，审计效率较高。

（五）审计结果与审计报告

审计结果是审计工作的最终成果，也是评定被审计单位机构运行、工作绩效、项目效果的具体依据，审计结果以审计报告的形式呈现，并通过各类媒介进行公开，并将审计结果应用于社会发展的各个方面。

美国审计报告所涉及的范围十分广泛，既包括审计与财务管理、预算支出，也涉及教育就业、金融等几十个领域，其中审计与财务管理的审计内容最多，共计9000多份。据统计，截至2012年，在美国审计署发布的近5.2万份审计报告中，有关行政部门的审计报告占比最高，接近57%，独立机构审计报告占比为19%，位居第二。美国审计报告对监督美国机构运作起到了积极作用，包括制约、防护、鉴证、参谋、职能控制等，从而促进了美国经济社会的发展。

审计报告作为审计结果的表达方式，作为美国机构的评估结果的可视化呈现文本，美国审计报告呈现出审计报告涉及范围广泛、审计报告是佐证性决策依据这两个特征。第一，审计报告涉及范围较为广泛。美国审计报告涉及美国经济社会发展的各个方面，既包括宏观层面的经济发展战略、社会发展目标，也包括中微观层面的行政部门运行现状、教育发展、就业形势、能源状况等。其中涉及财务管理的审计报告占美国审计报告的比重较大，政府机构运营等次之。第二，美国审计报告是佐证性决策报告。在美国所发布的审计报告中，根据美国国会有关委员会的要求被称为"证词"，这实质是美国审计署为国会有关委员会职责权限与范围边界所提供的支持性证据。据统计，在2010年，美国审计署向美国国会提交了60余份证词，并为美国国会有关委员会会议做证。除对美国国会有关委员会进行支持、为其提供佐证外，美国审计署所颁布的审计报告也对美国其他机构起到了检验与督促作用。

具体来说，美国的审计结果具有公开性、问责性、改进性这三个特征。首先，审计结果具有公开性。《美国政府审计准则》第七章第五条规定："除非有法律或条例方面的限制，审计报告副本应向公众公布，以便进行监督。"在实践过程中，美国审计报告在保守秘密的前提条件下，大多通过互联网、新闻发布会等形式向社会公开。其次，审计结果具有问责作用。在美国，审计报告结果将通过各种形式提供给重要的对象，包括国会中的专门委员会，政府专门机构等，它们会依据审计结果对国家相关机构进行问责。再次，审计结果具有改进机构运行机制的积极作用。美国审计署将审计报告提供给被审计机构与相关部门，根据审计结果提供合理性的整改建议，并协助被审计机构进行改进，从而优化被审计机构的运作模式，提高被审计机构的运行效率。

英国审计法律与相关制度规定,在审计工作完成后,需要撰写客观翔实的审计报告,作为审计的评价结果。英国审计报告的内容主要包括目标、范围、时间、结论、问题与对策建议这6个方面。在英国,无论是政府等公共机构,还是公司企业等私立机构,都尤为重视审计报告的撰写。要求审计报告要从经济效率、社会效益等方面进行考量,对被审计单位提出针对性的对策建议。

英国审计尤为关注审计的结果与审计报告的颁布,在英国审计实践中,各个领域都出台了相应的审计结果出台制度。例如英国航空公司所颁布的《内部审计责任》规定:审计单位要事先与相应层次的管理人员进行讨论,根据他们的意见做出记录,再对每项审计结果出台正式的审计报告与审计记录,将审计结果提交至被审计单位处,确认审计结果及所提出的各项建议是否为被审计单位所采纳,并清楚记录不被审计单位采纳审计的结果、不采纳的理由及后续弥补措施。

在审计报告的运用与公开过程中,英国审计相关法律制度规定,要求审计报告需要直接提交至被审计单位的管理人员处,再最终提交至更高层级的领导人层面。在审计时间上,要求审计单位每半年或每一年向审计委员会汇报审计的实施情况,并且出具阶段性的问题与建议报告。审计报告出台后,要及时对审计报告所提出建议的实施情况进行检查,如出现重要问题需要进行重新审计。

英国审计实践强调审计过程的规范性与完整性。在审计报告出台后,要保存完整审计工作的档案,并建立审计档案存档库,搭建审计档案系统。审计报告需要存档的有项目细节、工作底稿、报告草稿、正式报告、重要内容、报告摘要、被审计单位的回答与反馈意见、审计数据、备忘录这九项内容。在审计存档的过程中,借助计算机等辅助性工具,将审计信息入库存档,编制审计文件。

英国审计实践重视审计工作对被审计单位的实现价值,根据审计单位提交的审计报告来看,英国审计单位向被审计单位提供高度独立的审计结果,审计结果具有评价被审计单位既定目标实现情况与被审计单位的资源利用效果的作用。审计报告结果也被运用于被审计单位的改进。审计单位出具重要的监管职责确定以及改进治理模式的重要参考性结果,并以此作为被审计单位的评判依据。另外,审计单位还向被审计单位出具相关的审计意见书,提出正式性道德改进治理意见与财务管理意见。除此之外,审计单位还编制实务指南,为被审计单位的制度性问题与缺陷提供相应的可行性建议,同时审计单位会派出审计人员参与被审计单位的审计委员会会议,监督其履行相应的职责。

依据德国审计的相关法律,要求审计单位在开展审计的过程中,需要得出客观公正且科学的审计结果,并形成最终的审计报告,将审计报告递送至被审计单位,将审计结果反馈给被审计单位,并要求被审计单位以此为依据进行整改。在大量的审计工作与审计报告中,具有公共价值的审计结果需要以咨询报告的方式提供给联邦议院与政府,同时通过新闻发布会、互联网等形式公开审计报告的内容。涉及商业秘密或国家秘密的审计结果将以其他方式反馈给被审计单位。德国的审计工作面向多个领域进行展开,包括经济发展、社会医疗、教育发展等,同时也面向公共机构、私人企业等不同性质的组织。因此,德国审计结果与审计报告的运用范围非常广泛,审计结果对社会运转的积极作用也得到了充分发挥。

二、国外企业经济责任审计经验参鉴

美国、英国与德国在不同的制度背景与经济发展情况下产生了与本国审计实践相对应的审计特点,促进了审计工作的开展,充分发挥了审计监督的正向作用。美国审计署审计依据具有完善的法律保障,审计范围广且有所侧重,对审计机构进行动态评价;英国审计署重视审计工作的开展与审计人员的培养,注重审计工作的原则性与审计人员的专业性,强调审计过程中审计主客体的沟通;德国审计的审计对象多元、多层次且审计方式多种多样,这三者有机结合在一起。

(一)值得借鉴的美国经验

美国作为世界强国,其经济的发展离不开机构的高效运行,要想维持数量众多且较为庞大的国家机构系统的运转，就离不开审计对机构运转的监督与督促。在《政府审计准则》中，美国审计署明确提出，审计机构要依据准则至少每三年接受一次其他独立于被检查结构的审计单位进行的同业复核并开展多种形式的国内、国际合作审计复核评估，形成对审计报告的正式意见，从而保证审计过程、结果的客观公正与合理科学。美国审计对美国社会的发展起到了积极的促进作用，美国审计也在不断实践中自我革新，呈现出法律保障、有规可依、全面覆盖、重点深入，静态评估、动态评价，发现问题、提出建议，结果运用、服务社会这五个特点。

第一，美国审计具有较为完善的法律保障，在审计过程中有可依据的规章制度。在美国审计的实践过程中，通过不同侧面、不同层面的立法规章，规定审计机关对国家审计单位的既定职责、具体对象、范围边界以及结果运用等，并制定更加具体更具针对性的行业法律与专门法案，例如《1921年预算和会计法》《2004年审计署人力资本改革法案》《1993年政府绩效管理改革法案》《国家审计准则》等。

第二，美国审计覆盖范围广泛，涉及多个方面，并且在审计过程中，根据社会经济发展的侧重点，开展不同方面的审计评价。在美国社会，不同类型的机构在领域及资源掌控情况上均具有差异，这就导致审计单位对不同机构的审计内容与审计目标存在区别，审计署会围绕当前社会发展的重点问题及机构的重点部分对其开展审计工作。

第三，美国审计不仅对被审计机构进行静态评估，也对被审计单位的审计过程进行动态评价。美国审计工作涉及被审计单位的各个方面，包括被审计单位的资金收入支出状况、运作产出效益、管理运行状况等。同时，审计工作依法针对被审计单位的工作过程来进行，贯穿被审计单位运转的全流程，包括被审计单位的阶段产出等方面。

第四，美国审计在实践过程中致力于发现被审计单位的存在问题，提出切实可行且具有针对性的对策建议。面对复杂的审计现状，美国审计署采用多样化的审计方法，例如结构化访谈、综合评价、案例研究法等，旨在提高审计质量，发现被审机构运作过程中突出的显性问题与暗藏的隐性问题，并针对问题提出相应的意见与建议，督促被审机构整改。

第五，美国审计实践强调审计结果的公开性，注重审计结果的输出与运用，致力于将审计结果运用于社会，为社会服务是美国审计的目标导向之一。美国审计目标与国家治理目标具有紧密的关联性，美国审计署围绕社会治理目标开展审计工作。审计结果在维护国家秘密的前提下进行公开，发挥审计对被审机构的监督作用，将审计结果应用于被审机构的具体运作过程。

（二）值得借鉴的英国经验

英国审计重视对审计人员的培训，以提升审计人员的专业能力，保证审计人员的专业性；重视审计工作开展过程中的公正性、严密性与民主性；通过各种规章制度，保障审计工作的独立性、客观性与坚定性；强调审计过程中，审计单位与被审计单位之间的沟通协调。

第一，重视对审计人员的培训工作，提升审计人员的专业胜任能力。审计人员数量较少，但专业工作素质普遍较高是英国审计的突出特征之一，英国尤其强调审计人员的专业性，一般而言审计人员的地位高于财务人员，属于高级管理层。审计人员要在时间控制、质量把控、数量产出等要求下完成审计任务。除此之外，审计人员需要具备网络、计算机、法律、技术等多方面的知识，并形成内化的知识体系。

第二，重视审计工作的公正性、严密性与民主性。首先，英国在审计工作的开展过程中，要求审计单位必须做到实事求是，诚实评价。其次，审计单位在实施审计过程中务必深入彻底地认真评价，形成逻辑清晰、论证充分的审计证据，并以此作为审计结果与审计依据。再次，强调审计过程中的民主化。要求审计单位从计划审计开始至颁布审计报告，都需要与被审计单位进行有效的沟通，了解被审计单位的实际情况，从而保证审计工作的民主性。

第三，强调审计工作的独立性、坚定性与客观性。根据英国相关法律法规规定，在组织或机构内部，审计单位是独立存在的，与财务部门无组织依附关系，财务部门的工作受到审计部门的监督。审计工作需要围绕既定的审计目标来展开，尽可能保证审计工作不受到其他因素的干扰，审计人员要保证自己的审计意见始终如一，若存在分歧需做好原因解释。可以看到，无论是在审计工作开展的过程中还是在结果的整理阶段，英国审计都要求审计单位必须保持客观性，不应存在政治或其他方面的偏见，从而形成全面的审计报告。

第四，英国审计单位在进行审计工作的过程中，尤为重视与被审计单位的沟通协调。审计结果的事实阐述，需要审计单位与被审计单位在充分交流后达成一致。审计结果与报告是审计单位工作的效率与质量的最终体现，一份好的审计报告需要简单易懂并具有极强的说服力。因此，审计单位必须与被审计单位保持沟通交流，从而保证审计报告全面客观、内容可靠。

(三) 值得借鉴的德国经验

通过德国审计及企业审计实践可以发现，德国审计实践具有被审计单位审计多元化、被审计单位级别多方化、审计方法多样化的典型特征，正是多元化、多样化、多方法的有机结合，保证了德国审计能够覆盖多层级、多方面的各个领域，使审计得以发挥其正向作用，产出较好的审计效益。

第一，多元化审计。德国审计部门负责对被审计单位的财产、股权结构等进行分门别类的审计。同时也会依据企业类型、机构类型进行差别审计和重点审计。多元化的审计对象，避免一刀切的审计模式，可以保证审计工作能够针对被审计单位的不同特质而展开，从而形成较为科学与客观的审计结果。

第二，多层级审计。德国审计主要是针对主管部门、下级部门以及监事会等部门开展审计工作，以督促各层级之间的机构相互制衡、相互制约。可以看到德国审计十分注重对部门的监督，审计的目的更多指向于实现机构之间的良性制约，从而保证机构的有效运转，实现各自的既定作用，促进社会的有效运行。

第三，多样化审计。德国审计在工作开展的过程中，往往会运用多种方法进行审计，包括抽样审计、横向审计、审计外包法和风险导向审计法等。并且在审计的过程中，灵活组合各种审计方法，采取抽样审计与重点审计相结合、现场审计与报送审计相结合的审计方式，以不同的审计方法面对不同的、复杂的审计问题，从而保证审计工作的高效率、高产出与高质量。

第二节 国内企业经济责任审计经验参鉴

一、国内企业经济责任审计的实践

国内企业经济责任审计,是在党和国家方针政策与法律法规的指导下,对国有企业领导人员进行的经济责任审计。我国国内企业经济责任审计在推进企业治理体系与治理能力现代化,以及促进领导干部尽责履职方面都起到了不可替代的作用。

聚焦垄断性和竞争性行业的企业经济责任审计问题,笔者通过对现有相关文献及资料进行系统的梳理,全面认识了当前不同类型企业的经济责任审计实践特点,为我国电网企业的经济责任审计提供了参考。

(一)垄断性行业企业经济责任审计的行业经验

1. 垄断性行业企业经济责任审计的共性认识

垄断性行业,是指在一个行业中,若由一家企业生产和供应整个市场的产品和服务,其总成本小于由两家以上企业供应同等数量产品和服务的成本之和,则意味着该行业在制度上确保垄断的供应是有经济效率的。一般地,我们认为,自然垄断行业企业是指电力、通信、铁路运输、航空、石油等传统意义上的基础性行业企业以及诸如自来水、管道燃气等公用事业行业企业。

如何对这些自然垄断行业企业进行经济责任审计一直以来都是企业审计领域的一个重大研究课题。理解垄断性行业企业的经济责任审计,首先要从三方面的视角进行观察:一是从行业地位作用角度看。对垄断性行业企业进行经济责任审计具有重要意义,垄断性行业企业一般都是国有或国有控股的大型企业集团,行业地位重要,关系着国民经济命脉。作为关系国家能源安全与国民经济命脉的特大型国有企业,国家电网有限公司承担着保障我国清洁、安全、经济、可持续电力供应的国家使命。二是从社会公众参与监督角度看。社会公众对垄断性行业企业的关注从未降低，在互联网应用广泛普及且信息更快速传播的现代社会，关注度更是越来越高。垄断性行业企业，比如一些国资委管理的中央企业，其特殊的地位和属性以及由此带来的行业普遍的高收入与其他行业的收入分配形成了巨大的反差，社会公平问题因此不断凸显，也使这些企业成为了社会公众强烈关注的焦点。三是从垄断性行业企业完善自身治理角度看。经济责任审计是垄断性企业加强和完善企业自身治理的需要，由于垄断性企业自身性质和特点，其审计注定是一个复杂多样的系统工程，难度非常大，任务也十分艰巨。

2. 电网企业经济责任审计实践经验

不同于国外电厂直接供电给用户的模式，我国存在发电厂、电网企业、用户三者关系，特殊的供电用电体制使我国的电网企业处于发电厂和用户的中间，在向发电厂收购电的时候是垄断的，在向用户卖出电的时候也是垄断的，即电网企业的收电和供电模式两头垄断。电网企业的垄断地位，使得对其进行经济责任审计显得尤为必要。

第一，国家电网有限公司的数字化审计平台建设经验。信息化建设，对电网企业审计发展产生了深刻而广泛的影响，审计发展的实践和审计环境的错综复杂、日新月异也对信息化建设提出了迫切客观的需求。"国家电网有限公司以全业务统一数据中心为基础，集成现有审计信息系统，基于公司信息化总体要求，按照'典型设计、两级部署、统一展示'的模式，多方面多层次满足审计管理和审计作业需求，建设'开放、融合、动态、智能'的数字化审计平台。数字化审计平台构建分为4个部分：审计门户、审计管理域、审计作业域、审计基础数据域。"（赵恩来，2019）

国家电网有限公司以"三型两网"（枢纽型、平台型、共享型和坚强智能电网、泛在电力物联网）、建设世界一流能源互联网企业发展战略为指引，依托信息化管理技术促进审计工作转型升级，积极探索数字化审计工作模式，组建数字化审计工作室，构建数字化审计大平台。数字化审计平台建设的核心基础是数据，关键难点还是数据。破解数据获取的困难、确保数据的质量是对审计计划管理、审计组织实施、审计质量控制、审计评价和结果运用等审计全过程进行数字化工作最重要的基础工作，为后期的数据转换、数据整理、数据分析、数据共享和应用等工作提供全方位的数据支撑。依托平台建设，整合审计资源，构建数字化审计新模式，这是国家电网有限公司数字化审计平台的建设经验。

第二，新时代人工智能数字化自动审计平台构建思想。国家电网有限公司的经济责任审计实施集中体现了在审计实施过程中对审计程序和质量的严格高要求，但也伴随着保质保量与效率要求往往难以两全这一问题的出现。利用信息技术提高审计效率是企业审计的普遍做法，但如何继续升级换代走在审计行业的前沿，需要不断探索和深入思考。搭建数字化审计平台，需要对数据域、作业域和管理域三个模块进行重点建设。在此基础上，审计专业人才应与管理信息系统、大数据分析、人工智能专业人才交叉融合，组建跨专业项目小组，对标建设新时代人工智能数字化自动审计平台，这是解放烦琐日常审计、实现审计使命升级换代的一个基本思想。以此思想为指导，结合电网企业管理具体的特点要求，开发建设电网企业的人工智能数字化自动审计平台。具体需把握以下几点：一是人工智能必然会带来对传统审计的全新冲击，提高审计工作的效率质量。人工智能获取数据、分析数据从时间上、范围上、准确性上都将实现质的飞跃，解放传统低效乏味的人工审计劳动。二是智能审计必然是基于大数据分析内核的基础审计平台，需要有最新最强大的前沿技术作支撑，也必然需要人才、资金、法律等多方面的资源投入。三是自动审计是目标要求。美好的审计工作就是实现一切工作的自动化，前端输入数据、采集数据，后台系统大数据分析，终端精准输出结果，甚至可以直接一键生成精确的审计结果报告。

第三，南方电网有限责任公司的社会责任审计实践。社会责任审计，是我国垄断性行业企业经济责任审计必不可少的重要内容，是对企业承担的各种社会责任及其履行情况所进行的审查与评价，与其由人民赋予的国民经济命脉的重要地位和承担的国家使命密切相关。社会责任审计的内容主要包括环境污染影响责任、能源消耗责任、可持续发展责任、人们生活水平社会福利贡献等对社会承担的责任。

南方电网公司牢记习近平总书记"只有富有爱心的财富才是真正有意义的财富，只有积极承担社会责任的企业才是最有竞争力和生命力的企业"的殷切嘱托①，全力为利益相关方创造各方面效益最优的综合价值。

3. 烟草企业经济责任审计实践经验

国家烟草专卖局、中国烟草总公司对全国烟草行业"人、财、物、产、供、销、内、外、贸"进行集中统一管理。在我国，烟草专卖特殊管理体制决定了烟草行业企业的垄断特性，强化对其经济责任审计，是社会对烟草行业企业合规经营监督的客观要求。

对烟草企业经济责任审计的主要关注点有以下五个：一是企业对国家法律法规的遵守情况；二是烟草企业可持续发展的情况；三是企业经营的财务收支和真实效益情况；四是企业内部控制和重大决策情况；五是企业领导干部的廉洁自律情况。围绕烟草企业发展战略和风险管理需要，对烟草基地建设、烟草生产、物资采购等重点领域，以及对烟草公司的经营效益开展经济责任审计，创新审计思维、改革审计模式，目的在于分析企业的经营现状，优化经营管理模式，降低成本费用支出，提高经营效益。

4. 银行金融企业经济责任审计实践经验

为降低金融风险，加强对金融企业的内部控制，经济责任审计在国有银行中起到了越来越重要的作用。银行通过经济责任审计，加强对银行内部经营效益的监督管理，促进银行符合外部金融监管的要求，督促行长等银行领导管理者履职尽责，防范腐败，降低规避银行金融风险。

国有商业银行在经济责任审计方面的独立性，具体体现为垂直管理向总行负责，机构独立设置，这为我国以银行风险评价为导向的审计模式建构与完善打下了基础，符合当下银行风险控制第一的管理理念。银行经济责任审计内容，以往重点是集中在经营业务财务指标审计方面，现在也开始往财务与非财务指标内容并重方向发展，如不仅仅关注银行财务业绩，也关注银行的社会责任、党建责任等。

5. 石油石化企业经济责任审计实践经验

中国石油天然气集团有限公司是 1998 年 7 月在原中国石油天然气总公司

---

① 习近平. 在网络安全和信息化工作座谈会上的讲话 [N]. 人民日报，2016-04-26 (002).

的基础上组建的特大型石油石化企业集团,是国有独资公司,该公司作为国有特大型企业、世界五百强公司之一,近年来高度重视对领导干部的经济责任审计。我国石油企业,除了要承担起经济责任外,还要承担起社会责任。在构建石油企业的经济责任评价指标体系时,应与普通的国有企业区别开来,构建适应石油企业特点的评价内容和指标体系。石油企业同样因政府给予的特许开发和经营权,决定了其应当列入经济责任效益审计的重点范围。

(二)竞争性行业企业经济责任审计的通用经验

竞争性行业是国有企业中存在的另一大群体。通过对竞争性行业企业经济责任审计相关文献的研究,我们梳理总结了它们在审计计划、审计实施、审计评价、审计报告和审计结果运用等方面形成的通用经验,这些经验在理论界也基本达成了共识。

1. 规范审计计划管理

第一,过往实践与现实矛盾。过往实践发现,国有企业经济责任审计在审计项目选择和确定上仍存在一定随意性现象。总体而言,当前审计工作存在审计计划的缺失或随意性,致使有限的审计资源严重浪费等问题。规范科学的审计计划,作为审计工作的基础和起点,在化解这一矛盾上发挥着至关重要的作用,直接影响和制约了后续正式开展的审计工作的效率和质量。因此需要进行有效的资源配置,提高审计的工作质量和工作效益。

第二,创新经济责任审计计划管理机制。审计计划管理是审计组织制订审计计划、组织计划实施运行并对审计计划执行情况进行跟踪检查、考核评价、反馈调整的这一系列活动(宋夏云,胡月,2017),成功的审计项目离不开科学的审计计划管理。科学的审计计划管理不仅可以明确审计目标,确立审计路径,还可以提供审计思路和方法。根据审计项目的特点和审计需求,统一组织计划、统一调配实施,提升审计项目计划管理的水平,对于有效整合审计资源和合理控制审计成本,提高审计工作的质量和效益,确保审计任务的完成具有重要意义。经济责任审计计划对明确审计方向、控制审计成本、整合审计资源、提高审计质量和效益具有重要意义。过往实践证明,理论理念创新、思想观念创新、技术方法创新、组织结构创新等可以分别从不同层面为经济责任审计计划管理创新注入新的活力。

第三,科学制订审计中长期规划和年度计划。在充分做好审计前调查工作的基础上,企业应根据领导人员管理监督需要,充分利用好现有的审计资源,对审计对象实行分类管理,统筹规划,科学制订经济责任审计中长期规划和年度审计项目计划,推进经济责任审计科学合理、有序高效地开展。年度经济责任审计项目计划一经确定不得随意变更,确需调减或者追加的,应当按照程序报相关审计部门批准后再实施。

2. 审计实施

第一,审计实施方案与质量控制。审计实施是审计全过程的中心环节,审计实施方案作为审计的实操指南,是审计工作的重要内容,是审计人员开展现场检查和评价活动的行动指南。审计实施方案应综合考虑审计目标、审计资源、审计效率和成本等因素,实行审计过程全程管控,增强审计实施方案的科学性、指导性和操作性,推进审计现场实施,提升审计质量和效率。基于审计项目、审计事实、审计人员的复杂性、多样性,审计实施经常会遇到特殊、突发、无解的情况,审计实施方案往往不可能一成不变地执行。在确保审计质量前提下,在原有的基础上对审计实施方案进行修改,必要时多次进行动态调整,抓住审计重点,是审计实施过程中需要不断完善的环节。

第二,审计实施中的质量控制方法。建立全面审计质量控制体系,是保障审计质量的重要前提,具体来说实施审计质量控制的方法有以下几点:一、坚持制度创新,构建一系列完善的具体执行制度。二、加强高素质专业化审计人员队伍建设,整合优化审计资源。三、设置专门机构加强审计全过程的管理与控制,落实审计多层级复核制度,提高审计复核把关能力。四、推动技术创新与信息化建设,提升质量控制水平。五、严格控制审计工作底稿质量,保证其完整性和真实性。

3. 审计评价与审计报告

第一,完善审计评价指标体系。经济责任审计评价是审计工作的重点和难点,决定着审计质量的高低,关系到审计结果的有效利用。对领导干部审计结果的科学评价,能够促进和激励他们认真履行经济责任,同时约束和监督其违规违纪行为,提高经济责任审计的权威性。审计评价指标体系是审计评价的实操指南,一套科学完整的审计评价指标体系是开展经济责任审计评价的基础，直接关系到审计评价活动的实质性开展，建立完善的评价指标体系可以增强经济责任审计的可操作性。经济责任审计评价指标体系是一个完整的评价系统，包括了评价内容、评价指标、评价标准、评价方法、评价结果报告等要素。建立并完善经济责任审计评价指标体系，要坚持以下原则：一是可操作性原则。评价指标的设置要明确具体，数据易于获得、处理，能够进行横向、纵向比较分析，具有实用性，容易被审计人员理解和掌握。二是科学性原则。对相关评价指标的设置，要根据其重要性结合客观实际，科学合理地设置指标体系内容。三是相关性原则。指标设置要与国有企业领导人员应履行的经济责任具有高度的相关性，能够与经济责任审计紧密相关，不设置正确但无关的指标内容。四是定量与定性相结合原则。定量分析以数据为基础，重数据来源，确保数据的真实性、完整性。定性分析是对经济责任审计中一些无法被量化的事项和因素进行评价，如内部控制情况、遵守财经法规与廉洁自律情况等。定性定量两者相结合，相互补充完善。

  第二，审计评价与高质量的审计报告。审计报告是审计工作的成果体现，决定了审计工作最终质量的高低。高质量的审计报告是经济责任审计结果运用的基础，决定了审计工作的成效。审计评价作为经济责任审计报告的一个重要组成部分，是经济责任审计报告中最为关键、最受关注的核心内容，其核心功能是监督、激励与惩处。高质量的审计报告要以审计事实为依据，通过科学审计得出客观公正的审计评价结论，这是审计工作基本目标的要求。提高审计报告质量，一是必须坚持合法谨慎性原则。审计报告是对被审计人员具有重要影响的结论性评价报告，体现了被审计人员的法纪责任，首先要符合国家审计法有关审计监督的规定，符合法治精神，做出结论报告时要坚持谨慎性原则。二是必须坚持重要性原则。审计报告内容应当记载重大经济事项审计等重要内容条款。三是必须坚持准确性原则。报告要以审计事实为依据，证据充分，客观、真实、准确地反映经济责任审计的全过程。四是必须坚持统一性原则。评价标准应当统一，评价结论性报告也要求前后一致，不自相矛盾。

4. 审计结果运用

第一，国家治理导向的经济责任审计结果公告。国家审计是国家治理的重要组成部分，经济责任审计在国家治理中具有非常重要的地位和作用，是提升国家治理水平的有效途径，对构建责任政府、预防腐败、促进公众参与、提升效益等方面都具有重要作用。建立经济责任审计结果公开公告制度，充分发挥审计结果的作用，推进审计结果的科学合理运用，是经济责任审计服务于实现国家治理需求、推动国家治理现代化的重要路径。审计结果公告，是将审计基本情况、发现的主要问题、处理情况与建议及被审计单位整改情况向社会公告（马劲，傅绍正，2014），可以促进公众对国有企业领导人员在履行经济责任过程中履职尽责信息的了解与掌握，实现公众对国有企业领导人员工作绩效的监督，并对存在问题进行督促整改。审计结果公告一定程度上已超越了审计内涵，是将国有企业领导人员的相关报告公布于众，利用社会相关公共资源和力量进行共同治理的表现。

第二，建立健全审计结果运用长效机制。以往实践常有"先任后审"的现象，即企业领导人员已离任并到新的领导岗位任职，审计部门才开始开展离任经济责任审计，审计结果对于已离任的领导人员失去了应有的制约作用。针对过往存在的问题，审计部门应从治理角度全面查找经济责任审计的薄弱环节，从源头上寻求解决问题的根本措施，加强经济责任审计的长效机制建设。建立健全审计结果运用长效机制，包括了经济责任审计情况通报、责任追究、整改落实、结果公告等结果运用制度建设，通过赋予公众知情权，激发公众的参与权、监督权，将经济责任审计结果以及整改情况作为考核、任免、奖惩被审计领导人员的重要参考。建立健全审计结果运用长效机制，首要环节是建立经济责任审计结果公开机制。审计结果作为审计的最终成果，在不涉及国家秘密和安全的情况下，应依法合规、客观公正地进行公开公示，并严格明确公开的程序、范围、方式和方法等。关键环节是建立审计问题责任认定机制。按照权责一致的原则，根据领导人员职责分工，明确责任边界，准确客观认定问题归属的责任主体。科学界定责任分类、责任标准、认定原则、程序和流程等。核心环节是建立责任追究机制。针对审计发现的问题，必须采取有效的问责措施，以促进国有企业领导人员的监督管理，增强其责任意识，树立正确的导向。追究机制是实现审计结果最终有效落实的坚实保障，可以发挥预防监督以及惩处威慑的作用。

（三）国内企业经济责任审计发展的共通性特征

1. 从企业管控型目标向管理赋能型目标转变

第一，为什么要进行经济责任审计？这是企业经济责任审计中必须考量的首要问题。现在，审计已不仅是合规性、合法性的审计，更要从企业的整个管理流程去考量。经济责任审计的目标到底是什么？在未来的整个企业管理当中，进行经济责任审计最核心的价值到底是什么？这两个问题的答案就是经济责任审计要为企业管理赋能。

第二，如何赋能？在未来企业管理当中，企业要从管控的理念向赋能的理念转变，同理，经济责任审计也要适应企业发展理念的变化，从管控转变到赋能。管理赋能的核心就是效率，因此，经济责任审计的核心也是要实现从低效率审计向高效率审计跨越，降低审计成本，使审计的效率更高、效益更高。传统科层制管理的大企业，通常会遇到相似的问题：当企业发展得好时，功劳归属很难划分，于是研发、生产、销售、采购、行政等各部门人人都有功劳；但当企业管理不好或发生重大失误时，由于基层责任界定困难，权利责任界定不清晰，直接问题就是发生失误好像全是企业领导人的责任，越到基层越没责任，越到基层效率也就越低，也就是我们常说的"大企业病"。克服困扰大企业责任不清、效率低下的"大企业病"，是经济责任审计中管理赋能的重要作用。通过管理赋能的改变，使经济责任界定清晰，提高效率。

第三，怎么实现审计的目标和绩效？企业应使可标准化、可量化、可考核的部分更明确、更成熟、更稳定、更科学，努力利用创新的技术手段和方法，并基于互联网和大数据来实现审计的自动化、系统化，减少大量的基础重复劳动，节约人力资源成本开支，提高审计工作效率和效益。未来经济责任审计向赋能型审计转变，一定是要具备一种核心能力，这种核心能力一定是基于大数据应用以及人工智能等信息化应用的经济责任审计技术力量。就是说，未来所有标准化、可测量、可考核的审计环节将全部交由审计信息系统、平台来完成，只有非标准化、需要依靠人的创造性方面的审计环节才交由审计人员来完成。那么未来企业的审计信息系统平台，应该是怎么样的？

审计从一个单独的监控工具向一个功能系统平台转变,要突破以往孤立的监管思路,从构建一个整体功能系统的角度考虑,使之成为促进企业战略发展的一个系统性平台。过往传统审计模式大多是通过定期审计、不定期抽查等非实时的主要依靠人工的原始方法开展审计工作,而随着现代信息技术的发展和应用,以要求全过程覆盖、具备可持续性、能够随时随地实时监控为主的全新审计模式成为,新时代审计发展的必然要求。互联网、大数据等信息技术和系统平台在经济责任审计上的深入广泛应用,必将促进传统审计模式向现代审计模式转变。

2. 队伍建设从弱小到强大转变

第一,人的因素是最重要的。审计中要实现管理赋能,充分发挥人的积极作用是最困难也是最重要的挑战。未来企业管理中唯一具有无穷潜力的是人的创造力。因此,企业经济责任审计就必须回答一个问题:怎么发挥人的创造力在审计中的积极作用?答案是以人为本。经济责任审计要以审计队伍为本,加强审计队伍建设。

第二,如何加强审计队伍建设?按照赋能的规则,首先要投入资源,投入人力资本。审计的人员队伍建设要实现从弱小到强大、从兼职到专业化的转变。当前,电网企业经济责任审计人员的专业背景仍主要局限于财务和工程审计,审计队伍要沿专业化发展,就要构建跨学科、跨专业人才队伍结构。从经济、会计、审计、管理、工程专业,到计算机、网络、信息系统、大数据等专业,审计人才队伍专业结构要以多学科、多专业交叉来建构,以满足审计的专业化需求。有了专业化的审计人员队伍,进而组建起全面强大的审计部门组织体系。坚持以人为本,健全审计队伍工作保障体系和工作环境,建设一支高素质审计职工队伍,努力提升审计职工队伍的政治素质、专业素质、法治素质和创新素质。创新审计人才引进方式和培养模式,优化内部审计人才队伍管理机制和激励机制,为审计工作开展提供强有力的人才资源保障支撑。

3. 任中审计、专项审计与干部任用无缝对接

现实经济责任审计工作中,要破解审计滞后影响审计结果运用的尴尬局面。在经济责任审计中加强任中审计和专项审计,优化时间差,实现经济责

任审计从审计结果的简单运用到审计结果的深度利用转变，最大限度地与企业干部任用无缝对接。任中审计和专项审计在填补审计空白上，重点要把握以下三项要求：一是时效要求。现实审计中出现过干部已被提拔任命了，但审计结果仍未公布的现象，存在明显弊病。任中审计和专项审计要破解时效滞后问题，必然要求更强的时效性，审计人员在时间上要能提前安排和预见，对相关干部进行有针对性和效率性的审计，并及时得出结果供人事部门任免使用，或供上级领导决策参考。二是目的要求。任中审计和专项审计毕竟不同于离任审计，三者存在区别。但它们在考察任用干部上是具有一致目的的，即审计结果的目的是要选拔任用优秀领导干部。应以目的为导向，三者紧密关联，实现任中审计和专项审计对干部任用的辅助决策参考。三是质量要求。受组织部门的委托开展审计是经济责任审计的重要特点，任中审计和专项审计在空白补位过程中质量要求是保障，决定了干部任免和领导决策的科学与否，不能有半点松懈。

在企业经济责任审计当中，会有更多由管理赋能引发的经验启示和升华，企业内部及外部不断地交流、开放彼此的合作，会给电网企业经济责任审计结果的深度利用带来更好的完善和发展，给电网企业经济责任审计实践带来帮助。突出重点，有目的、有计划地安排任中审计和专项审计，与离任审计相结合，互相补充，发挥各自优势，将审计工作分阶段、分层次、分结果安排推进，可以节约审计成本，降低审计难度，并大大提高审计结果在干部任免上的及时完整利用。

4. 从传统工具性向发展战略性转变

经济责任审计将从传统工具性理念向企业战略发展理念转变，从被动适应要求的边缘位置走向企业发展主动开拓的中心位置，是电网企业提升自身竞争效能应对行业内外日益激烈竞争的迫切需要，更是电网企业承载国家建设具有全球竞争力的世界一流企业战略梦想的必然要求，这也是国家电网公司和南方电网公司共同的企业愿景。

南方电网公司致力于"推动质量变革、效率变革、动力变革，打造安全、可靠、绿色、高效的智能电网，全面提升在全球能源产业价值链中的地位，建设开放合作、互利共生的能源生态系统，推动公司向智能电网运营商、能源产业价值链整合商、能源生态系统服务商转型,全力提升核心竞争能力、价值整合能力、资源配置能力、改革创新能力、党的领导能力,加快建成具有全球竞争力的世界一流企业"①。经济责任审计将以战略目标为定位,从审计的理念、方法、程序、内容、结果等方面密切融入全过程,核心要素是匹配各阶段战略资源,例如变革对应的制度体系资源,绿色环保社会责任对应的评价体系资源,运营商、整合商和服务商对应的不同审计资源需求,使经济责任审计在此过程中成为电网企业发展战略的重要支撑。

二、国内实践对电网企业经济责任审计的启发

(一)合理的评价指标体系是做好经济责任审计工作的基础

电网企业经济责任审计评价指标体系不仅关系到国家审计机构能否合理评价电网企业领导者责任的履行情况,还关系到电网行业领导人能否有效地利用这些指标来规范其个人行为与企业行为,从而达到保护国有财产增值保值和保障人民合法权益与利益的意义。电网企业领导人就像是让企业在经济海洋平稳运行的舵手,规范了领导人的行为就能从根本上避免电网企业经营管理中可能出现的问题。随着国民经济和社会的不断发展,以及国家对电网企业发展提出的新指示和要求,在经济责任审计中,除了量化的经济发展指标外,还应将更多的注意力放在领导人政治责任和社会责任的履行上。

现有的审计法律法规等规定中没有具体的可量化的评价指标体系,可操作性不强。由于缺乏合理的定性与定量相结合的评价指标体系,不同的审计人员面对相同的问题有可能做出不同的审计评价,从而影响审计的客观公正和权威性,这已成为目前经济责任审计评价中最为突出的问题。审计评价指标的设计应遵循"统一性、全面性"原则。指标设计应避免单一,要分别从评价企业经营业绩和经营成果的真实性、企业资产质量变动及持续发展情况、企业内部管理规范程度、个人廉洁情况等多个维度进行考虑,确保指标设计科学、合理。指标的计算基础、计算口径应当一致,对同一类型的企业

---

① 中国南方电网有限责任公司. 南方电网企业文化理念——南网价值观 [EB/OL]. 中国南方电网有限责任公司官网.

应按照同一标准进行评价，便于进行比较、分析。

在电网企业的经济责任审计实践中，可量化的审计指标受到了应有的重视，但是不可量化的指标经常被模糊化处理，因不好衡量、无法精准评价等原因，没有受到应有的重视。在经济责任方面，电网企业领导人要承担起行业健康可持续发展的经济责任，带领企业不断创新，提升竞争力。要提高资源获取渠道的广泛性、提升资源的利用率，发掘客户需求，从服务能力出发，不断提高服务质量，重塑竞争力。同时，电网企业还要立足大局，不仅令客户满意，也要保证员工的需求，达到社会的期望，做好国民经济的舵手，确保企业在经济发展的新机遇下平稳运行，同时不断提升工作效率、不断加强企业稳定性。政治责任方面，电网企业属于国有企业，基于国有企业的特殊性质，其经营活动离不开政治责任，应重点审查领导人能否合理利用国企所拥有的资源、保障国家经济安全、促进整个行业乃至整个市场经济健康平稳发展。社会责任方面，领导人在经营管理中要重视以下四个方面：一是在向市场提供产品或服务的同时提供资源节约和环境友好服务；二是要能够为政府提供税收收入，间接地提供公共服务、为国家公共基础设施的建设等贡献力量；三是能够为社会提供充分的就业机会，缓解愈演愈烈的就业压力；四是要对社会福利事业和慈善事业提供力所能及的支持，为弱势群体提供适当援助。

(二) 科学的评价方法是做好经济责任审计工作的保障

科学的经济责任审计评价方法应充分考虑定量分析与定性评价相结合的原则。一是从被审计单位的财务、统计等资料中收集相关数据，根据评价标准进行定量分析做出审计评价；二是采用科学方法将设置定性评价内容的技术规范，制定参考标准，将实际情况与标准进行对照，做出审计评价。通过将两种评价方法综合运用，互为补充，使经济责任审计评价更加全面、客观。

另外，应用先进审计方法。要解决审计方法与审计实践不匹配这一问题，应广泛应用大数据分析等现代信息技术，提高审计工作效率。以"金审工程"为龙头，健全完善数字化的审计档案库，对审计机关、组织人事部门、纪检机关等相关主管部门和媒体网络等渠道掌握的相关资料和数据进行系统整合，并推动全国各级审计机关的审计档案数据库联网，打造审计分析的大数据"云平台"，提高审计质量和效率。

（三）信息化建设是优化提升经济责任审计工作的方向

经济责任审计信息化建设的主要含义就是借助信息技术，针对企业内部的经济责任审计进行数字化建设，借此不仅可以整合信息资源，使其运用价值得到最大限度的发挥，还能够进一步促进经济责任审计的持续化开展，不断提升审计效率。随着社会的发展，国有企业经济责任审计的信息化建设是必然趋势，因此我们要敏锐地把握这一机会，基于现实发展中存在的问题，加强改进，为国有经济的发展保驾护航。审计与大数据技术的结合，将会把审计转变为以分析、预测等为主的职能，这也是我国国家审计的一大趋势。未来的审计工作将会逐步实现以事前预测和事中审计为主，并且会实现向远程审计和在线审计的转化。

首先要提升审计信息化理念。经济责任审计信息化建设需要电网企业各个部门之间的联动配合，相关的信息包含了领导、员工在工作中间的财务收支数据、决策信息、资产管理数据、科研数据甚至是廉洁从政信息等。这些信息运用数字化的方式呈现出来，其涉及的范围很广且数据庞大。因此，要想保证信息化建设的过程中，各项数据得到完整的展现，就应当积极提升信息化审计意识，从思想上引起重视，进而融入到实际工作中去，建立一套科学合理的标准体系。

其次，构建信息化审计平台，经济责任审计信息化建设必然离不开基础设施的建设，国有企业不仅要按照相关标准购置基本的计算机设备和各个配套的软件系统，建立安全可靠、性能稳定的硬件设备，还要以经济责任审计为主要核心，从审计工作的准备阶段到结束评价阶段，都要建立统一性、功能性的审计平台。这样不仅能够及时汇聚所有信息数据，还能够将信息资源进行共享，大大缩短审计时间，提升效率和准确性。建立审计流程管理平台，借助计算机技术在短时间内准确锁定工作重点，降低审计成本，减少资料查阅工作量。建立审计信息共享平台，建立内部审计数据库和企业内外部的信息资源共享专区，实现企业信息互通。建立数据采集和分析平台，加强对审计风险的判断和预防，实现审计作业的关口前移。

最后，改进信息化审计模式。为了进一步促进电网企业审计业务的高效发展，信息化审计工作不能够再局限于传统的纸质材料和人工收集方式。而是要积极运用相关数据分析工具，对所有数据进行多个维度的挖掘，从中归纳出企业自身各个数据之间的潜在规律和联系，进而更有针对性地解决发展运营过程中存在的各项问题，持续为国有企业内部控制的风险防范提供数据支撑和决策性的建议，全面提升其在市场中的核心竞争力。

（四）卓越的审计人员是做好经济责任审计工作的支撑

经济责任审计评价需要依靠审计人员的专业判断，审计人员业务素质的高低可能会影响审计评价的结果。有些审计人员进行评价时主观意识较强、评价事项不做分析和查证，照搬照抄被审计单位的总结报告、述职报告等的有关内容。此外，审计人力资源配置不足也会对审计评价结果产生影响。这些都使审计评价结果存在不确定的风险。就目前的情况而言，企业现有的团队力量以及人员分配依旧和实际工作要求之间存在较大偏差。一是组建审计小组时应注重多渠道、多专业地选拔审计人员，注重审计队伍的整体知识结构，大力引进法律、管理、心理学、社会学和理工类的专业人才，打造复合型审计队伍，适应电网企业不同部门主要负责人经济责任审计的客观需要。同时，通过人才队伍的复合型配置，实现审计方法的多元化拓展，广泛借鉴现代社会科学各学科的最新研究成果，推动审计方法的科学化发展。二是审计人员要树立和强化自身风险意识，严格遵守职业道德规范，运用科学合理的审计方法来控制审计风险，确保审计质量。三是审计人员要加快知识更新，持续学习与审计业务相关的法律法规和制度规定，不断提高审计分析、判断能力，才能有效控制审计风险。四是企业需要对审计人员加以专业培训。培训内容主要涉及两项内容，一个是职业素养，另一个是专业水平。一方面，在日常工作时，需要注重职工良好的职业道德理念的培养，使其端正自身工作态度；另一方面，要定期举办专业的培训活动，组织职工进行技术交流和学习，以提升审计工作人员的专业水平。

（五）顺畅的组织体系是做好经济责任审计工作的纽带

建设完善的审计体系，可以为企业开展经济责任审计工作提供依据。从审计部门自身角度而言，和组织部门之间存在相互支持的关系，这一点在审计业务执行环节中可以充分展现。在企业组织部门的作用下，审计部门能够精准地获取各个组织部门提供的领导干部工作情况及考核标准，并以第三方独立工作的方式强化审计工作，有效提升审计部门工作的深度及广度。反之，企业组织部门也能够将审计部门最后获得的审计结果当作人才引进和奖惩的依据。审计部门和管理部门之间的联系主要体现在两个方面，一个是审计部门在采集相关数据的过程中，可以把管理部门所反映的各种问题当作参考，核查各种疑点和问题，分析问题产生的原因，明确审计要点，并结合审计结果提出对应的改进意见；另一个是审计结果可以为管理部门工作的开展提供依据，在某种程度上对提升企业管理水平具有重要意义。

进一步推进审计结果运用的全覆盖。审计部门应与纪检、人事等部门建立起良好的沟通协作机制，将经济责任审计的报告与结果同领导干部的任免、追责紧密结合在一起，最大程度发挥经济责任审计的效能。发现问题，严肃整改。在经济责任审计工作中，如若发现问题，出现问题的单位应查找问题症结所在并严肃整改，整改工作的主要负责人应为单位的主要领导，逐项登记问题事件，针对每一问题事件拟订整改计划并限期整改，最后逐项完成整改并做出工作总结。在审计整改工作中，应严肃、公正客观地查处有关责任人，将审计结果计入档案，将其作为考评领导干部的主要参考因素。审计以及纪检监察等部门应抽调专门的工作人员督促问题的整改工作，并检查整改结果，在必要的时候予以公示。审计报告和成果运用阶段应当丰富审计成果的展现形式，通过数据分析说明问题，通过信息化手段追踪问题整改。应当充分利用审计作业工具开展数据分析，在审计报告的形式上优化系统功能，应当尝试在审计报告中多利用图表和趋势分析等形式展现审计成果，使审计报告尽量简洁易懂。同时，在审计管理系统中增加审计问题数据库，对各种审计中发现的问题进行分类和编号，明确整改意见。部分比较明确的整改意见，可由信息系统自动核实整改措施是否落实到位，部分不能通过信息系统自动核实的整改措施，则可通过人工辅助识别的方式确认整改是否到位。

第四章

新时代电网企业经济责任审计的指标体系及其评价

正所谓审计是基础,评价是关键。经济责任审计评价是审计机构或者审计人员在专业方法下,按照一定的程序,运用一整套评价指标体系对被审计的部门或领导干部某一时段其所在单位的资产、负债、损益及其他与经济相关的活动进行评判和鉴定。从经济责任审计评价的概念可以看出,评价指标体系的运用在经济责任审计中起着重要的作用,是进行经济责任审计不可或缺的一个重要工具。但从现有的理论研究和实践操作两方面来看,我国电网企业在经济责任审计方面仍缺乏行之有效的评价指标体系,这在一定程度上影响了当前电网经济责任审计工作的开展和功能的发挥。而加快加强电网企业经济责任审计指标体系的构建不仅能够提高电网企业经济责任审计工作的效率,提升审计结果的真实性和合理性,保证其又好又快地完成经济责任审计工作,又能够为电网企业在管理层面上赋能,为实现电网企业的战略、使命和愿景提供工具和技术。因此,新时代背景下电网企业及其审计部门需要结合自身发展需要和工作开展要求,推进经济责任审计评价指标体系的建设。

为此,本课题将在阐释经济责任审计指标体系构建的重要意义及其所面临的困境的基础上,从现有企事业单位的经济责任审计指标体系借鉴相关经验,并在电网企业经济责任审计指标体系构建的价值取向和构建原则的指导下,结合平衡计分卡相关内容和经济责任审计实务工作对电网企业经济责任审计指标体系构建的内容维度进行探讨,从应用层面上构建一套适用于对电网企业及其部门进行经济审计的评价指标体系,以期对电网企业经济责任审计工作进行科学合理的量化并进行有效评价,明晰电网企业及其经济责任审计在未来的改革路径。总而言之，通过运用学理化的方式对电网企业经济责任审计指标体系进行探讨和构建，能够为电网企业及其审计部门在对企业、部门和相关领导干部进行经济责任审计时提供系统检视成效与问题的可操作化工具，从而实现经济责任审计工作为管理赋能的重要功能。

第一节 经济责任审计指标体系构建的重要意义

经济责任审计不仅要纠正企业在发展过程中存在的问题，发现被审计人和被审计部门在工作中存在的失误，更要发挥审计在管理过程中的赋能作用，让审计的过程和审计的结果更好地为企业的发展服务。经济责任审计功能要得到有效发挥离不开经济责任审计指标体系的构建，但从现有的指标体系来看，电网企业经济责任审计指标体系尚未成熟完善，许多关于电网企业经济责任审计的评价仍处于单一化的初级阶段。例如现有评价更多地局限于"三重一大"制度执行和业务管理控制层面，对待被审计的部门及相关负责人缺乏科学、系统和完善的评价指标体系，不仅影响了审计的客观性、公正性和权威性，更无法让审计在管理服务上的功能得到充分发挥。电网企业应积极解决这一现实问题，更好地发挥审计在监督、管理和服务上的功能，改变审计只是作为监督发现问题这一传统模式，使其为企业的发展提供战略上的支持和一个可资借鉴的分析框架。同时，指标体系的构建使用还能够与绩效考核、干部升迁相结合起来，运用好这一指标体系能够避免电网企业及其部门人力物力等资源的浪费，打破不同部门之间的信息壁垒，形成企业内有关信息的共享制度，进而降低电网企业的行政成本，提升其行政效率。换言之，电网企业经济责任审计指标体系的构建与运用，能够提高其在经济责任审计中关于审计意见和建议的可操作性，使审计工作在具体的实践中能够以更加科学合理和客观的方式去评判电网企业有关部门和相关领导干部在企业发展过程中所取得的成效业绩和存在的问题，继而为探讨经济责任审计在企业的战略规划和战略实施中的功能发挥提供理论支撑，最终让经济责任审计为电网企业的可持续发展服务，使其对有关领导的监督功能得以充分发挥。

具体而言，电网企业的经济责任审计指标体系构建的重要意义体现在以下几个方面：

一、使电网企业经济责任审计工作更加科学

电网企业经济责任指标体系的构建能够促进审计工作朝着更加科学化的方向发展。新时代背景下的电网经济责任审计工作并非是单纯地对电网企业的财务报表或有关领导所应承担的经济责任进行简单的评价考核，而是要对电网企业或其主要领导在某一阶段或某一时期在经济、效益、效率和公平等方面的成绩进行全方位和综合性的考核，进而改变以往审计只注重监督的片面性。当前电网企业及审计部门普遍存在尚未建立具体的评价指标体系或所设立的指标体系科学性不足等问题，这就导致最终的审计结果不能全面客观地对电网企业的发展进行全面的呈现，并且在这个过程中，大家对审计工作的误解导致审计结果未能获取有关领导和有关部门的支持，在某种程度上阻碍了审计工作的开展。建立一套指标体系，并根据时代变化及时增加企业社会责任等相关内容，能够使企业的经济责任审计工作更加科学地反映出电网企业及其有关人员在实际工作中存在的问题和取得的成效，以便其更好地寻找到电网企业在实际工作开展过程中与预期之间存在的差距。

二、使电网企业经济责任审计工作更加合理

电网企业经济责任审计指标体系的构建有助于让审计工作更有侧重点，使得其能朝着更加合理化的方向发展。指标体系的构建和运用不仅增强了审计工作的科学性，而且相应的经济责任指标体系更是提升了审计工作的透明度和质量。针对具体的审计对象构建和完善相应的指标体系可以让相应的被审计对象对所要审计的事项有更加清晰的认识，提升了审计工作的深度。同时，指标体系的构建和运用有助于审计工作的延续，加强审计部门与被审计部门的沟通交流，增强审计部门与业务部门的协同性，有效提高相关主体对电网企业经济责任审计事项和审计制度的重视程度。具体而言，对于被审计人来说，经济责任审计指标体系的构建可以促进其对自身所应承担的职责有

更好更全面的了解，避免在一些事项的管理中出现真空地带；对于审计人员而言，审计指标体系的构建有助于其更好地把握电网企业经济责任审计工作的本质和关键，更易于发现审计工作的核心问题，从而有效地提高审计工作的效率和质量；对于被审计的部门而言，指标体系的构建不仅可以为部门具体的工作提供方向上的指引，更能为部门的日常工作提供标准参考，督促被审计部门朝着企业战略方向努力，发挥审计为企业管理赋能的重要作用；对于被审计的电网企业而言，经济责任审计指标体系的构建及运用能够让电网企业从宏观层面上对企业的战略、使命和责任有更深刻的认识和把握，能够为企业的战略决策提供信息和技术支持。简言之，电网企业经济责任审计指标体系的构建不仅能够让审计的内容更加合理，同时能够让不同主体强化对经济责任审计的认知，从而让审计工作的开展更加合理，更加可被接受。

三、使电网企业经济责任审计工作更加客观

经济责任审计指标体系的构建是以一种更加规范明晰的形式将需要审计的内容进行呈现，即在进行经济责任审计过程中审计人员对照指标体系审计相关内容，在某种程度上能较好地避免审计人员在审计过程中的主观随意性，使最终的审计结果更具客观性。具体而言，在电网企业经济责任审计指标构建时，一方面通过主观指标和客观指标相结合的方式，对大部分所要审计的内容进行量化，通过数据呈现的方式提升相关主体对经济责任审计工作的重视程度，进而也促使经济责任审计工作得到更多的理解和支持，减少审计部门与被审计对象的对立冲突，增强被审计部门对审计部门开展审计工作的配合，从而让审计工作的客观性得到整体上的提升；另一方面，在主客观指标构建的基础上优化整个经济责任审计指标体系，使得指标体系的运用不仅能够发现电网企业在某一时期存在的问题和不足，而且也能展示企业、被审计部门或被审计个人的工作成效，使审计结果更加具有客观性，也更容易获得相关管理层的认可，进而更好地推动经济责任审计工作的开展和其成果的运用。

四、使电网企业经济责任审计工作更加公正

电网企业经济责任审计指标体系的构建能够从更加丰富和更加立体的维度对电网企业及其相关部门和领导存在的问题和取得的成效做出公正的评价，以督促相关人员更好地履职尽责，从而使大家能够齐心协力共同推动电网企业又好又快地发展。具体而言，一方面，通过经济责任审计指标体系的构建进行电网企业经济责任审计评价能够在一定程度上避免审计人员的个人偏好等主观意识所带来的非客观对待，也能够避免因审计人员政策水平或审计人员业务素质不够所引发的不确定风险，最终消除人为因素所带来的不良影响，确保审计结果的公正性；另一方面，运用经济责任审计指标体系能够较好地去衡量电网企业相关管理人员的履职能力，使被审计人员的领导能力更加公正地被评估，便于后期能将审计的结果作为被审计人员在考核、任免和奖励等方面的重要依据。此外，通过对电网企业经济责任审计指标体系的构建和相关审计指标的具体量化，可以有效地避免审计过程中出现碍于职务或权力的认人情审计、形式主义和隐瞒不报等问题，从而营造电网企业风清气正的生态环境，推动电网企业经济责任审计朝着更加公正的方向发展。

五、使电网企业经济责任审计工作更加专业

电网企业经济责任审计指标体系的构建除了对被审计对象有重大意义外，对审计工作本身来说亦是有着重要意义，即让审计工作能够朝着更加专业化的方向去发展。综观现有的经济责任审计工作，经常出现审计部门或审计人员在审计过程中仅通过财务报表开展审计工作，而忽视了审计过程中其他重要内容的情况。具体而言，一方面，新时代的审计工作不仅是简单的财务报表上的审计，企业的战略、社会责任等方方面面的内容都可能成为审计工作的重点，亦是审计工作过程中的难点，而传统的审计方式不能很好地解决这一问题。另一方面，新时代背景下的审计工作不再单单是传统意义上依靠财务会计就能解决的，未来的审计工作还将涉及人力资源、大数据管理、战略发展等内容，审计工作将变得更加专业。构建一套全面详细的经济责任审计指标体系则能够在很大程度上弥补由于审计力量不足和专业结构不合理所造成的审计缺陷，使审计工作的开展更加顺畅。从另外一个角度来看，这也有助于深化审计工作在服务方面的职能，充分发挥出审计部门的职责与功能，从而推动电网企业经济责任审计的全面发展。

六、使电网企业经济责任审计工作更加规范

电网企业经济责任审计指标体系的构建和运用能够在很大程度上完善和健全审计工作的相关流程和相关内容，有助于推动审计流程以一种更加规范标准的方式进行，使经济责任审计由原本的复杂性和随意性变得更易于操作、更规范化。具体而言，一方面，经济责任审计指标体系可以看作电网企业在经济责任审计中的一个为审计部门提供的重要工具，这一工具不仅有助于形成一个科学合理的审计框架，促使相关审计工作在可视化的审计框架中进行，而且有助于审计工作和审计内容以一种规范性来进行简易化的操作；另一方面，经济责任审计指标体系的构建能够通过规范性的行动提出审计过程汇总的不确定性因素，以便在审计过程中能够更加精准地揭示审计所存在的问题，更好地对电网企业、相关部门和相关领导存在的问题进行管控。此外，经济责任审计指标体系的规范性发展和操作能够实现对电网企业和相关部门及领导的在经济责任上的监督，满足管理层在电网企业管理上的需求，并有助于协调和督促审计意见与审计结果的充分落实与运用，避免出现审计工作只浮于表面的现象，切实有效地提高审计的效率，让电网企业经济责任审计工作产生实质性的效果。

第二节 经济责任审计指标体系构建面临的困境

电网企业经济责任审计指标体系的构建是进行电网企业经济责任审计的关键，主要涉及被审计单位在某一时期的资产负债、损益真实性、损益合法性和损益有效性、社会责任履行程度以及被审计人在任职期间个人履行经济责任、遵守财经纪律和廉洁自律情况等方面。需要加强电网等企业的经济责任审计具有宏观上的背景和微观上的聚焦这两方面的原因。从宏观上来讲，我国目前需要强有力的经济责任审计的企业大多在民生等方面占据着重要的战略地位，其社会责任的履行是企业发展过程中不可忽视的重要层面，而设置一套完善的经济责任指标体系则能够在很大程度上应对这一现实要求；从微观上来说，运用相关的指标体系对电网企业进行经济责任审计能够发现电网企业在发展过程中所存在的问题，并在此基础上为电网企业的管理与发展赋能。然而从具体的实践来看，不管是其他行业还是电网行业，当前相关企业尤其是电网企业的经济责任审计评价工作都未得到应有的重视，更不用谈在这个过程中充分发挥审计在管理和服务上的功能和作用了。具体而言，从历史上来看，虽然经济责任审计工作在20世纪80年代便已开展，但经过近40年的发展，当前的经济责任审计仍停留在传统的职能上，即承担事后发现问题的作用，审计在管理服务上发挥重要功能的作用尚未形成。进入新时代后，党和国家对经济责任审计及其功能，对审计部门和审计工作人员的工作能力和工作水平提出了更高的要求。为了实现这一目标，需要构建一套良好的经济责任指标体系，以更好地发挥审计部门的功能、提升审计人员的能力，这也是当前所面临的一个重点和难点。换言之，对于电网企业而言，拥有一套良好的经济责任审计指标体系是对其在发展过程中进行正确考核和评价的利器，能够有效降低电网企业在发展过程中所面临的经济成本和风险，使电网企业所需承担的经济责任和社会责任更加明确。这不仅有助于国家经济的健康发展和稳定运行，更有助于和谐社会的建设。因而，在具体的现实实践中需要克服经济责任审计指标体系在构建过程中所存在的误区，即以一套完整的经济责任审计指标体系使审计工作更具科学性、合理性、客观性、公正性、专业性和规范性。构建一套良好合理的指标体系的重要性不言而喻，但查阅有关文献和走访实务部门后可以发现，当前企业尤其是电网企业的经济责任审计评价指标体系要么尚未构建或只局限于一些机械化的财务指标数据的简单运用，要么来自对国外成功经验的粗略借鉴，存在着相关理论研究匮乏、指标体系不具备科学性、合理性和重新定位审计职能的意识不强等问题，使得审计部门和审计工作在企业发展过程中的重要作用难以充分发挥和实现。总而言之，这些问题构成了电网经济责任审计指标体系构建的理念困境、制度困境和技术困境。对这三方面的困境进行分析总结，能够为经济责任审计指标体系的构建提供更加丰富的经验和基础。具体来说，其所面临的困境主要有以下三个方面：

一、理念困境：评价指标体系构建未能与时俱进

对于当前的经济责任审计指标体系而言，大部分企业的审计所运用的仍是1999年由财政部、国家经贸委、人事部和国家计委联合发布的企业绩效评价体系。这便导致了在新时代背景下，在面对新环境、新体制、新要求、新问题以及具体、实际的经济效率、效果时，审计工作对时间因素的考虑不足，未能体现审计工作在企业管理赋能和激励制度中的重要作用。由于原有企业在发展过程中存在粗放经营的特性，它们所使用的指标体系缺乏对成本效益、利润增长额和增长率、减亏增盈率、人均收入增长率和社会责任等内容的考核，未能很好地反映出被审计部门和被审计对象的调控能力及社会贡献度。同时，原有的指标体系更多地只针对数量，没有"算账"的概念，可能会出现相应的偏差，即对账面上赢利但总体亏损的单位负责人的工作予以肯定，或对账面上亏损但实际上为公司带来巨大社会效益的单位负责人的工作予以否定，体现了审计结果未能根据实际情况进行有效分析的不足，不能发挥出审计结果管理赋能的功能作用。面对理念上的困境，如何克服弊端并适应新时代社会发展要求显得尤为重要。这要求在审计工作的具体实施的过程中，不管是审计部门还是被审计部门，都要改变传统的审计观念，树立科学合理、求真务实和承担责任的理念。伴随着社会日新月异的变化，现有的经济责任审计评价体系所涉及的深度和广度不能体现公司快速发展的要求，形成了实际中与理念上的错位，审计部门和被审计部门在观念转变上亦存在差异性，使审计在具体工作过程中不能很好地发挥出它在管理赋能中的角色作用。此外，审计本身就是一个发现问题、纠正偏差和督促解决问题的过程，但被审计对象仍存在在思维上不够高度重视的问题，未把审计结果当作改进学习的重要依据和解决问题的重要抓手，限制了审计功能的发挥。

二、制度困境：评价指标体系构建持续动力不足

在以往的计划经济中，企业部门单纯地按照计划制定企业的发展战略，而不是结合市场供需变化进行全面的发展战略规划，没有将企业如何保持持久的竞争优势、如何保证企业的可持续发展以及如何履行社会责任等问题放在重要的地位上进行考虑。目前，我国所构建的经济责任审计评价指标体系大多以财务指标和目标实现为基础，这些指标与企业在实现长期战略目标方面取得的进展相互间的联系很小，导致不少企业只注重短期的财务业绩。如国有企业在整个国民经济中占有重要地位，但在企业经营中存在片面追求短期效益，对企业可持续发展和社会效益的思考不足的问题。同时，当前虽然有关于审计的法律法规，但在审计的过程仍缺乏相应的法律法规进行保障，使得指标体系构建没有强有力的支撑力和推动力。相应的法律法规和顶层设计不够完善，经济责任审计的保障体系不够健全，就有可能导致对经济责任审计指标体系的构建流于形式。此外，经济责任审计尚未形成全方位、多主体的跟踪评价机制，亦对指标体系的构建造成了影响。因此，受追求短期利益等因素的引导，经济责任审计工作不能从长期的角度很好地调动企业有效执行企业的战略和履行企业的社会责任的积极性，加之，目前缺乏相应的法律法规支撑、也没有切实可行的机制可以支撑电网经济责任审计指标体系的构建，使得评价指标体系的构建存在持续性动力不足的问题。

三、技术困境：评价指标体系构建缺乏科学规范

经济责任审计评价指标体系作为经济责任审计工作的重要工具，其设计的指标和运用指标评价体系的目的不仅是对被审计人员和企业进行简单的经济责任评价和考核，同时也是对管理团队的经济管理效果和管理能力进行全方位、综合性的评价。但是从当前情况来看，许多经济责任审计评价指标体系的设计都相对空洞，对同类型单位的审计评价方向也不一致，审计评价体系的范围不够明确，评价的结论与指标结合得不够完善，评价体系中可量化的部分不够明确，对于相关责任的区分也不统一等一系列弊病仍然存在。审

计组织尚未建立一套完善的审计评价标准,尤其是在非经济性事项评价方面,因缺乏应有的约束性和法定性,所以很难得到被审对象的认可,极大阻碍了电网企业经济审计工作的科学有序开展,因此就需要建立健全一套科学合理的评价指标和评价体系。总体而言,当前的指标体系设计存在科学性和规范性的技术困境,造成评价体系的片面单一。一是目前经济责任指标体系多局限于业绩考核,仍然停留在业务审计层面,没有吸收企业管理的特色和内容,可量化的其他指标较少,未形成指标链体系;二是体系中对被审计企业的基本情况指标较全面,但是对企业领导人的责任指标相对较少,即使有审计体系指标也未能与领导应承担的经济责任挂钩;三是目前经济责任评价指标体系在一定程度上存在着重视财务报表审计而轻视经营管理审计的问题,一味强调短期财务成果,导致有些企业经济责任审计报告几乎等同于传统的财务收支审计报告,未成为真正的企业经济责任的重要参考依据。同时,审计数据获取困难也是制约着评价指标体系构建的难题,尤其是企业发展要重视经济发展指标、社会发展指标两手抓,以确保领导干部在经济建设、社会事业发展和廉政建设等方面更好更到位地履行职责,但是这些主观因素更是很难被测量。对于电网企业而言,要做出科学合理的经济责任审计需要依靠一些量化的数据,但数据收集的困难制约着经济责任审计的开展,尤其是对一些主观因素进行科学的审计并在指标体系中体现出来已成为当前的一大难题。

第三节 现有经济责任审计指标体系构建的方法及经验借鉴

经济责任审计是依据我国国情逐步演化出的一种审计制度,开展经济责任审计对降低委托代理风险、抑制内部人员控制现象有着重要意义,其工作的核心内容之一就是对经济责任进行评价,而构建评价指标体系无疑是实现这一目标最便捷的途径之一。我国企业经济责任审计的发展是从厂长经理离任经济责任审计开始的,1984年之后逐步试行对地方党政机关领导干部的离任经济责任审计,然后发展到现在对党政领导干部和国有企业事业单位领导干部的经济责任审计。经过十多年的漫长探索与发展，企业责任审计工作已经初成体系。2006年6月1日施行的新《审计法》中首次明确了经济责任审计的法律地位，为开展经济责任审计提供了法律依据。此后，经济责任审计工作就具备了一定的规范性、科学性、经济有效性和合法性。在评价企业经济责任履行情况时，审计人员注重从实际出发，采用写实的方式描述审计结果，避免了鉴定式抽象评价，有效规避审计风险，为企业的发展提供了良好的借鉴依据，审计活动的质量和效果都得到了很大提升。近年来，我国审计制度随着政治和经济体制的改革而不断发展完善，现代审计理论也得到了更好的创新发展。

需要关注的是，在国外并没有经济责任审计这种审计类型，绝大多数国家和地区实施的现代审计制度是与之内容相似的"绩效审计"，最大特点是对特定组织（如政府、非政府、企业、事业单位）的管理当局（仅组织机构而非领导干部）履行受托经济责任的情况进行审计，主要根据审计对象的财务隶属关系确定审计范围，本质上是对"事"的评价。如英国、美国、加拿大等国，将不断改进公共部门服务绩效作为近年来国家行政改革的重要目标，其方法就是借助最佳价值审计、综合绩效评估或综合区域评估，开发和完善"最佳价值指标""国家指标"，并通过检验"3E"（经济Economy、效率Efficiency、效果Effectiveness）指标来开展政府（公共部门）服务绩效评价，并以此反映审计对象的服务水平绩效。经济责任审计是借鉴国外绩效审计评价标准的先进经验，并结合中国特色的现代审计理论与方法进行的审计制度创新成果。目前我国的经济责任审计体系对一些国外审计方法的借鉴较为粗略，尤其在吸取外来经验时，没有进行合理的取舍，出现了盲目照搬照抄等问题。因此，我们通过对现有经济责任审计指标体系构建中采用的方法进行了梳理，并对现有的部分评价体系进行了总结，以期为电网企业的经济责任审计指标体系构建提供经验借鉴。

一、构建方法介绍

（一）平衡计分卡

平衡计分卡是20世纪90年代初由哈佛商学院教授罗伯特·卡普兰

（Robert S. Kaplan）和复兴全球战略集团总裁大卫·诺顿（David P. Norton）提出的一种先进的战略管理和绩效评价体系，具有严谨的科学理论基础。它采用多层面的评价机制，把战略分解为可衡量的指标，将企业业绩评价与公司战略理论相结合，突破了单纯运用财务指标评价业绩的传统做法，从四个不同的视角，引入客户要素、内部流程要素、学习与成长要素等非财务指标，以使用战略地图和计分卡来描述战略的简单方式，向管理层传达了未来业绩的推动要素以及通过对客户、员工、技术创新等方面的投入来创造新价值的方法，使企业发展战略和业绩评价系统相联系，从而能够进行全面的综合评价。其中，财务是最终目标，客户是关键，流程是基础，学习与发展是核心。将平衡计分卡引入到经济责任审计指标体系的构建中具有重要的现实意义。

在经济责任审计过程中，对企业及其相关负责人在任职期间的绩效等情况进行科学、合理和系统的评价是至关重要的，是经济责任审计所要面对的核心。经济责任审计是对被审计人履行经济责任的业绩情况进行全方位的评价，与平衡计分卡的目标一致，因此在经济责任审计评价体系中引入平衡计分卡具有可行性。目前，在平衡计分卡的基础上建立的经济责任审计指标体系的实际运用，证明了使用这一方法构建经济责任审计指标体系是可行的，它能够在一定程度上保证审计结果的客观性和公正性。换言之，该方法将传统意义上的业绩评价和企业的竞争力、管理业绩及长远发展规律进行糅合，克服了单一评价的弊端，实现了全面评价的效果，有利于提升经济责任审计评价的质量，是经济责任审计评价方法的一种突破。平衡计分卡的运用一方面可以考评企业的产出情况，另一方面还可以考评企业未来的成长潜力，同时还可以从顾客角度及内部业务角度两方面考评企业的实际运行状况，充分把所要审计的公司的长期战略和短期行动相结合，实现愿景目标的有效转化。通过分析现有的经济责任审计的部分指标体系可发现，它根据平衡计分卡的结构划分出了企业经营成果指标、企业可持续发展指标、企业发展外部环境指标、企业经营管理指标，并从定基趋势比较和同期经营指标完成程度比较两个方面着手进行定量分析与评价，最后进行综合评价。平衡计分卡在企业评价中所能够体现出的财务指标与非财务指标的平衡、长期目标与短期

131

目标的平衡、外部和内部的平衡、结果和过程平衡、管理业绩和经营业绩的平衡等多种平衡，一方面可透过财务构面保留对短期绩效的关切，另一方面则关注非财务构面对驱动长期财务绩效和竞争优势的价值。因此，将平衡计分卡运用到经济责任审计当中能更客观地反映被审计对象履职情况和工作实绩。同时，反映出企业综合经营状况，便于抓住企业发展过程中的关键问题并找出原因，引导企业正确处理局部利益和整体利益、短期利益和长远利益的关系。此外，对管理者片面追求部门短期利益而不惜牺牲长远利益或其他部门乃至公司整体利益的行为起制约作用，进一步提高经济责任审计在人才选拔和薪酬激励等方面的作用，促进企业战略目标的实现，推动企业可持续发展。因此，将平衡计分卡的理念和原理融入经济责任审计评价指标体系的设计中，并通过具体应用更能体现经营者的经营战略和绩效，能够更好地区分出经营者的综合经营水平和社会经济责任，以及实现以人为本的管理理念。另外，这一指标体系在重视财务效益水平的基础上，更注重企业未来发展潜力以及对社会、对顾客的责任，从而能够更加客观、公正地评价经营者的经济责任和经营成果。

当前，我国很多领域也越来越重视将平衡计分卡引入经济责任审计的评价当中。由于评价指标的选取、计算和分析都有一定的主观性，且需要其他部门的配合，所以审计人员必须不断加强学习，提高自身综合素质，以适应基于平衡计分卡的经济责任审计评价指标的构建与应用对审计人员提出的更高要求。在实际工作中，要结合国有企业的特点来进一步探索和创新，把握好在指标体系的设计中平衡计分卡的使用尺度，并根据经济责任审计的评价目标来取舍，不能盲目地全盘套用，要让经济责任审计评价指标体系有更广泛的使用价值和适应性。

综上，平衡计分卡是一种能对组织的经济活动进行有效管理的新型评价工具，也是一个衡量、评价企业领导经济责任的综合评价指标体系，更是一系列财务绩效评价指标与非财务绩效评价指标的综合体，将平衡计分卡这一方法体系引入经济责任审计是可行的。

(二) 层次分析法

层次分析法 (Analytic Hierarchy Process, 简称 AHP) 由美国运筹学家托

马斯·塞蒂（T. L. Saaty）在20世纪70年代中期正式提出，是一种定性与定量相结合的、系统化和层次化的分析方法。它是分析多目标、多准则复杂大系统的有力工具，而且具有简单、易用、有效、适应性强、应用范围广等优点。目前，AHP的运用十分广泛，在能源政策分析、科技成果评价等方面都取得了令人满意的结果，能够运用到公共政策的分析当中。

AHP在本质上是一种决策思维方式，在解决问题的思路上与人对一个复杂的决策问题的思维、判断过程大体上是一样的，是一个分解—综合的过程。该方法能够把定性与定量分析紧密地连接起来，实现定量化决策的目的。首先是根据问题的性质和要达到的目标，将要解决的问题进行条理化和层次化，并按照因素之间的相互影响和隶属关系将其分层聚类组合，形成一个递阶的、有序的层次结构模型。其次，对同一层次的各种要素按相对重要性进行两两比较，依据人们对客观现实的判断给予定量表示，并利用数学方法确定每一层次全部因素相对重要性次序的权值。最后，通过综合计算各层因素相对重要性的权值，得到最低层（方案、措施、指标等）相对于最高层（总目标）的相对重要程度的权值或相对优劣次序的问题，并以此作为评价和选择方案的依据。

对于含有多个层次的经济责任审计指标体系而言，一方面可以采用层次分析法划分指标各层次的具体内容。另一方面，还可以使用层次分析法来确定各项指标的权重水平，即采用层次分析法对构建的指标体系进行权重的测算。

（三）定性定量法

企业经济责任评价指标体系是按照一定的分类标准，对审计内容和评价企业进行科学合理、层次清晰、实用可行的分类形成的。因此，构建经济责任审计指标体系时，可以将其分为两大类，一类是定量指标，一类是定性指标。当然，在开展具体审计工作时，还需要对评估指标体系进一步细化，并为各一级和二级指标赋值，并为每一个二级指标设置若干观测点，这些观测点都需要有翔实和真实的数据做支撑。特别是在对指标体系赋值时，要有所侧重，能够保证通过企业经济责任审计根本性地提高我国企业的核心竞争力。

定量指标是能够以准确的数量定义、精确衡量的因素，是衡量、监测和评价履行经济责任的经济性、效率性和效果性的标准，反映企业经济责任总体履行情况的特定概念和具体数值，揭示履行经济责任过程中存在的重要问题，是用来评价企业领导经济责任履行情况的最重要的指标。在设计定量指标时应考虑到可操作性原则，在具体解释指标选取的过程中留有选择余地，在使用中应充分结合企业和被评价领导人员的实际情况选取适合并且能够获得准确信息的评价指标。其中包括基本指标和个性指标两个方面。

基本指标主要评价企业领导任期经济责任的共性方面，它是每个评价对象都必须采用的指标。要既全面又简明地反映企业领导履行经济责任的情况，又要能够对领导人员的财务责任、管理责任、法纪责任和社会责任履行情况做出客观科学评价，是最基础、最重要的指标。其中包括基本财务指标、国家（国际）通行指标、公众关注指标等被广泛应用于经济责任审计评价的指标。企业具有以营利为目的的属性，在持续发展中创造更大的社会财富，进行经济责任审计时应从企业的经营效益和企业的可持续发展能力这两方面来考察领导人员履行经济责任效益性的情况，同时也需要从社会责任的履行情况来考察领导人员的经济责任履行情况。个性指标又包括绩效指标和修正指标，是在确定具体评价对象后，通过了解、收集相关资料、信息，结合评价对象不同特点和企业领导任期经济责任审计目标来设置的特定的指标。绩效指标主要评价企业领导任期经济责任的个性方面，它是衡量每个评价对象履行经济责任的经济性、效率性和效果性的指标。而修正指标主要评价企业领导任期遵守国家财经法规和廉洁自律的状况，是对基本指标、绩效指标的修正和完善。

定性指标是对定量评价指标的补充、修正和完善，换言之，对经济责任审计的定量评价并不排除定性评价的必要性。由于影响内部控制制度建设内容的因素较多，如对内控制度建设状况、风险管理流程等，无法用数字来表示，从而无法通过数量计算分析评价内容，将影响企业经营管理的不可数量化因素一一列出。其评价的参考标准以国家相关法律法规和行业具体政策规定为基础，参照同岗位实况，结合企业实际管理情况，对评价对象进行客观描述和分析后，通过评定打分来反映评价结果。

现有的经济责任审计评价指标体系的构建主张以定量计算指标为主，并辅以必要的定性指标。这种方法既能对无法用数字来表示的内容予以定性反映，又能对账务信息进行定量分析，避免因审计人员个人掌握尺度不一致造成人为偏差，从而使我们的评价既符合客观性和公正性的原则，又能全面反映被评价对象的履职情况。

二、部分测量指标

企业经济责任审计评价指标体系的构建是一项综合性工作。当前，企业领导人员任期往往时间跨度较长，所管理的范围又涉及企业生产经营的方方面面，这就决定了企业经济责任审计内容的全面性，其中包含财务、法纪、管理和效益等方面。目前，我国有效运用的企业经济责任审计评价指标体系，通常考虑选取如下指标进行构建：一是规模指标。包括注册资金、职工人数、组织机构设置情况、对外投资情况、企业对外投资项目、投资金额、占股比例情况、投资性质、企业领导任期初与任期末企业的资产、负债及所有者权益（净资产）的变动情况等。二是运营指标。具体测量指标有：（1）利润总额（万元），反映企业在一定时期内的盈亏总额，是企业最终的财务结果，包括营业利润、补贴收入、投资收益、营业外净收入等；（2）纳税总额，反映企业销售产品或提供服务等主营业务应负担的产品税、营业税、城市建设税、资源税和教育费附加等；（3）出口创汇收入，反映企业在出口创汇方面的贡献，它是企业主营收入的一部分；（4）流动资金周转次数，反映企业在一定时期内（通常为一年）流动资金的周转速度，其计算方法按有关规定进行；（5）累计折旧，反映企业对固定资产的折旧速度，由此可评判企业是否按规定进行固定资产折旧；（6）流动负债，是企业承担的以货币计量、以资产或劳务偿付的债务，反映企业为科研生产经营开发的需要而向金融机构、其他单位或个人借款的情况；（7）负债代表企业对债权人承担的经济责任，由此可评判企业的债务状况及偿债能力，包括资产负债率、不良资产率（年末不良资产总额和年末资产总额之比）、资产损失率（待处理资产损失净额和年末资产总额之比）、经营亏损挂账率（经营亏损挂账和年末所有者权益之比）等。三是贡献指标，即对企业对国家所做贡献进行评价。包括社会贡献率(社会贡献总额同平均资产总额之比)、社会积累率(上缴国家财政总额同企业社会贡献总额之比)、社会贡献总额(工资性支出、劳保退休统筹及其他社会福利支出、利息支出净额、税金及附加、净利润之和)。四是综合指标,主要以 20 世纪 90 年代的标准来评价技术设备的先进水平,反映生产手段和技术状况。具体测量指标有:(1)产品市场占有率,反映企业在同行业中的竞争力;(2)规章制度,包括从原材料采购供应、生产过程到产品销售的各个环节中应建立的规章制度,以此评判企业的管理水平。

三、经验借鉴要求

随着我国企业经济责任审计评价研究与实践的逐步推广,各种审计评价理论和实践做法都有可以借鉴学习之处。以评价被审计负责人经济责任履行情况为目标,按照目标导向,根据总体审计查证情况对被审计负责人职责履行情况形成综合评价结果,构建企业经济责任审计评价指标体系,确保了经济责任审计工作有效性,对我国经济建设和社会发展有着十分重要的作用。当然,建立企业经济责任审计指标体系不是一蹴而就的,该体系也并非是放之四海皆准的,需要结合企业的具体情况构建一套适用于企业战略发展的指标体系。因此,对相关经验借鉴的要求是需要对当前审计工作进行全方位、多角度的分析,借鉴平衡计分卡、层次分析法和定量定性等有效的方法对指标体系进行构建,同时进行相关指标的修正和发展,从而提升我国经济责任审计工作的效率,让审计成果的作用最大地发挥出来。

第四节 电网企业经济责任审计指标体系构建的价值取向

价值理性反映的是人们对于特定事物在社会条件下价值问题的理性思考,决定着价值追求。电网企业不能是价值中立的。如何构建一套科学合理的经济责任评价指标体系,客观真实地进行审计,通过对审计发现的问题的直接责任进行落实与界定,正确引导电网企业追求经济价值最大化的目标,促进被审计单位各层级管理人员对自身所负管理责任的认识与强化，促进其更好地履职尽责，已成为目前经济责任审计的一个重要研究课题。因而电网企业经济责任审计指标体系的建立，是在一定的战略使命或价值准则的指导下进行的。电网企业经济责任审计指的是对电网企业某一时间段的经营情况进行的监督和评价活动，包括资产、负债、权益和损益的真实性、合法性和效益性，电网企业所做出的重大经营决策等有关经济活动，以及执行国家有关法律法规的情况等。它既是对被审计负责人管控责任履行情况的全面审计，又是对企业各部门、各岗位业务职责执行过程的全面排查。在针对电网企业的企业经济责任审计工作中，要以"经济责任"为核心，以责任履行跟踪审查为主线，体现经济责任审计的特点，进行审计评价的同时，也不能忽视电网企业地位的特殊性，还要对其需要履行的相关社会责任进行审计。因此，在经济责任审计评价指标体系的构建中，不仅要考虑我国电网企业的特点，而且还要结合经济、社会的不断发展，考虑电网企业在这个过程中所承担的社会责任等问题。

然而，现有的部分经济责任指标体系局限于一些机械僵化的财务指标数据，存在数字化审计应用水平偏低、缺少对企业社会责任的审计等问题。为了修正过去的审计手段无法满足经济责任审计工作发展趋势的缺陷，审计部门有必要设计一套新的经济责任评价指标。首先要转变审计的思维方式，将审计由传统的仅仅监督和报告财务收支情况转化为效能赋予，为企业战略发展提供支撑。同时，对现有企业经济责任审计评价研究的成果进行总结和借鉴可以发现，目前国内学者注重探讨企业经济责任审计指标体系的构建，但很少涉及审计评价的价值取向问题。然而，价值取向是构建企业经济责任审计指标体系的根基和灵魂，指标是审计评价体系的组成部分和载体，二者有着紧密的关系。价值取向需要全面贯彻党的十九大和十九届三中、四中全会精神，以邓小平理论、"三个代表"重要思想、科学发展观为指导，深入学习贯彻习近平总书记系列重要讲话精神，紧紧围绕协调推进"四个全面"战略布局，按照党中央、国务院决策部署，认真贯彻落实宪法、审计法等法律法规，紧密结合审计工作的职责任务和履职特点，着眼于依法构建创新型企业经济责任审计评价指标体系，加强和改进新形势下的审计工作，不断提升审计能力和水平，更好地服务于经济社会的持续健康发展。指标体系构建的内容重点在于测量被审计对象在任职期间的经济责任履行情况，从不同维度对被审查对象的职责履行进行评价，包括直接责任、主管责任和领导责任。树立正确构建企业经济责任审计评价指标体系的价值取向，加大对企业经济责任审计评价指标体系的创新力度，完善审计制度，建立具有企业特点的企业经济责任审计评价制度，对企业及其领导干部履行经济责任的情况实行审计全覆盖，做到应审尽审、凡审必严、严肃问责。经过改革应基本形成与国家治理体系和治理能力现代化相适应的审计监督机制，更好地发挥审计在保障国家重大决策部署贯彻落实、维护国家经济安全、推动深化改革、促进依法治国、推进廉政建设中的重要作用。为实现价值取向与指标体系在企业经济责任审计活动中的有效耦合，可沿着我国企业经济责任审计指标体系的发展脉络，追溯价值取向的变迁——服务性价值定位的回归与"以人为本"理念的升华，为我国新时代电网企业经济责任审计的社会导向诉求与目标重构提供理论支点。这对企业经济责任审计指标体系构建的维度设计、指标设置和权重分配、评价效果有着重要的导向作用，影响深远，并对我国新时代电网企业经济责任审计评价体系的科学构建有所裨益。

构建企业经济责任审计评价指标体系的最终目标在于对我国企业经济责任的履行起正向强化作用，为早日实现建成现代化经济体系的远大目标做出应有的贡献。价值取向的探讨主要在于表现在我国社会主义市场经济深刻发展的时代背景下，我们要树立什么样的企业经济责任审计目标，采取什么样的企业经济责任审计评价实施路径，有哪些具体的审计内容，并要呈现出什么样的审计结果。有什么样的企业经济责任审计评价价值取向及其审计评价指标体系，就会呈现出什么样的经济责任审计结果，在这个过程中审计人员采取的具体审计策略、开展的具体审计活动也都会有所不同。价值取向的衡量和设定需要遵循以下原则：一是要坚持党的领导。加强党对审计工作的领导，围绕国家和党委的中心任务，研究提出企业经济责任审计评价指标体系构建的目标、重点和价值取向，健全审计工作机制，合理配置审计力量。二是要坚持依法有序。充分发挥法治对企业经济责任审计评价指标体系价值取向的引领和规范作用，破解创新难题，依法有序推进。部分指标需要取得法律授权的，按法律程序实施。三是坚持统筹推进。充分考虑构建企业经济责任审计评价指标体系的复杂性和长远性，做到整体谋划、分类设计、分步实施，及时总结工作经验，确保各项指标相互衔接、协调推进。在这一过程中，价值取向的探讨能够反映思想建设任务，即加强构建企业经济责任审计评价指标体系的思想建设，使企业经济责任审计评价指标体系能发挥加强思想政治建设，强化理论武装，坚定理想信念，严守经济责任纪律和规矩，不断提高企业经济责任审计评价指标体系的政治导向性的作用。切实践行社会主义核心价值观，引导被审计企业领导干部加强自身道德建设，恪守企业经济责任操守，做到依法经营、文明任职。加强企业风气廉洁建设，从严管理企业领导干部队伍，坚持原则，做到忠诚、干净、担当。最重要的一点是关注经济、社会、事业发展的质量、效益和可持续性，关注与领导干部履行经济责任有关的管理和决策等活动的经济效益、社会效益和环境效益，关注任期内举借债务、自然资源资产管理、环境保护、民生改善、科技创新等重要事项，关注领导干部应承担直接责任的问题。可将指标维度进行进一步定位：战略和理念维度、预算维度、流程维度、能力维度、社会维度。

　　需要说明的是，企业经济责任审计评价指标体系会因发展阶段、发展重点、企业属性的不同而有所差别。面对情况各异的企业经济责任履行情况，我们不可能确定统一的经济责任审计评价指标体系，也不存在统一的指标权重，即使同一审计对象在不同的历史时期也会有所不同。尽管卓越的经济责任审计评价体系对每个企业都是独特的，即按每个企业的需要和特点"量体裁衣"，但是体现企业价值取向的指标，还是应在政府绩效评价体系中占据绝对的比重，并有一定的共通之处。我们要在对当前企业经济责任、其新时代企业基本特征以及未来发展趋势进行深刻理解和准确把握的基础上，坚持正确的企业经济责任审计价值取向，构建出相应的指标体系，并采取恰当的审计方法开展审计工作。

第五节　电网企业经济责任审计指标体系构建的指导原则

电网企业经济责任审计指标体系的构建是一项复杂而系统的工作。一套恰当的指标能对电网企业业绩做出评价、划分其经济责任，而且能够重点评价其功过程度，判定其存在问题的性质及阶段。为了确保构建出的指标体系科学、可靠和有效，其中的指标应严格遵循一系列的构建原则。对于构建电网企业经济责任审计指标体系而言，除了借鉴一般评价指标体系设计的基本原则，即公平公正、系统全面、可靠客观和操作简便等，还要考虑电网企业的独特性，这样才能使最终形成的指标体系有效地反馈电网企业经济发展情况。因此，将构建电网企业经济责任审计指标体系的指导原则归结为以下六个方面：

一、科学规范原则

科学是要求，规范是目标。在进行指标设计时，审计指标体系必须建立在科学的基础上，要注重思考的是每一指标对于实现电网企业发展的战略目标的重要作用，所选取的指标要与被审计的对象密切相关，并满足指标与指标之间相互独立的要求，全面而真实地反映被审计对象的实际情况。同时，收集指标要有科学依据，要在这个过程中注重科学严谨性。此外，要对用于指标体系的指标内涵和范围进行界定，通过规范的语言对指标进行定义或解释说明，明确指标所包含的具体内容，使指标的概念清楚，能够体现电网企业的发展变化，实现审计效果的最大化。

二、真实有效原则

一是作为构建电网企业经济责任审计评价指标体系的线索和参考资料的真实性，可事先依据经济事实，以不支配构建过程、不丢失客观公正的审计结果为前提，多收集各方意见，保证审计结果的真实性；二是尽可能采用客观指标，根据信号传递理论，如果被审计电网企业拥有的私人信息比审计部门更多，并且在评价指标经过了与该企业的协商的条件下，该企业将会选择对自己有利的指标，实现自身利益最大化，从而导致指标体系的构建失效，因而要尽可能采用客观的指标，以保证所设计出的指标能够有效地衡量电网企业的真实情况。

三、相关一致原则

所构建的电网企业经济责任审计评价指标体系与电网企业应该履行的具体经济责任应具有较强的相关性，否则就不能起到设置指标的作用。这要求构建的体系既不能过粗又不能过细，要抓住重点和主要矛盾。理论上讲，为了客观和正确地评价领导干部所负的经济责任，经济责任评价指标似乎越多越细就越好，但是这样一来，不仅增加了审计成本，而且并非每个指标都与领导的经济责任有很强的相关性，也并不能产生良好的审计效益。同时，相关性还体现在权责相关上，即电网企业的经济责任审计要确保权责的一致性，避免造成责任界定不清的情况。总之，要制定出合乎电网企业特点的评价指标体系，就要满足相关性的原则。

四、突出重点原则

构建电网企业经济责任评价指标体系的首要任务是明确指标体系的目标与电网企业目标相一致，突出重点。既要考虑微观效果，也要考虑宏观效果；既要重视当前利益，更要重视长远利益。评价经济指标的环节和因素很多，不能主次不分，面面俱到，应抓住重点。同时，要根据审计查证和认定的事实，对审计的电网企业取得的主要成绩、存在的不足进行评价，重点对其履行经济责任过程中存在的问题，依法依规认定其应承担的直接责任、主管责任和领导责任。依据经营业务、审计发现的问题及责任界定情况，对被审计的电网企业做出结论性评价。审计要突出重点，把握关键。虽说指标的内容越多、范围越广，越能够让电网企业的审计评价更加具有合理性和可信度，但要考虑审计的效率，要选择那些最能够直接反映经济责任履行情况的指标进行构建,并赋予其更高的权重值。因此,指标体系的设计要在全系统覆盖的基础上突出重点。

五、紧密结合原则

在构建电网企业经济责任评价指标体系,设置评价指标时,需要将一些要求结合起来。一是速度指标与效益指标相结合。长期以来,我国经济高速发展,企业只讲产值和产量,不注重结构合理性,重复建设问题严重,造成大量损失浪费,电网企业也不例外,然而经济生活的质量高低取决于经济发展的速度与效益是否统一。因此既要有反映企业经济发展速度的指标,又要有反映其经济发展效益的指标,包括直接和间接经济盈亏,如电网企业利润增长额和增长率、减亏增盈率、人均收入增长率、社会贡献率以及不同产业同步增长情况、因重大事故、事件或重大决策失误造成的损失等。二是评价指标与监管当局监管指标相结合,使评价指标符合监管当局的要求,保证评价指标体系的适用性和客观真实性。三是定量与定性相结合,即将主观指标与客观指标相结合,这是因为客观指标能够以确定的数据对经济责任的履行进行评价,具有较强的操作性,而主观指标可以弥补单纯运用客观指标评价存在的不足,从而形成一套完整的指标体系。换言之,将主观指标和客观指标有效地结合起来,能够更好地对电网企业进行经济责任审计。

六、动态发展原则

构建电网企业经济责任审计指标体系要选择适用企业自身实际情况的指标,即能够将审计目标通过量化后,准确地反映企业的经营业绩和社会责任履行情况。因此为了设计出的指标体系能充分反映企业经营业绩,需科学合理地结合电网企业的行业特点、主要业务特征、生产特征和技术特点、管理模式等,选择与企业业务紧密相关的指标。同时,根据权变理论,指标的选取要与时俱进,要根据电网企业的发展情况对指标进行动态调整,即要在这个过程遵循静态指标和动态评价指标相结合的方法。具体而言,在电网企业经济责任审计责任指标构建过程中,一方面要将电网企业自身变化趋势、系统内可比机构和同业的平均水平等指标综合纳入评价体系，通过比较来模拟市场对被审计企业价值的评价，另一方面则是要根据电网企业的发展适时调整一些指标。

综合来看，遵循上述原则，明确构建必要性，能使我们以科学化、规范化的审计评价指标为指导思想，重新审视传统经济责任审计的内容、流程、标准、方法，研究出适应电网企业经济责任审计评价的内容、基本程序、责任界定标准和实务操作方法，建立一套较为完善的评价指标体系，得到一定的社会认同，便于对电网企业的经济责任审计工作广泛深入地推行。总而言之，构建电网企业经济责任评价指标体系的各项指导原则具有互相补充的作用，构建电网企业经济责任评价指标体系与其他任何评价体系一样，设置指标时既要考虑其科学性、规范性，又要考虑其实用性和可操纵性。

第六节　电网企业经济责任审计指标体系构建的内容维度

审计是为了更好地解决现实中存在的问题。对经济责任审计评价并非面面俱到，而是有一定的侧重点。同时，审计评价应紧紧围绕审计的内容进行，不要评价超出审计的内容。经过十几年的探索与实践，电网企业经济责任审计已经积累了丰富的实践经验，审计质量和审计效果得到了有效提升。通过指标体系的构建，可以在电网企业经济责任审计过程中更加规范、科学和有效地对电网企业进行监督和评价。

一、指标体系构建的逻辑思路

电网企业经济责任指标体系的构建可从以下几方面去挖掘：一是开展企业及领导干部经济责任审计评价；二是深化审计实施的质量评价；三是考虑企业社会责任的履行；四是强化对审计部门的考核力度。在具体的实践中，指标体系的构建可以以对单位负责人在某一时间段内的损益、负债、资产和责任履行等情况的考察为依据，聚焦到对其是否履职尽责的评价，并结合电网企业的具体实际情况建立健全相应的评价标准和评价指标。

在具体的构建方法上，经济责任审计的指标体系应该坚持定量与定性相结合的方法，对指标体系不断进行优化，以求对被评价对象做出科学合理的评价。在具体的构建过程中可充分结合平衡计分卡、层次分析法、问卷调查法和专家打分法等，在考虑相关数据可获得性的基础上，充分借鉴国内外绩效审计以及指标构建的思路，结合电网企业实践基础、经营特性和企业责任等内容，构建一套包含全面性、精细化、操作性、经济性、效率性、动态性、实效性等内容的评价指标体系。具体而言，可将党委统一领导、组织协调、审计内容、审计实施、审计评价、审计结果等内容总结到财务、客户、流程和学习成长这四个一级指标的维度里。在二、三级指标中包含了审计协同性、内容全面性、人力保障、技术支撑和结果运用等内容，在确定出相应的指标体系后，各指标的权重采用层次分析法进行确定，进而形成一套完整的电网企业经济责任审计评价指标体系。

而对于具体指标的思考，可从以下几方面展开：重大经济决策事项、借出资金情况、借出（租出）资产情况、对外投资情况、被审计期内的损益、负债和资产的效益性评价和合法性评价等。对于电网企业经济责任审计指标体系构建而言，应从经济性和非经济性两方面进行考虑。具体而言，经济责任审计的具体内容包含会计信息的真实合法情况（真实性和完整性、违纪违规比率）、主要经营业绩考核指标的完成情况（包括利润总额、资产负债率、净资产收益率、流动资产周转率、可控费用、售电量、应收电费余额、线损率、经济增加值等）、重大经营决策的执行情况（决策是否科学、民主、有效、健全、规范、完整）、历史遗留问题的处理情况（处理解决遗留问题的方法）、内部控制制度健全性和有效性等。我们还可以从以下两个方面进行理解：一是相关制度文件及其落实。包括被审计负责人和领导层职责分工是否合理、"三重一大"决策制度及各种决策活动的相应议事规则方面的配套文件、资金支付（收支）授权审批管理制度、收发文件办理流程方面的制度、机构设置、部门职责及绩效考核体系建设等方面的内容，将这些内容构成制度文件指标，作为衡量成效的部分指标。二是权责体系是否合理。包含权责分工、审计人职责、审批权限等，要明确区分负直接责任、主管责任、领导责任的人员和其他（不需负责任的人员）。

二、平衡计分卡的基本原理

平衡计分卡是罗伯特·卡普兰和大卫·诺顿于1992年创建的经典理论。它以公司的战略、使命、愿景为基础，从财务、客户、内部流程和学习与成长四个维度出发，为企业构建出具有因果关系的战略实施体系。"平衡"在平衡计分卡中是一个极其关键的概念，是指将各维度的指标相联系构成平衡体系。平衡记分卡是一个能够比较全面地衡量、评价企业领导经济责任的综合评价指标体系，是一系列财务绩效评价指标与非财务评价指标及学校评价指标的综合体。在电网企业经济责任审计指标体系构建中，我们将运用这一工具，结合电网的实际，能够解决考核指标单一、无法评估企业可持续发展能力等不足，因此我们可以结合平衡计分卡的基本原理进行电网经济责任审计评价指标的设计。平衡计分卡的基本原理如图4-1所示：

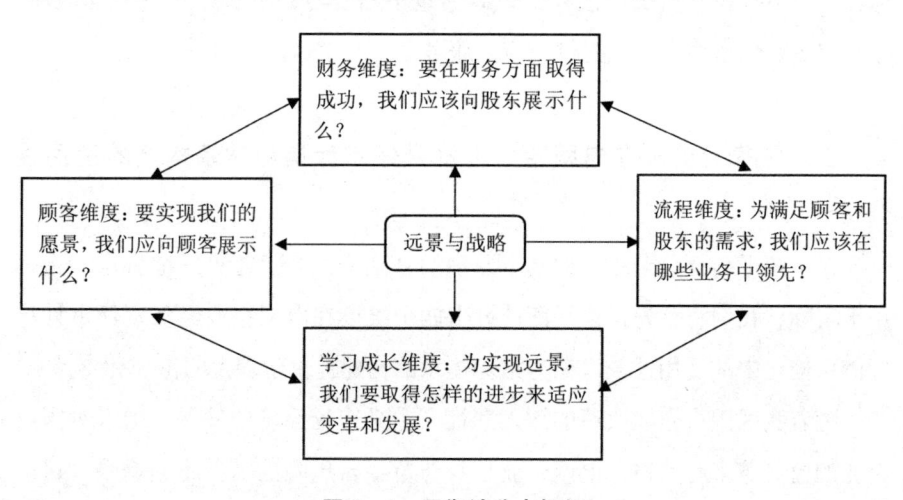

图4-1 平衡计分卡框架

（一）财务维度

在企业中，追求财务利益是最终的目的，反映到平衡计分卡中来就是要以财务为核心。也就是说，另外三个维度是要为财务服务的。通常情况下，主要关注三个战略目标，即收入增长及组合、降低成本及提高生产率、资产利用及投资战略，企业要根据不同的战略需求对此进行选择。

（二）客户维度

客户维度是企业利润的创造者，其指标一般包括客户满意度、客户保持率、客户获得率、客户盈利率以及在目标市场中所占的份额。客户层面使业务单位的管理者能够阐明客户和市场战略，从而创造出出色的财务回报。

（三）内部流程维度

平衡计分卡对于内部流程的改造不局限于现有的流程，它要求不断地进行流程创新，以便适应各种新需求，会直接影响到组织战略实施的成功与否。内部流程指标主要是通过组织的内部价值来设置。

（四）学习与成长维度

组织必须对未来进行投资，以期达到长期的财务和非财务的平衡。学习与成长指标为组织实现长期的进步和成长提供了实施框架。其他三个维度目标实现的根基在于组织的成长，只有通过不断学习，不断地进行流程创新，才能够更好地留住人才，提供相应的服务。

三、平衡计分卡在电网企业经济责任审计指标体系构建的适用性分析

在了解平衡计分卡相应的基本原理的基础上，为了能更好地将这一指标用于实际，我们将首先讨论平衡计分卡四个维度在电网企业经济责任审计指标体系构建中的适用性，以期为指标体系的构建提供学理上的论证和支持。

随着我国国有企业改革的深入和社会主义市场经济的发展，国家对国有企业的监管越来越严格，电网企业自身防范经营风险的需要不断增强，目前已在全国普遍开展的电网企业经济责任审计中展现出旺盛的生命力，不再将追求财务收益作为其成功的标志。将平衡计分卡作为一项先进的图卡表一体化绩效评价工具，运用于电网企业经济责任审计指标体系设计，重新审视传统经济责任审计中存在的问题，以审计评价指标为导向，可以建立一套完整、合理、科学的经济责任审计评价指标体系，以此来适应电网企业经济责任审计工作的内容、基本程序、责任界定标准和实务操作方法，能够体现出经营状况多方面的平衡，实事求是地反映出从企业层面到企业领导人层面的

经济活动效果、效率与成长性,让电网企业将其自觉行为与推进国有企业改革的战略相结合,具体指导电网企业的系统经济责任审计工作,从而使电网企业经济责任审计工作可以长期开展。同时,平衡计分卡构建的审计体系通用性较高,因此可以弥补以往审计工作的缺陷,提高了审计评价的全面性和动态性,进一步体现出新时代电网企业的服务属性和人民情怀。

(一) 财务维度的适用性

电网企业经济责任审计最终要落到经济问题上,审计的根本是对企业领导人任职期间经济责任的审计评价,因此财务维度依旧在以平衡计分卡为基础的电网企业经济责任审计评价指标体系中占据核心地位,其中衡量企业领导人经济能力的最基本指标是财务指标。

表明电网企业财务责任的维度包括以下几个方面:一是企业盈利能力,反映电网企业一定经营期间的投入产出水平和盈利质量。主要指标有营业净利润率、成本费用利润率、资产总额利润率、资本金利润率、股东权益利润率等。二是企业偿债能力,反映企业的债务负担水平、偿债能力及其面临的债务风险。主要指标主要有流动比率、速动比率、资产负债率、现金负债率、不良资产率、资产损失率、经营亏损挂账率等。三是资产质量状况,反映企业所占用经济资源的利用效率、资产管理水平与资产的安全性。主要指标有总资产周转率、应收账款周转率、存货周转率、流动资产周转率、固定资产周转率等。四是企业发展能力,反映企业的经营增长水平、资本增值状况及发展后劲。主要指标有销售增长率、利润增长率、资本积累率、总资产增长率、技术投入比率等。

同时,国有企业的性质决定了其必须要承担一定的社会责任,因此在运用平衡计分卡构建电网企业经济责任审计指标体系时,为了平衡好财务维度,推动其以低成本提供更优质的服务,除了通过财务报表的数据、财务指标的层层分解,发现企业经营中出现的问题,从不同的角度判断和分析企业经营状况,还需要对平衡计分卡的整体结构进行更改,引入非财务指标,体现指标间的各种平衡关系和企业不同利益相关者的期望,将新时代电网企业的使命置于平衡计分卡的最顶端,突出客户即服务对象的重要性,在一定程度上,重视对经营管理的审计,减少财务指标的影响。

（二）客户维度的适用性

电网企业的客户主要是企业职工、广大用户和市场。由于其资源的有限性和客户来源较强的稳定性，电网企业持续深化改革，有效地运用和发挥资源及过程的优势，需要坚持依靠职工、以用户为中心办企业，始终坚持从关系群众切身利益的问题入手，主动配合审计工作，重视价值链的每个环节，不断提升人民群众的获得感、满足感和幸福感，以人为本建设"幸福电网"，让广大人民共享电网企业改革发展的成果。从客户维度设计的指标，能够系统地反映出电网企业的市场价值、核心竞争力以及对国民经济及区域经济的贡献程度等方面的情况。因此，客户维度的适用性主要有以下几个方面：一是市场占有率，体现电网企业对相关产业的引导能力；二是客户忠诚度，衡量企业对老客户的维护能力的好坏；三是客户取得率，表现电网企业对新客户的吸纳能力；四是客户对主要产品的市场认可程度，反映客户对其从企业获得的经济价值和社会价值的满意程度；五是客户盈利率，反映客户使用企业产品或提供劳务后取得的利润；六是社会贡献率，主要反映电网企业的社会责任的履行情况，包括资源节约、环境保护、就业吸纳、工资福利、安全生产、税收上缴、商业诚信、和谐社会建设等方面的贡献程度。通过对这些维度的综合考虑，能够对企业收入的主要来源及盈利能力进行系统评估，有助于电网企业转职能、转方式，领导责任人转作风，持续推进服务提档升级，不断提升供电质量和服务水平。

（三）内部流程维度的适用性

内部流程既要考虑流程的各个组成部分本身，还要考虑各个组成部分之间的有效衔接。内部流程维度与电网企业经济责任审计流程的一致性，体现在以电网企业履行经济责任和考察企业领导人经济廉洁为主线，制定审计项目管理流程，规范明确从审计准备到后续审计各个阶段的关键工作流程，与进一步增强电网企业经济责任审计权威性、严肃性的目标达成一致，着力发挥内部经济责任审计在加强干部管理、强化权力运行监督中的作用上。电网企业内部流程维度主要包括三个方面：一是企业创新能力；二是企业生产经营能力；三是企业服务能力。其中，以规范领导干部经济责任履职行为、区分前后任领导的经济责任、保证公共财物安全为目标，建立领导干部离任前重大经济责任事项和公共财物交接制度是内部流程维度考虑组成部分之间有效衔接的具体体现，可有效防范和规避电网企业经济责任风险。

（四）学习与成长维度的适用性

学习与成长维度属于驱动因素，通常位于平衡计分卡的最底端。伴随着知识型社会的到来，对电网企业学习与成长方面的要求越来越高，且该维度决定着企业领导人的素质、企业及其领导人满意度以及稳定性。电网企业要不断改良经济责任审计指标体系，包括审计管理体制、改进方式方法、构建审计标准模式等，以适应经济责任审计发展的新需要，提高审计工作的针对性和可操作性，加强对企业领导人监督，客观评价领导干部经营业绩，让优秀的人才发挥才能，让懈怠的人敲醒警钟，对企业自身的短期发展能力和长期发展能力进行平衡，系统评估企业未来的价值创造能力，进一步推动自身质量、效率、动力变革。学习与成长维度主要包括：一是企业领导人的能力，具体包括领导人工作效率、培训成效、工作热情、知识水平、领导人与部门之间的协作程度等；二是人力资源评价，主要反映企业领导人满意程度、人事变动、人才结构、人才培养、人才引进、人才储备、人事调配、分配与激励、企业文化建设等；三是企业发展创新能力，主要反映企业在经营管理创新、技术改造、新产品开发、品牌培育、市场拓展、专利申请及核心技术研发等方面的规划及成效。

四、基于平衡计分卡的指标体系构建的内容维度

在财务层面，电网企业财务层面定量评价指标由反映电网企业盈利能力状况、资产质量状况、债务风险状况和经营增长状况四个方面的基本指标构成，用于综合评价电网企业财务会计报表所反映的经营绩效状况。其中，电网企业盈利能力状况以净资产收益率、总资产报酬率、成本费用利润率、资本收益率四个指标进行评价，主要反映电网企业在一定经营期间内的投入产出水平和盈利质量。

在客户层面，主要有电网企业在市场占有率、对国民经济的影响力与带动力、电网产品的市场认可度以及是否有相应的核心竞争引导力等内容。同

时，社会责任的履行和社会贡献评价对于电网经济责任的审计亦不可忽视，这两方面的内容主要体现在企业在资源节约、环境保护、工资福利、和谐社会建设、就业岗位提供、安全生产等方面的贡献程度和社会责任的履行情况。

在流程层面，主要分为管理决策评价、风险控制评价、基础管理评价和遵纪守法评价四个方面。决策管理评价主要是反映电网企业、部门或相关领导在决策管理、决策程序、决策方法、决策执行、决策监督、责任追究等方面所采取的措施和实施效果，重点反映电网企业及其相关领导人是否存在重大经营决策失误。风险控制评价主要反映电网企业在财务风险、市场风险、技术风险、管理风险、信用风险和道德风险等方面的管理与控制措施及效果，包括风险控制标准、风险评估程序、风险防范与化解措施等。基础管理评价主要反映电网企业在制度建设、内部控制、重大事项管理、信息化建设、标准化管理等方面的情况，包括财务管理、对外投资、采购与销售、存货管理、质量管理、安全管理、法律事务等。遵纪守法评价主要反映电网企业经济活动的合法性和效益性，以及被审计人员任期内的廉洁自律情况。

在学习发展层面，包含发展创新评价、人力资源评价和信息系统建设三方面。发展创新评价主要反映电网企业、部门及其领导在经营管理创新、工艺革新、技术改造、新产品研发、品牌培育、市场拓展、专利申请等方面的工作情况；人力资源评价主要反映电网企业在人才结构、人才培养、人才引进、人才储备、人事调配、员工绩效管理、分配与激励、电网企业文化建设、员工的工作热情等方面的情况。信息系统建设主要反映电网企业及其相关部门的学习能力、发展和技术创新能力以及在信息化建设方面的成效与问题。

第七节　电网企业经济责任审计指标体系构建的运用展望

综上，平衡计分卡在电网企业经济责任审计过程中有值得借鉴的地方，而且也越来越受到重视，可以作为一种审计工具和手段而被运用于审计操作的过程中。但在具体的实践过程中，仍要结合企业的实际情况进行使用。在电网经济责任审计指标体系构建当中，除了对企业财务维度上的重点审计，还要从客户入手，并依次考虑内部流程、学习与成长等内容，然后结合企业的战略将审计的总目标分解为平衡计分卡各个层面的分目标并根据适用性、规范性、真实性、相关性、重要性、结合性和动态性等原则设计具体的定量或定性指标。同时，电网企业审计部门还可以结合实际的审计工作，设定可以用来作为参考的标杆值，在实际的审计工作开展过程中对相应的指标及目标值进行动态调整，促使电网经济责任审计指标体系的完善发展，并在此基础上计算相应的统计值、目标值，形成最终的审计意见。最后，作为一种吸收和借鉴西方先进管理经验进行创新的审计指标体系，电网企业经济责任审计指标体系的具体指标要根据不同时期的评价目标进行适时适度的取舍，并结合电网企业的特殊性进一步深入挖掘和探索，使经济责任审计评价指标体系具有更为广泛的使用价值和适应性。可以说，未来关于利用平衡计分卡进行经济责任审计指标体系的构建与运用仍然需要一段时间和大量的实践来研究和完善，此后才能够更好地对电网企业的经济责任审计工作进行管理并为其提供服务。

第五章

新时代电网企业经济责任审计的完善路径

基于前文几个章节对电网企业经济责任审计的历史回顾、政策需求解读、问题症结释因、国内外经验梳理以及指标体系建构，本章内容将不仅把视角聚焦于狭义的审计主客体与技术性问题，而且从指导理念与操作方案相结合的角度，从顶层设计和宏观规划、观念与制度层面、组织与执行等视角提出系统性改革方案，从而超越对具体对象的一般化讨论，形成具有实操性、有效性的电网企业经济责任审计完善路径。

第一节 明确电网企业经济责任审计的基本理念

在基本理念层面，电网企业经济责任审计工作应当以坚持党的集中统一领导为基本原则，以从"技术性管控"到"战略性治理"的审计模式转型为基本导向，推进形成集中统一、全面覆盖、权威高效的电网企业经济责任审计体系。

一、基本原则：坚持党的集中统一领导

坚持党的集中统一领导是中国特色社会主义事业能够蓬勃发展的一大保障，也是顺应历史潮流和发挥制度优势的必然选择。正如习近平总书记所指出的："在国家治理体系的大棋局中，党中央是坐镇中军帐的'帅'，车马炮各展

其长,一盘棋大局分明。"① 党要带领人民成功应对重大挑战、抵御重大风险、克服重大阻力、解决重大矛盾,不断推动中国特色社会主义从胜利走向新的胜利,必须坚持党对一切工作的领导。中国特色社会主义进入了新时代,党委对新时代下电网企业经济责任审计的统一领导有利于发挥顶层设计和统筹协调推进的优势,有利于及时发现审计问题并改正不足,有利于促进电网企业内部控制的高效建设和不断完善。因此,为确保新时代我国电网企业经济事业的顺利开展,电网企业经济责任审计必须毫不动摇地坚持和完善党委的统一领导。

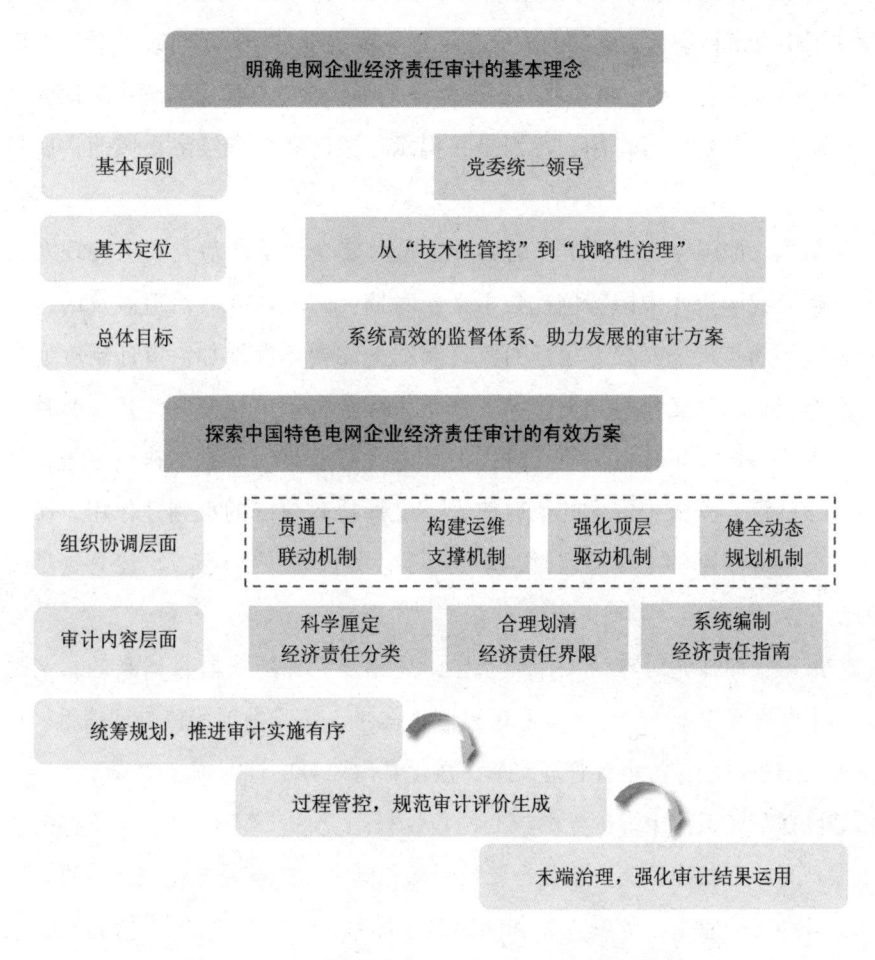

图5-1 新时代电网企业经济责任审计的完善路径

---

① 习近平要求中央和国家机关在这三个方面作表率[EB/OL].人民网,2018-07-16.

(一）坚持党的集中统一领导的重要意义

在经济责任审计工作中坚持党的集中统一领导，贯彻十九大以来党对深化审计制度改革的部署，是基于党和国家治理经验、从严治党现实需要和健全党和国家监督体系决定的，必须作为一项基本原则毫不动摇。

首先，加强党对审计工作的领导，是吸取党和国家治理历史经验的结果。我党高度重视对审计工作的领导，早在大革命时期，我党就建立起了经济委员会审查部，这是最早设立的审计监督机构。到土地革命时期，在中央设立了中央审计委员，党的六大成立了中央审查委员会。苏维埃共和国期间设立中央审计委员会。审计作为一种监督手段，在党和国家治理中对国家经济活动具有重要保障作用，特别是在揭示、预防和抵御经济领域的贪腐风险上。

其次，加强党对审计工作的领导，是落实全面从严治党要求的现实需要。随着我国进入中国特色社会主义新时期，国家和社会治理涉及的内容和领域不断扩展，对权力运行的监督制约的需要不断增加。审计制度尤其是经济责任审计工作对党员领导干部是否廉洁公正进行监督，是反腐败斗争的重要手段。审计机关在新时代的首要任务就是做好党的执政卫士，严格防微杜渐，积极推进党的廉政建设，发挥执政效率的批判性作用，实现对党员领导干部的全覆盖监督，始终保持为党分忧的初心、牢记为党尽责的使命。

最后，加强党对审计工作的领导，是健全党和国家监督体系的长久之计。十九大提出要加快健全党和国家监督体系，完善中国特色治理体系。近年来党中央不断推进审计管理改革，强化党内监督的同时，加快国家监察全覆盖。在审计工作中维护党的核心地位，打造党的"纪律部队"，不仅有利于提高党的自我净化能力，更是着眼于党和国家治理体系的内在一致性。因此，审计机关应当自觉融入党和国家监督体系，根据现有的审计监督力量，构建统一高效的审计监督体系。自觉践行以人民为中心的思想，审计机关和审计人员不能高高在上以监督者自居，教条僵化地将自身与人民群众割裂开来，应当坚持为人民服务的根本宗旨。

(二) 坚持党的集中统一领导的具体要求

坚持党的集中统一领导不能只停留在口号和文件上，而应通过具体体制机制设计将之落到实处。在电网企业经济责任审计体系的完善中，应通过发挥好各级党组织的作用和工作制度，切实将党的集中统一领导这一政治优势转化为制度效能。

1. 打造党的"执政卫士"，保证党的政治领导

首先，充分发挥各级党委对审计工作的领导核心作用。"事在四方，要在中央。"党的十九大明确提出要提高党把方向、谋大局、定政策、促改革的能力和定力，为党委领导下的审计工作指明了方向。各级党委要立足大局，集中主要精力抓住全局性、战略性、前瞻性的重大问题，有效保证党委对新时代电网企业经济责任审计工作整体布局、具体实施等各个方面的领导。电网企业内部审计机关不仅是业务机关，更是政治机关，必须保证在各级党委及其审计委员会的领导下开展经济责任审计工作，正确贯彻和全面落实各级党委及其审计委员会的政策方针。同时，电网企业内部审计机关要统筹协调和处理好在经济责任审计过程中与人大、政府、政协等部门之间的关系，统筹安排好经济、组织、宣传、纪检、统战、政法等各个方面的工作，协调各种利益、理顺重大关系。确保其内部审计机关对各级党委及其审计委员会负责，自觉向各级党委及其审计委员会报告电网企业经济责任审计中的重大工作和重大情况，在党委统一领导下，各司其职，各尽其责。

其次，充分发挥党委审计委员会在审计工作中的统筹协调作用。各级党委及其审计委员会是电网企业内部审计机关的政治领导机关，对电网企业审计机关及相关职能部门起着统筹协调作用。电网企业经济责任审计工作涉及众多企业内部职能部门和领导人员，审计工作复杂且艰巨，必须确保党委审计委员会充分统筹电网企业内部审计机关的审计工作，协调各职能部门，使被审计部门的领导干部及所在部门配合审计工作。同时，贯彻落实党委审计委员会的协调服务功能，特别是协调电网企业审计机关与组织人事、纪检监察、公安、检察以及其他有关主管单位的审计工作，确保各项审计措施相互衔接、协调推进，有效避免重复审计，提高审计工作整体效能。

最后，充分发挥党委审计委员会对审计机关的审计监督作用。完善的审

计权力监督体系是加强和改善党委对一切工作领导的重要保障。各级党委及其审计委员会作为电网企业内部审计机关的审计监督机关，有权依据审计结果对审计重大改革措施和事项等进行决策、审议和协调。必须加强各级党委及其审计委员会在电网企业经济责任审计中对审计机关的监督，发挥党委审计委员会对电网企业内部审计机关的监督作用，从而加强对党员领导干部的日常审计工作管理的监督。深化党委审计委员会的监督，坚持发现问题、形成震慑不动摇，建立巡视巡察上下联动的审计权力监督网，把审计权力关进制度的笼子。健全完善党委审计委员会对审计重大改革措施和事项的决策、审议和协调工作，加强党委审计委员会对电网企业内部审计机关的权威性，为党委总揽全局、协调各方健康运行提供坚强的政治保证。

2. 推进审计制度改革，保证党的制度领导

首先，严格遵循审计制度改革的要求。中共中央办公厅、国务院办公厅印发了《关于完善审计制度若干重大问题的框架意见》及《关于实行审计全覆盖的实施意见》等相关配套文件，对审计制度进行了系列改革。必须坚持和完善中国特色社会主义制度、推进国家治理体系和治理能力现代化，以及深化党委建设制度改革的要求。具体而言，电网企业经济责任审计必须严格遵循国家相关审计制度改革的内在要求和路线方针，坚持党的领导、依法有序、问题导向、统筹推进的基本审计原则，最根本的是实行审计全覆盖，强化党委及其审计委员会对电网企业内部审计机关的领导，实现电网企业内部责任审计符合国家审计制度改革的趋势和制度要求。

其次，坚持区分审计工作的共性和个性。国有企业领导干部经济责任审计和党政机关、事业单位经济责任审计在审计对象、审计内容、审计评价、审计报告、审计结果运用、审计组织领导、审计实施以及审计责任上，具有一定共性，也存在重要区别。电网企业经济责任审计工作的开展必须正确处理电网企业领导干部经济责任审计和与党政机关、事业单位经济责任审计之间共性和个性的辩证统一关系，坚持通过认识它们之间的共通之处，借鉴经济责任审计的优秀经验和有效举措，保障审计工作的顺利进行。同时，建立具有电网企业审计特点的审计人员管理制度，确保电网企业经济责任审计的创造性和独特性，不能"一刀切"。

最后，完善审计结果运用机制。电网企业领导人员经济责任审计目前存在审计职能交叉、监督盲区、整改不严等问题，严重影响企业的正常运作。推进审计制度改革，保证党的制度领导，电网企业内部审计机关必须加强对审计结果反映的典型性、普遍性、倾向性问题进行及时研究，并将其作为采取有关措施、完善有关制度规定的参考依据，及时清理不合理的制度和规则，建立健全有关制度规定。党委及其审计委员会及时制订整改方案，电网企业相关职能部门及领导人员根据审计建议，采取措施，认真进行整改，健全制度，加强管理，有效解决当前审计工作中存在的问题。

3. 发挥党组织作用，保证党的组织领导

首先，发挥党委对领导干部的组织作用。经济责任审计的作用在于选拔和培养敢于担当、清正廉洁的领导干部，这与党员队伍建设的内在要求一致。领导干部在经济责任审计工作中起着先锋模范作用，要充分发挥党委领导干部在审计工作中的带头领导作用，贯彻落实《党政主要领导干部和国有企业领导人员经济责任审计规定实施细则》的内在要求。守法、守纪、守规、尽责是领导干部的基本职业要求，领导干部应当在各级党委及其审计委员会的领导下，依法依规接受履行经济责任的情况的审计监督。

其次，加强党委领导的组织建设。民主基础上的集中与集中基础上的民主相结合是加强党委在经济责任审计领导组织工作的内在要求，既要发挥各级党委及其审计委员会在电网企业内部审计中组织总揽全局、协调各方的作用，同时也要发扬审计民主，激发各级党委及审计委员会的积极性、主动性和创造性，最大限度凝聚全党意志、智慧和力量。在此基础上，加强党委及其审计委员会对电网企业内部审计机关的组织领导作用。

二、基本定位：从"技术性管控"到"战略性治理"

当前，我国经济责任审计存在功能不合理、内容不完善、标准不明确等问题。新时代背景下对电网企业的经济责任审计不能仅仅着眼于对电网企业管控上，也要转变审计理念，改革审计体制，充分协调国家各审计主体之间的关系，统筹兼顾审计工作，保障审计主体之间协调工作。因此，电网企业经济责任审计的功能定位亟须从"技术性管控"工具转向"战略性治理"工具。合理定位经济责任审计的功能，不仅有利于保障经济责任审计工作的正常进行，也能为电网企业的发展赋能。

（一）从"技术性管控"向"战略性治理"转变的核心涵义

技术性管控下各级审计机构之间是自上而下的指挥监督关系，更侧重于对效率的追求，以质量管控为结果导向。战略性治理主张对电网企业经济责任的审计应该具有全局性、前瞻性、规划性和预防性。系统治理、动态治理、主动治理是战略性治理的内涵。当前，电网企业经济责任审计亟须从"技术性管控"向"战略性治理"转变。具体体现在以下几方面：

第一，在审计工作的价值定位上，从仅作为监督问责机制存在，到更加注重国家治理功能。当前，电网企业的经济责任审计工作仅作为监督问责机制而存在，具体体现在以下几个方面：一是从审计时间看，电网企业的经济责任审计多偏重于事后监督而忽视事前和事中监督，但事前和事中监督对于及时解决电网企业内部审计问题而言至关重要，因为问题一般是在审计的过程中产生的。二是从审计方式看，目前对电网企业的经济责任审计工作以及对电网企业经营管理各方面单独开展的监督或专项监督较多，但是从公司战略落实和持续发展角度对电网企业进行的系统全面性的审计分析较少。三是从审计理念看，当前的电网企业经济责任审计工作多以查错纠弊、合规性审查、强化问责为主，而对帮助电网企业改进经济责任审计体制机制、促进电网企业提质增效和多元服务方面不够重视。因此，我们需要转变审计工作的价值定位，将电网企业的经济责任审计从仅作为监督问责机制存在，到更加注重国家治理功能，发挥审计工作对电网企业提质增效的重大治理作用。战略性内部审计与传统内部审计有所不同，它不仅注重实现财务审计和监督管理职能，而且侧重于实现为企业战略目标提供专业服务的职能。因此，应对战略导向内部审计的职能进行重新定位，并构建全新的报告机制，实现专业服务职能，充分结合内部控制和风险管理，以战略理念制定审计流程和模式，实现全面有效的监督管理，并实时为企业管理层提供业务管理模式优化、组织结构变更及战略决策调整的对策建议。

第二，在层级关系上，要变"自上而下"的指挥监督机制为"上下联动"的战略管理机制。当前，电网企业下上级审计机关之间形成的是"自上而下"的指挥监督机制。表现在以下两方面：一是电网企业都将审计资源向总部和省公司两级集中。多数电网企业仅在集团层面设置内审机构，各级权属公司基本不设置独立内审机构。一般在纪检、风控、财务等部门明确一名兼职或专职人员负责内审，以对接集团层面的内审事务性工作，受集团层面内审机构的指挥和监督。二是审计机构缺乏独立性。即便少数公司设置了内审机构或专职内审人员，但这些内审机构或是内审人员的独立性很弱，极大程度上受上层审计机构的制约。当前电网企业的经济责任审计要着眼大局、统筹规划，合理设置内审层级体制机制，形成"上下联动"的战略管理机制。"上下联动"的战略管理机制是有效发挥电网企业审计职能作用的根本保障，是夯实内部审计管理的重要基础，是发挥电网企业经济责任审计作用的重要举措。具体来说就是，由事后监督为主向事前、事中、事后全过程监督转变。在电网企业董事会层面下设内部审计委员会，设置独立的内部审计机构，在内部审计委员会的直接领导下开展工作，同时要求各二级公司设置独立内审机构，由集团公司委派审计机构负责人，并由集团公司统管、调度和考核、监督，确保机构和人员的独立性。同时还可以借助外部专业机构的力量辅助审计工作。

第三，在管理方式上，要变"质量管控"的结果导向为"风险治理"的过程导向。目前电网企业的审计管理方式是一种以"质量管控"为结果导向的方式。"质量管控"是指在"上审下"的集约化管理体制下，审计部与审计中心按照审计管理与项目实施相分离的原则划分职责界限，审计部进一步加强审计管理职能，目的是强化对审计质量的统一管控。这种管理方式过分强调审计工作的质量和水平，而忽视实际审计工作中可能遇到的审计风险，建立起来的是一种内部审计集中管理机制。电网企业的风险管理并不是一个简单的质量控制程序，而是一套由技能、能力、方法、工具与文化等相关内容构成的集合体，各项内容之间是相互联系、协调的，并成为组织决策的有机组成部分。内部审计在电网企业风险管理方面的核心作用之一是"确保风险得到正确评估"。但是现实中大多数电网企业将内部审计质量控制的充分性作为重点关注内容，忽视了"风险"才是其应关注的核心内容，而内部审计质量控制仅仅是减少风险的一种方法。因此，我们要变"质量管控"的结果导向为"风险治理"的过程导向,即以风险治理为过程导向,实施、优化电网企业审计方案。具体来说,就是在审计过程中,坚持风险导向理论,加强对电网企业的相关项目活动实施全过程管控措施,公司审计部从多个维度严控项目实施过程中的审计质量。比如凡涉及法律、税务、招投标、工程结算、专业业务等事项,应主动咨询相关人员,确立风险点,进而优化调整审计重点领域和审计方法,促进审计方案全面落地实施。

第四,在价值追求上,要变"效率至上"的价值取向为"公正为主、兼顾效率"的价值取向。技术性治理工具不同于战略性治理工具,具有"效率至上"的价值倾向。然而,审计机构层级之间的设置不合理,表现在一般电网企业仅在集团层面设置内审机构,与其他部门合署办公的电网企业未单独设置内审机构,同时,各级权属公司基本不设置独立内审机构。① 这种层级机构设置直接影响了审计管理的效果,反而导致信息沟通效率低下。战略性治理强调围绕电网企业的战略目标进行整体规划,力图实现全程式实时跟踪审计。更多的是强调包括公平、正义、法治等价值在内的价值取向,这是技术性治理工具很难全面兼顾和实现的。

(二)从"技术性管控"向"战略性治理"转变的具体要求

实现电网企业经济责任审计的功能定位从"技术性管控"工具转向"战略性治理"工具,需要从以下几方面着手:

1. 审计角色由单一角色向多元角色转变

目前电网企业的内部审计业务模式主要集中在企业财务审计方面,主要通过对电网企业的财务报表和账目往来的审查来考核电网企业的业务绩效和经济责任。这种审计模式又被称为单一的事后审计。对于电网企业而言,该模式起到的只是对电网企业内部审计进行内部审核评估的作用,而在监督管理和专业服务方面却未能展现出应有作用。因此,电网企业的内部审计业务模式应由单一的查错纠弊角色向查错纠弊、风险防范、决策辅助、信息服务、责任落实等多元角色转变。多元角色具体表现在以下四个方面:

---

① 刘梅,徐竹冰. 集团管控模式下国企内部审计的问题与对策[J]. 财务与会计,2018(16):52-53.

一是查错纠弊角色。电网企业目前的内部审计组织结构主要是由电网企业集团内部审计部门和子公司内部审计部门两部分组成,并接受集团董事会的直接管理。传统企业内部审计扮演的最重要的角色便是查错纠弊。主要体现在:一方面,电网企业内部经济责任审计使得经济权力运行受到有效监督和制约,对关键岗位、易滋生腐败的岗位进行重点关注,推动问责问效机制建立;另一方面,对违法违纪违规的经济行为进行责任追究和惩戒,破除企业在发展过程中的积弊积习,促进企业管理层深化改革。

二是风险防范角色。电网企业的内部经济责任审计工作大多以事后审计模式进行,采取事前审计和事中审计等实时审计模式的极少,因此,不能为企业管理者提供实时管理建议,对于企业业务风险和资产损失的控制未发挥应有效用。在明确电网企业集团战略目标的前提下,以其作为导向,分析集团内外环境和风险因素,深入结合内部控制编制审计方案。电网企业审计机构实施跟踪式全面审计应主要从以下几方面着手:第一,从审计调查上看。审计机构要进行充分调研、查阅前期审计工作底稿、审计报告,形成相对充分的调研资料。在此基础上,再制订详细的审计计划,将前期审计未完成的整改事项纳入审计计划一并考虑,明确各时间节点的审计任务,明确审计小组人员、分工及重点工作,初步评估审计风险。在实施过程中,合理评估风险,结合实际情况,及时完善审计计划,提高审计计划的指导性和前瞻性。第二,从审计实施上看。坚持风险导向理论,凡涉及法律、税务、招投标、工程结算、专业业务事项等,应主动咨询相关人员,确立风险点,进而优化调整审计重点领域和审计方法,促进审计方案全面落地实施。第三,从审计结论上看。搭建畅通的沟通渠道,综合考虑时间层面、空间层面、人际层面的关系,采取积极主动沟通的策略灵活沟通,压实审计结论。

三是决策辅助角色。电网企业虽然制定了相应的内部经济责任审计标准程序和监控规范,但由于电网企业规模庞大、业务冗多繁杂、数据信息量大等特性,企业内部审计未能面面俱到并深入挖掘企业潜在风险和问题。加之审计人员信息技术和知识薄弱,导致审计效率较低,审计数据报告缺乏时效性和准确性。因而,应当加强审计机构的决策辅助角色,主要表现在以下几个方面:第一,从价值导向上看,电网企业内部审计必须以战略管理为导向，从企业长期目标层面入手，根据战略管理中出现的问题深入挖掘企业潜存的风险，并制作监控报告。通过战略管理的实时监控评估和内部审计及时了解企业的生产经营是否满足战略目标需求，进而促使企业战略决策调整。第二，从过程监管上看，在审计过程中，电网企业内部审计范围涵盖企业各职能部门和各层级，对企业实行全方位审计。审计机构应阶段性上传审计报告，及时发现风险和问题，实时为企业所有者提供有效信息，进而增强内部控制效用，缓解企业所有者和管理者之间的目标差异和信息不对称问题，进而调整战略决策。

四是责任落实角色。电网企业要建立经济责任审计质量责任体系。第一，集团审计部负责建立审计质量责任体系框架，具体负责构建审计部各岗位及区域审计中心的质量责任体系。第二，在统一的审计质量责任体系框架内，各个省公司的审计部负责建立本公司审计部各岗位及审计中心的质量责任体系，并报集团审计部审核。质量责任体系分部门、项目与岗位三个维度，以权力清单与责任清单的方式予以落实，并作为未来追责的依据。质量责任涵盖审计工作的全过程，并明确各岗位应负的直接责任、审核责任和领导责任，确定对责任人员的具体问责方式和程序。

2. 审计方向由负向纠错向正向辅助转变

在新时代背景下，审计机关应改变过去只对电网企业的财务收支进行审计的方式，更多地开展对电网企业的绩效审计和企业领导人员的经济责任审计。将审计机关对电网企业的审计由负向纠错更多地转向正向辅助，即经济责任审计和绩效审计相结合。第一，加强经济责任审计。明确所有的电网企业都是经济责任审计监督的对象，在全面审计的基础上，对电网企业进行审计监督。第二，加强绩效审计。主要是建立审计管理考核指标体系。集团审计部负责对审计中心的考核与评价，区域审计中心负责对省公司（审计部）的考核与评价。审计管理考核指标可以分为审计部门、审计项目与审计人员三个维度。其中，部门考核频次为季度或年度，审计项目考核的频次为项目周期，审计人员考核频次为周。

3. 审计时空从短期审计向长期审计转变

目前，电网企业的经济责任审计是一个短期审计的过程，其存在许多问题。一是审计计划阶段存在审计计划粗糙、以部门年度总结替代审计计划、实际情况发生重大变化未及时调整审计计划等问题。二是审计实施阶段有审计人员专业胜任能力不强、经验不足的情况。三是审计报告阶段存在审计沟通不充分、审计问题认定错误、审计责任界定不准确、审计建议针对性和可操作性不强等问题。四是后续审计阶段存在审计问题得不到有效整改、审计责任未严肃追究等问题，导致审计效果被削弱。新时代背景下电网企业的经济责任审计是个闭环审计，也是一个长期审计的过程。闭环审计是指从一个电网企业的计划、执行、检查、效果等一系列过程出发对其进行审计。具体而言，内部审计即可分为审计计划、审计实施、审计报告、后续审计阶段。在每一个过程中，都应有具体的审计计划。

三、总体目标：系统高效与助力发展

（一）构建系统高效的电网企业经济责任审计监督体系

早在2018年5月中央审计委员会第一次会议时，习近平总书记就提出努力构建集中统一、全面覆盖、权威高效的审计监督体系，更好发挥审计在党和国家监督体系中的重要作用。[①] 经济责任审计是审计监督体系的重要组成，电网企业要按照中央审计工作原则，完善制度设计和资源配置，加快电网经济责任审计系统化、高效化。

首先，构建集中统一的经济责任审计监督体系。一方面，坚决维护党委对经济责任审计工作的统一领导，由主要党员干部担任审计委员会负责人，贯彻落实党中央对审计工作的部署要求。另一方面，坚决维护集团总部党委的统一领导，总部审计委员会发挥统筹协调作用，对重大审计计划、审计制度修订举措进行总体把关；各成员单位自觉接受审计监督，加大对上级审计委员会政策的落实情况，及时提供本单位经济责任审计的工作进展资料和数据。其次，构建全面覆盖的经济责任审计监督体系。主要体现在审计监督的广度和深度上，消除了监督盲区。加大对党中央重大政策措施贯彻落实情况

---

① 构建集中统一、全面覆盖、权威高效的审计监督体系［EB/OL］．光明网，2018－05－31．

的跟踪审计力度，加大对经济社会运行中各类风险隐患的揭示力度，加大对重点民生资金和项目的审计力度。地方各级党委要加强对本地区审计工作的领导。各地区部门特别是各级领导干部要积极主动支持和配合审计工作，依法自觉接受审计监督，认真整改审计查出的问题，深入研究和采纳审计提出的建议，完善各领域政策措施和制度规则。

最后，构建权威高效的经济责任审计监督体系。最重要的是保证审计工作的严肃性和严格度，实现及时有效问责。中央审计委员会各成员单位更要带头接受审计监督。各地区各部门特别是各级领导干部要及时、准确、完整地提供同本单位本系统履行职责相关的资料和电子数据，不得制定限制向审计机关提供资料和电子数据的规定，已经制定的要坚决废止。对有意设置障碍、推诿拖延的，要进行通报和批评。造成恶劣影响的，要严肃追责问责。审计机关要严格遵守纪律，对违反纪律规定的要严肃查处。

(二) 形成助力发展的电网企业经济责任审计方案

创新电网企业的经济责任审计制度体系的目标在于，形成满足高质量、高增长、高竞争需求的电网企业审计制度。这种电网企业审计制度，具有以下三个特点：

首先，电网企业审计制度能满足高质量的发展需求。电网企业的经济责任审计工作能跟进和满足电网企业的进一步高质量发展需要。主要体现在经济责任审计工作能适应和实现电网企业发展新的战略目标，实现电网企业规范化、标准化、科学化等发展需要，落实公司战略目标，深化电网发展方式与公司发展方式转变。同时，能够创新经济责任审计制度体系，加快审计工作标准化建设的推进，明确审计计划管理、质量控制、成果运用、考核评价等要求。电网企业审计制度还能不断适应公司经营管理环境的变化，保障新时代电网企业健康、高质量发展的需要。

其次，电网企业审计制度能满足高增长的社会需求。当前，电网企业面临更高的社会需求。新时代背景下的电网企业审计制度能够对当前的经济责任审计制度进行改进工作。不仅能解决日渐增长的社会用电量带来的对电网企业的传统输配电业务的挑战。同时，无论是各类发电、输电、变电、配电设备，还是电网企业的研发人员、维修人员等，都能拥有更硬的本领去面对更高更强的工作负荷,以确保社会用电的正常供给。不仅如此,电网企业审计制度还有助于满足当前社会民众对于新兴业务产品多样化多层次的需求,不断提升满足客户多元化、个性化能源需求和社会需求的能力,足以引领行业发展潮流,立于市场前沿。

最后,电网企业审计制度能满足高竞争的环境需求。电网企业面临的新的竞争态势,新时代背景下的电网企业经济责任审计制度能满足高竞争的环境需求。主要是可以改进当前电网企业的经济责任审计工作,提高输配电业务在新时代的竞争力。面对当前我国电网公司自然垄断的配售电体制被打破,新的市场竞争主体不断涌现,客户设备代维、市场化售电、电动汽车服务、储能、清洁能源分布式业务等综合能源服务业务逐渐兴起,且新兴业务领域市场完全开放,竞争空前激烈的局面,电网企业能够依托自身优势超前布局抢占市场,在激烈的竞争中取得优势。

第二节 探索中国特色电网企业经济责任审计的有效方案

上述电网企业经济责任审计的基本理念是受我国经济社会宏观环境和电网企业所面临的具体问题决定的,而要将理念落实为实践并取得实效,还需要操作层面科学化、系统性的设计。我国电网企业的特有属性决定了操作层面的经济责任审计不能照搬西方经验,而是要建立"公共—绩效"双中心的中国特色经济责任审计制度。

一方面,新时代电网企业经济责任审计必然是立足于中国电网企业现实情况的一种制度,要坚决维护党委对电网企业审计工作的统一领导,落实党中央对审计工作的部署要求,从而最大限度地保证电网企业作为国有企业的公共性。电网企业内部审计部门需接受党委审计委员会指导,保证重大经济决策、财政收支、资源开发利用等企业经济行为符合公共利益。另一方面,中国特色经济责任审计制度是对国内外审计制度经验借鉴的必然结果。在从我国具体国情出发的同时,国外绩效审计的有益经验可以被吸取进我国经济责任审计建设中。对国外的立法型审计体制、审计过程独立、审计范围广泛、审计计划周密、审计手段先进、审计结果公开、审计人员多元等绩效审计制度特点进行借鉴，有助于电网企业经济责任审计科学化、制度化和信息化水平的提高，是我国电网企业未来经济责任审计制度发展可以努力的方面。

具体来看，中国特色的企业经济责任审计方案需要从以下方面进行探索：

一、顶层引领，构建组织协同治理

（一）贯通上下联动机制

电网企业经济责任审计体系的完善需要首先建立审计系统内部的上下联动机制，充分调动地方审计机关人力资源的积极性，实现"全国一盘棋"和审计"大兵团"作战体系。在当前的新形势下，转变发展模式，全面推进电网企业实现高质量、高效率的发展是电网企业所面对的一个重要的战略发展目标，同时也是当前广大电网企业所面临的一项重大挑战。高标准、严要求的发展目标就促使各家电网企业应该更加注重经济责任审计工作的规范与质量。有不少的电网企业在过往的经济责任审计工作的实践中，经常暴露出各个部门之间沟通不畅、难以协同等问题，这些问题直接影响审计工作的进程，大大降低了审计工作的效率。审计工作的开展既费时，又费力，最后还收不到较好的成效，导致审计工作"事倍功半"。

针对当前电网经济责任审计工作中存在的普遍问题，电网企业建立起一个审计系统内部纵向的高效的联动机制，以及外部有序的控制、指挥机制就显得尤为重要。电网企业作为大型国有企业，规模庞大、人员众多，其经济责任审计工作更不能只是关乎审计部门的"单兵作战"，而是关系到各个部门之间的密切配合与相互协作。在以往的审计工作中，就经常出现其他部门不愿与审计部门协作，没有形成合力，审计部门孤军奋战，最终造成审计效率低下的问题。在进行审计时，审计部门得不到其他相关部门的大力支持和配合，而相关部门之间的沟通及协调不到位就导致了原先设置的联席会议发挥不了作用。在企业进行内部审计时，联席会议制度应该发挥其应起到的作用。通过联席会议，审计主体能够明确国家审计机关和内部审计协会在指导和监督内部审计业务中的职责、任务和工作重点。

首先，要加强外部协同管理，加强上下级审计机关间的纵向协同、配合。第一，完善并落实联席会议制度，加强对经济责任审计工作的整体领导和部署。充分发挥联席会议的作用，统筹好审计工作的全局安排，协调并解决审计工作开展过程中出现的问题，总揽全局。做好计划和管理工作是电网企业顺利完成经济责任审计工作的重要前提，没有合理有序的布局安排，审计工作难以顺利开展。电网企业的审计工作涉及诸多的部门和大量的人事因素，合理的安排，统筹布局审计工作的进程就显得尤为重要。在年度的审计工作开始前，就应该制定出一套分工明确的流程体系，制订出详细的企业年度审计计划，使参与到审计工作的人明确自己的责任分工，避免出现审计工作开展时人浮于事的情况。另一方面，在做好计划工作的同时，需要不断建设并完善经济责任审计工作的监督与控制的机制，进一步完善企业经济责任审计工作的问责机制，进一步强化审计工作人员的责任意识，保障审计工作的独立性，确保审计过程公开透明，审计结果真实可靠。

其次，要加强内部审计过程中各部门之间的相互配合，充分调动人力资源的积极性。在实际操作的层面，筹备建立审计工作小组，细化审计工作的具体任务，充分调动每个参与审计工作的人员的积极性，使每个人最大限度地发挥自身优势，全身心地投入审计工作。这种工作小组的模式能够最大限度地开发和利用人力资源，将庞杂的审计任务具体细分至每个工作小组，工作小组的人员构成再依据具体的分工合理安排工作的负责人，这种工作小组的人员构成并不仅局限于单一的部门，而是要打破原有的部门之间存在的壁垒，整合整个企业内部的人员，最大限度地节约审计人力资源。针对不同的具体的审计任务，能够充分地发挥不同人员的专业优势，实施"精准化打击"。不仅如此，审计工作小组的运作模式，还可以有效地整合企业内部的人力资源，发挥集体力量，集中力量办大事，更能在一定程度上打破各个部门之间原有的边界，增强各部门之间的相互协作，大大提升了审计工作的效率。众所周知，人力资源在当今的企业发展战略中的地位变得越发关键和重要，电网企业要想加强企业内部审计过程中各部门的相互配合，其核心无非还是在整合人的因素。因此合理地利用人力资源，最大化地整合人力资源，节约人力资源成本，降低整个经济责任审计的工作成本就成了电网企业应该关注的重点。

（二）构建运维支撑机制

在上下联动的主体间组织协调机制之外，电网企业经济责任审计体系的完善还需要建立技术层面的运维支撑、运审协同机制，推进数字化审计"大监督"，建立起数字化审计的常态工作模式。

首先，要加强信息化手段和技术的支撑，加快推进电网企业经济责任审计工作的信息化与数字化水平。推进电网企业经济责任审计过程中的信息共享，加大数据的集中力度，构建审计的数据信息系统。不断探索在开展审计的实践当中运用大数据技术等新途径，加大对数据的综合利用力度，不断提高运用信息化技术查核问题、评价判断、宏观分析的能力。创新发展电子化的审计技术，全面提升审计经济责任工作的能力、质量和效率，推进对企业内部各个部门、各个单位的计算机信息系统安全性、可靠性和经济性的审计。在当今新发展的大格局之下，经济活动与经济发展所处的大环境瞬息万变，信息技术的发展与革新突飞猛进，开展经济责任审计工作也需要顺应时代发展的潮流，用现代先进的科学技术手段来支撑审计工作的有效实施。2014年，在国务院颁布的《国务院关于加强审计工作的意见》当中，明确提出了要推动审计方式的创新变革，加快推进审计工作的信息化。电网企业在经济责任审计工作中采取新技术、新方法和新手段，能够大大提高审计工作的效率，从而在一定程度上降低审计工作的人力资源成本。

其次，要创新审计方式，推进数字化、信息化审计的新模式，优化审计资源配置。数字化审计实际上更多的就是依靠大数据，建立大型数据库，通过大数据来完成对整个审计过程中的各个环节的监测和追踪。充分利用数据库中反馈回来的各种数据信息，组织开展线上、远程的持续监督，对数据进行集中统一地分析，全过程、全方位地跟踪覆盖审计各流程，充分发挥多部门协同监督的作用等。不断探索适用于电网企业的数字化审计的新机制与新方法，以电网企业资源集约优势，全面提升经济责任审计的工作效率，建设区域化数字化审计中心，开展大数据审计处理技术、审计信息化发展等方面的系统研究与实践。不断创新，引领电网企业数字化审计的全新方向。基于大数据技术的经济责任审计方法，主要是充分利用被审计单位的内部和外部数据、结构化数据和非结构化数据，基于"集中分析、分散核查"的审计思路，借助大数据技术对这些数据进行对比、挖掘、可视化分析等，发现相关审计线索，在此基础上，通过对这些审计线索做进一步的延伸审计和审计事实确认，最终获得审计证据，从而发现经济责任审计中的相关问题。

最后，要建立起常态的工作机制，将数字化、信息化的审计工作模式打造成经济责任审计工作的新常态。依托数字化的审计网络，可以建立起一套审计的跟踪模式。审计过程中的重点项目、重大政策措施，以及审计工作开展中的关键步骤都对整体的审计工作有着重要影响。因此，对这些重大项目、重点措施需要特别关注并进行持续追踪，建立起一个对审计对象的纵向监控机制，对重要的事项进行纵向跟踪，包括重点项目、重点资金、重大政策措施以及人事变动等。对这些内容进行全方位的跟踪审计，就能够及时地发现其中存在的主要问题，方便审计人员及时精准定位、调整工作侧重点，为后期审计工作的开展提供便利，最大限度地保证审计工作的质量与效率。因此，要将数字化、信息化的审计新模式充分地与电网企业经济责任审计工作的开展结合在一起，用数字化的审计新模式支撑电网企业的经济责任审计工作。

（三）强化顶层驱动机制

从源头上看，电网企业经济责任审计体系需要充分发挥顶层的引领作用，不断创新和发展审计工作的管理模式。电网企业应当更加关注企业内部顶层设计的重要作用，注重从整体上把控审计全过程，着力打造出一套科学有序、内容完备的工作机制，为经济责任审计工作的开展提供强有力的制度支撑，从根本上统领电网企业的经济责任审计工作。一套运作流畅、高效的工作机制对电网企业经济责任审计工作的顺利开展有着至关重要的作用。电网企业不应该忽视顶层设计，要不断完善经济责任审计工作的制度，对建立健全经济责任审计的工作机制重点关注，力争从源头上就为经济责任审计工作明确流程、建立框架、完善流程，建立并不断健全审计工作的管理制度、工作规范、实务指南、组织框架以及人员保障等，着力形成一套经济责任审计制度规范，为电网企业的经济责任审计工作提供一套规范化、标准化的行动指南。以国家电网公司为代表，不少电网企业基于自身的工作实践和经验，针对审计实施制定了经济责任审计暂行办法、审计实施细则等，在审计结果的有效利用方面，也建立了经营管理责任追究办法、审计质量控制实施细则等制度体系，从全方位保障了审计监督职能的发挥。

不断创新审计工作的组织管理模式和体系。电网企业经济责任审计工作应该贯彻"谁聘任、谁审计"的原则，按照干部管理权限和单位产权关系，依据"统一要求、分级负责"的要求组织开展。公司经济责任审计包括离任经济责任审计、任中经济责任审计和专项经济责任审计。单位负责人任期内办理调任、降职、免职、辞职、退休等事项时，都必须进行离任经济责任审计；单位负责人任职时间满三年的，原则上应当进行任中经济责任审计；单位负责人存在违反廉洁从业规定和其他违法违纪行为，其任职单位发生债务危机、长期经营亏损、资产质量较差等重大财务异常状况或发生合并、分立、重组、改制、出售、破产、关闭等重大经济事件的，必须进行专项经济责任审计。按照国家有关审计法规规定，公司及所属各级单位应将主要业务部门负责人作为审计对象，纳入经济责任审计范围。

（四）健全动态规划机制

从可持续发展的角度看，电网企业经济责任审计体系的完善需要建立动态的经济责任审计计划系统，将短期、中期、长期相结合，分类别、分范围组织实施等。

首先，电网企业经济责任审计工作应当有计划地进行，根据干部管理监督需要和审计资源等实际情况，对审计对象实行分类管理，科学地制订经济责任审计中长期规划和年度审计项目计划，推进领导干部履行经济责任情况的审计全覆盖（《党政主要领导干部和国有企事业单位主要领导人员经济责任审计规定》，2019）。审计机关的调整处于一个动态的国家治理环境中，审计机关与外界持续进行着信息、物质、能量的交流（王会金，2013）。这就要求审计机关能够适应不断变化的外界环境因素，适应企业自身经营管理环境的不断变化，及时地更新自身工作体制，进一步实现规范化、标准化作业，不断科学发展。电网企业需要重视发展的前期、中期、后期的整个环节、全过程的审计。传统的电网企业经济责任审计工作中缺乏全过程审计的概念，往往比较侧重事后审计任务，而前期和中期审计在进行决策、对投资阶段的风险进行评估和预警、资源开发、配置等各业务环节和管理流程中的监督和评价作用常常被忽视。然而，各种现实实践已经证明，决策失误、风险失控往往会给一个企业的发展带来不可挽回的灾难，而这种亡羊补牢式的审计方式容易造成经济责任审计的滞后和被动，审计效果非常不明显。因此，要落实全方位、全覆盖的审计监督，使经济责任审计贯穿任职、决策、投资、资源开发与资源配置、业务管理以及人员任免等全方位和全流程。

其次，要加强党组织对电网企业经济责任审计工作的领导和监督，发挥企业党组织对经济责任审计工作的领导、监督作用。坚持党对经济责任审计工作的统一领导，是电网企业必须坚持的基本方向和基本准则。要充分发挥电网企业内部党组织的政治核心引领作用，加强电网企业内部的领导班子建设，创新开展基层党建工作，深入开展党风廉政建设，坚持全心全意依靠工人阶级，维护职工合法权益，为电网企业的发展提供坚强有力的政治保证。把加强党的领导和完善企业的治理有机结合起来，把完善企业党组织的建设融入企业自身的发展建设当中，深入贯彻落实党组织在企业党风廉政建设中以及反腐败工作中的主体责任，加强纪检部门的主体监督责任，不断完善各级党组织参与重大决策的机制，强化党组织对企业各领导人员履职行为情况的监督，从源头上整治不作为、乱作为的情况，确保企业决策和重大部署及其执行全过程都符合党和国家路线方针、经济责任审计工作的运作在法律的规范下运行。

最后，需要强调的是健全经济责任审计工作的领导机制，制订审计计划。一方面，经济责任审计工作的开展需要有一个领导核心来统筹全局，具体安排各项任务，监督各项目工作的具体实施情况，对审计过程中出现的问题进行及时、有效的修正。另一方面，企业自身也需要做好审计计划。审计计划不仅包括年度的经济责任审计计划，还包括了企业发展所需的短期、中期以及长期的计划。这些计划的合理制定和贯彻执行，也有助于电网企业在接下来的发展周期中平稳、有序的成长。而且，科学的计划不仅能为审计人员提供明确的方向，还能够避免出现重复审计，有效地提高审计工作效率。

同时，电网企业还应当注意到审计力量不足一直是当前企业经济责任审计所面临的主要问题之一。随着经济社会的快速发展，企业面临的审计任务也变得越来越重，审计队伍的数量和结构与其所承担审计的任务之间不匹配的矛盾也变得越来越突出，审计方法和手段与完成审计任务的要求不匹配，无法适应被审计单位的运行状况和审计实践的发展。因此，第一，电网企业需要合理地制订审计计划，确保在审计项目实施前统一协调各种人力力量和资源，减少重复审计工作，从而节省审计资源，促进审计工作效率的提升。第二，不断培育和发展审计队伍，提升审计人员的专业素质，大力储备审计人才，争取不断地改善审计人员与审计任务之间不相称的情况。

二、界定清晰，保证审计内容合理

（一）科学厘定经济责任分类

新时代电网企业经济责任审计体系的科学化需要厘清责任分类，按照财务责任、绩效责任、管理责任、政治责任、社会责任以及生态文明责任的分类方法，将审计内容进行系统明确的分类。明确界定审计工作的领导责任分类是顺利开展审计工作的重要保障之一。在进行审计的过程中，电网企业可以将具体的工作责任划分为财务责任、绩效责任、管理责任、政治责任、社会责任以及生态文明责任等几个主要方面。明确找准不同方面的主要领导和负责人，落实各项工作责任的责任主体。同时，主要负责人还要作为整改的第一责任人，要切实抓好审计发现问题的整改工作，对于工作中暴露出来的特别重要的问题要做到亲自管、亲自抓。对审计过程中发现的问题要及时纠正，提出合理的解决建议。

现有电网企业的经济责任审计工作是在《审计法》《党政主要领导干部和国有企业领导人员经济责任审计规定》等相关法律法规的指导下开展的，但在界定经济责任分类上仍有一定欠缺：一是现有法律法规对经济责任审计的内容进行了界定，但不少条文过于笼统，在实际工作中还面临着细化指标的问题；二是现有关于经济责任审计的规定并没有包含经济责任履行的所有情况，甚至存在不应纳入评价范围的情况。审计小组应当本着谨慎的态度，依照审计查证结果对领导干部进行科学评价，合理界定直接责任与间接责任，部分责任与全部责任等。同时，还应认定其他相关人员的责任，为依法提出审计意见和建议提供依据。具体来看，电网企业经济责任审计有以下责任类型：

1. 财务责任：认真编制并严格执行企业预算，及时检查分析财务收支和预算执行情况，找出问题，提出建议和措施，不断提高财政资金的使用效益。负责定期清查企业财产，加强日常财务管理和成本控制，开展全面预算管理，严格控制财务收支；按期汇集、计算和分析成本控制情况，加强成本控制和管理，向企业高层领导提出成本控制分析报告和成本计划。

2. 绩效责任：针对电网企业是否经济、高效或有效执行企业预先制定的相关决策进行独立审计检查。对企业既定目标的实现程度和所造成的各种影响进行报告，为决策机构提供相关的评价意见，发现并分析审计对象在经济性、效率性、效果性方面存在的问题或绩效不佳的领域，帮助被审计单位进行及时、有效的整改。

3. 管理责任：一方面，主要是针对审计机构和审计人员的管理，如机构设置、定岗定职、职责设计、审计人员的选拔和培训以及最终的考核等。另一方面，还包括了审计主体运用现代管理手段所进行的计划、组织、指挥、协调和控制，如计划管理、信息管理等。

4. 政治责任：一是强化思想引领，确保电网企业经济责任审计的各项工作沿着正确的政治方向发展；二是强化政治纪律，牢固树立"四个意识"、坚决做到"两个维护"；三是强化问题导向，加强教育管理、整改问责，促进工作作风改进；四是激励担当作为，创新党建品牌，积极发挥党支部的战斗堡垒作用和党员的先锋模范作用，推动电网企业经济责任审计高质量发展；五是突出改革创新，在审计部门党的建设和审计工作理念、审计全覆盖、审计广度和深度、审计管理体制改革、探索高质量内涵式审计发展路子上有新的突破。

5. 社会责任：社会责任是对企业的活动、产生的社会影响和所负社会责任所进行的审核、稽查，重点考察企业的发展是否给社会带来了负面影响。

6. 生态文明责任：通常包括自然资源资产的开放利用以及生态环境保护

方面的责任。自然资源的合理有效利用直接在体现企业集约化经济发展上，而资源开发还需建立在不破坏生态环境的基础上。因此，对资源开发和生态保护相关经济责任进行审计，是生态文明绩效评价考核和责任追究的重要补充。

审计部门和审计单位应实现对于电网企业公共资金、国有资产、国有资源的数量、来源、使用、分配、管理等关键环节的重点监督和全流程覆盖监督，在摸清存量的同时，确保电网企业财务收支的真实性、完整性、合法性和效益性；通过经济责任审计工作的开展，全面审查电网企业在经营管理过程中的财会信息、财务报表、往来款项等是否真实完整，记录和使用流程是否合法合规，从而确保资金、资源和资产的合法合规及有效的使用管理。同时，还要求审计部门和审计单位对与上述资金、资产、资源相关的经济活动进行全覆盖监督，包括对利用其进行的重大投资项目中的投资决策、项目经营、项目管理、项目绩效等进行经济管理监督；也包括对经济要素管理部门的部门运行情况、管理状况和职能分配情况等进行职责监督，确保其在使用管理过程中贯彻执行国家重大政策措施和宏观调控部署情况。

不断深入推动国有资产和国有企业的重大信息公开。建立健全企业国有资产监管重大信息公开制度，依法依规设立信息公开平台，对国有资本整体运营情况、企业国有资产保值增值及经营业绩考核总体情况、国有资产监管制度和监督检查情况等依法依规、及时准确地披露。电网企业要严格执行《企业信息公示暂行条例》，在依法保护国家秘密和企业商业秘密的前提下，主动公开企业治理以及管理架构、经营情况、财务状况、关联交易、企业负责人薪酬等信息，发挥社会力量对企业的审计情况进行监督。

（二）合理划清经济责任界限

在科学厘定电网企业经济责任类型的基础上，还需要准确界定电网企业经济责任审计中的直接责任、主管责任以及领导责任界限。各电网企业要重视经济责任的归属问题，要明确界定清楚经济责任的具体划归问题，戴对帽子，确定经济责任需要严格地按照以权定责、权责相一致的根本原则，根据参与人员所具体承担的工作任务和其所掌握的职权进行责任界定，切忌出现权责不清，权责不一致等情况的产生。划分清楚直接责任、主管责任和领导责任，确保以领导干部的权力运行和责任落实情况为划分责任的依据，以防止权责不一致的情况出现。保证企业内领导所处的位置与其应当承担的责任相匹配。

在界定责任界限时，首先，应当从领导者的职权范围进行经济责任界定，凡属于领导者职权范围内的各项事务就应当由其承担相应的责任，不属于其职权主管范围的，要找准其主要的负责人承担相应的责任。其次，还要从领导者的任职时间来考虑，凡是不属于其领导任职期间内的决策事项，不应当由其承担该项经济活动的责任（郭成，2019）。应当明确划分前任责任与现任责任，注重综合全面地考量经济责任的持续期，正确把握经济决策的时间点、职责范围的曲线，达到合理、合规地界定经济责任范围，做到客观评价具体应当承担经济责任的负责人。

具体来看，电网企业经济责任审计中主要要区分直接责任、主管责任以及领导责任的界限。

1. 直接责任，是指领导干部对履行经济责任过程中的下列行为应当承担的责任：直接违反国家法律法规、国家有关规定和单位内部管理规定的行为；授意、指使、强令、纵容、包庇下属人员违反法律法规、国家有关规定和单位内部管理规定的行为；未经民主决策或相关会议讨论而直接决定、批准、组织实施重大经济事项，并造成重大的经济损失、国有资产（资金、资源）流失等严重后果的行为；主持相关会议讨论或者以其他方式研究，但是在多数人不同意的情况下直接决定、批准、组织实施重大经济事项，由于决策不当或者决策失误造成重大经济损失、国有资产（资金、资源）流失等严重后果的行为；其他应当承担直接责任的行为。

2. 主管责任，是指领导干部对履行经济责任过程中的下列行为应当承担的责任：除直接责任外，领导干部对其直接分管的工作不履行或者不正确履行经济责任的行为；主持相关会议讨论或者以其他方式研究，并且在多数人同意的情况下决定、批准、组织实施重大经济事项，但由于决策不当或者决策失误造成重大经济损失、国有资产（资金、资源）流失等严重后果的行为。

3. 领导责任，是指除直接责任和主管责任外，领导干部对其不履行或者不正确履行经济责任的其他行为应当承担的责任。

除了界定清楚直接责任、主管责任和领导责任之外，电网企业的经济审计还应该制定出一套严格、规范的奖惩制度，规范和激励参与审计工作的人员行为。赏罚分明是一个企业能够做到强大的基本要求之一，在体量巨大的国企内部，更是需要一套科学的、赏罚分明的奖惩体制（徐秋红，2017）。如果电网企业内部的管理十分混乱，经济责任审计的领导体制和管理体制十分松散，很可能就会导致审计人员在工作时态度散漫，缺乏积极主动性，总是幻想着如何在自己的业务上作假，蒙混过关。如果电网企业再缺乏对于这种弄虚作假的行为强有力的制裁，会导致犯错的成本太低，部分审计人员对此不重视，极有可能使整个经济责任审计工作陷入瘫痪，最终导致整个企业的形象和声誉受到严重的负面影响。电网企业的经济责任审计工作需要有一套奖惩的制度，一方面规范和约束企业内部参与审计的人员行为，为大家明确树立一个不可触碰的底线，约束审计人员的行为，确保经济责任审计工作在法制规范下运行，及时惩处种种违规行为，为广大员工敲响警钟，树立反面典型；另一方面，由于引入了奖励机制，也能在一定程度上激发审计人员的工作积极性，积极引导审计人员的行为沿着企业既定的正确方向进行。而如果电网企业缺乏相关的奖惩措施，将会对经济责任审计的进行产生不利影响，影响审计工作的效率，甚至会影响该企业的持续健康发展。对于电网企业经济责任审计工作而言，审计人员工作的积极性、规范性能直接影响到审计结果。因此，只有先规范了审计人员的行为举止，促使参与审计的人员都能保持清醒的认识和理性的头脑，认真投入工作，才能有效地使电网企业的经济责任审计路径得以优化，避免在审计工作开展的过程中出现问题和差错。

（三）系统编制经济责任指南

在细化责任分类和界限的基础上，电网企业经济责任内容的确定还需要编制相关指南，围绕相关法规制度将企业负责人的经济责任审计内容进行细化等，从而使电网企业经济责任审计内容明确化和规范化。2014年10月召开的党的十八届四中全会上，国务院颁布了《国务院关于加强审计工作的意见》（以下简称《意见》），提出了审计监督"全覆盖"的总体要求。《意见》

要求，凡是涉及管理、分配、使用公共资金、国有资产、国有资源的部门、单位和个人，都要自觉接受审计、配合审计。《意见》首次把个人纳入国家审计对象，使审计范围进一步扩大，对审计干部抓重点工作的能力提出了新的挑战。（付忠伟，黄翠竹等，2015）在这样的形势背景下，每一位参与到经济责任审计工作中的人员都需要明确自身的任务，依照企业内部经济责任审计工作的部署，有序地开展审计工作。

首先，要学习并借鉴不同地方的经验，对审计路径菜单化，细化审计事项，明确责任分工。电网企业经济责任审计的开展可以借鉴不同地方开展审计工作的先进经验。江苏某高校在开展经济责任审计时采取了审计事项菜单化的方案，以省审计厅高校领导干部经济责任审计工作方案为基础，围绕高校事业发展情况、重大经济决策管理绩效情况、国家财经政策执行情况、预算执行及其他财务收支活动的真实合法效益情况和内部管理细化审计事项编制了审计事项菜单。通过对审计路径的菜单化，该校对每一个细化的审计事项、责任人都制定了明确的审计路径，包括审计的部门、索取的资料、审计步骤和方法、审计依据的法规等，使没有接触过高校审计的人员也能迅速了解审计工作的具体安排，迅速地融入审计工作当中。审计路径菜单化有效地将审计工作进行了细化，为审计人员提供了明确的审计路径，推动了审计工作的顺利开展。

其次，要尽快编制审计工作相关指南并逐渐加以完善，确保抓好审计规划的实施。企业内部各审计部门要根据本规划要求，研究制定具体落实措施，切实加强组织领导，抓好规划实施，确保本规划确定的目标任务顺利完成。有关单位要加强监督检查、中期考核和效果评估，确保各项任务落实到位，可以有效地为电网企业经济责任审计工作的开展提供依据。就审计部门自身的角度而言，出台审计工作的相关指南，在完善审计的工作机制、全面完善经济责任审计体系、提升经济责任审计工作的科学化水平等方面有着重要的意义。更为重要的是审计工作的相关指南可以为审计人员开展经济责任审计工作提供有效的参考，明确审计工作的目标和前进方向。

三、统筹规划,推进审计实施有序

(一) 多措并举加强审计资源整合

电网公司作为大型国有企业,在资产规模、项目业务、产权构成方面具备一定复杂性,审计资源是推进审计工作保质保量完成的重要条件。当前电网企业经济责任审计面临任务繁重而内部审计人员配备不足的状况,迫切需要加强企业内部审计、国家审计与社会审计的互动,从组织化、常态化、专业化方向创新整合审计资源。

一是合理配备内部审计资源,这是顺利完成审计项目的基础和保障。首先,完善内部审计制度,构建科学的人力资源管理体系。按照监督、控制、评价与服务四大内部审计职能,由公司总部制订人力资源制度与战略规划,力图覆盖人员录用与配置、培训与开发、绩效与薪酬等机制。这就需要及时分析内部审计人员的供给需求,并制订短期和长期战略规划,有序调整相应的人才配备和人事管理费用;明晰内部审计人员的岗位职责,使其工作范围覆盖审计各个事项,减少职责交叉,同时理顺业务流程,降低不必要的成本浪费。其次,增加专职人员比重,保证审计工作常态化运行。目前各层级审计部门人员配备不平衡,往往需要从纪检、监察、财务等部门抽调人员,审计结果容易受到部门利益的影响,而且动员式的组织模式也不利于审计工作常态化运行。一方面,企业内部审计机构需保持相对独立性,机构直接对单位主要负责人负责,不受同级部门或个人管辖。另一方面,管理层面需提高对审计工作的重视,增加专职审计人员数量,并在绩效管理中对审计人力资源的潜藏价值、现实价值和未来价值进行考量,构建价值评估模型,提升审计人员的自我认同感。

二是有效耦合国家审计资源,这是提升审计运作效率的重要依托。我国内部审计是按照政府审计的要求建立起来的,近年来内部审计逐渐向改善组织治理、加强风险管理和内部控制的方向转变,在目标定位上逐渐向政府审计趋同。①一方面，国家审计中领导干部经济责任审计、国有资产审计、国有资源审计等，对内部审计的业务内容和实施过程形成了指导和监督作用。电网企业内部审计需对接国家审计的要求，自觉承担推动政策落实、维护国家经济安全的职能。另一方面，国家审计与内部审计应该相互利用审计成果，在制订审计计划、利用审计证据和参考已出具的相关经济责任审计报告等方面达成合作。②内部审计也可借助国家审计已有成果的权威性，减少不必要的重复性工作。但是内部审计与国家审计在审计重点、审计权限方面存在差异，国企内部审计还需保持客观性与独立性，自觉担负对企业发展的审计责任与审计风险。

三是适当借助社会审计资源，这是增强审计工作专业性的重要途径。2016年《审计署聘请外部人员参与审计工作管理办法》规定，可以聘请外部人员参与"固定资产投资审计，企业和金融机构资产、负债、损益及其主要负责人任期经济责任审计等"，从国家政策层面肯定了政府购买社会服务的作用。对于国企内部审计而言，通过聘用CPA或外包审计项目，不仅能更好地发挥市场机制作用，有效解决审计资源不足的困境，还能利用外部审计人员或机构的专业性，提升现代企业审计工作的效率和质量。根据经济责任审计的阶段性特点，为有效利用专业力量，社会审计人员或机构参与的程度也应当不同。在审计工作计划阶段，邀请行业专家、注册会计师等专业审计人员参与前期调查，并就如何将外部审计纳入整体审计规划进行讨论；在审计工作准备阶段，帮助外部审计人员了解审计对象与单位的情况，对内外部审计人员进行统一的专业知识培训；在审计项目实施阶段，电网内部审计人员仍然作为中坚力量，负责获取审计对象或单位的一手资料，所聘用的外部审计人员在项目中充当"参谋"，遇到审计难点问题邀请专业技术人员参加"会诊"；在项目终结阶段，社会审计人员或机构充分发挥专业优势，复核审计工作底稿并形成相应的审计意见。值得注意的是，需要提升内部审计对外

---

① 屈波. 政府审计、内部审计和民间审计的趋同性研究 [J]. 行政事业资产与财务，2018（22）：75-76.
② 吴舒，翁文基. 试论政府审计与内部审计的合作 [J]. 中国证券期货，2013（9）：97-98.

包审计服务的统筹协调能力，严格筛选社会审计机构的相应资质条件，在审计过程中保证工作严肃性和保密性；同时尊重专业人员提供的意见和材料，加强审计技术的交流共享，发挥各自优势，保证审计工作的高效运作。

（二）多渠道推动审计人才队伍建设

培养"一专多能"的复合型人才，促进人才结构优化，是保证审计工作质量的关键因素。企业经济责任审计具有时间跨度长、工作任务重、推进难度大的特点，对审计人员的心理素质、职业责任感和专业能力都有一定的挑战。目前企业管理层重视内部审计人才队伍建设，审计人才队伍建设不断优化，审计人员的技能培养与职业素养也被纳入企业发展规划当中，部分审计人员的工作热情有所提高，但还需在人才选拔、人员培养、绩效考核、职业发展方面构建人才综合素质发展体系。

一是构建审计人员专业胜任能力体系，即在分析组织机构和岗位配置的基础上，明确审计人员应具备的基本能力与素质。国际内部审计师协会发布的《内部审计人员专业胜任能力框架》指出，内部审计人员专业胜任能力标准的综合指标根据属性可分为认知技能和行为技能两类，设计胜任能力指标体系应充分考虑语言能力（中文书写及表达能力）、学历水平、专业背景、审计专业知识水平和实务工作经验、内部审计工作资历证明、内部审计工作其他相关业务知识水平、文案工作能力、独立解决问题的能力、独立学习知识的能力以及关系管理能力，尤其是要选拔既懂审计业务知识又熟悉信息技术的复合型人才。[1] 除了审计人员的专业技能，还需将政策解读能力、综合判断能力等纳入胜任能力指标体系。[2]

二是在人员招录上要综合考虑现有人员专业知识结构，适当拓宽人才录用渠道，有计划地引进一些懂法律、工程造价、计算机等相关知识的精英人才，增加经营管理类人才的比重，并在特殊领域如生态保护项目、电子政务项目的审计工作中配备对应地理科学、农学和电子信息等方面的人才。同时

---

[1] 余中福，李涛，王聪，等. 我国企业集团公司内部审计人力资源管理探讨 [J]. 会计之友，2013（5）：94-96.

[2] 曾品红. 企业集团内部审计人力资源建设探究——成就、问题与体系构建 [J]. 中国内部审计，2014（2）：32-35.

积极发挥好现有专业人员的作用,通过"传帮带",让已有审计人员利用工作经验丰富的优势,以点带面,带动新进审计人员整体素质的提高;新进人才发挥专业技能优势,为企业发展注入活力,最终做到"事得其人、人尽其才、人事相宜"。

三是科学制订内部审计人员的培训计划。根据审计人员专业胜任力指标要求,对现有审计人员的专业技能和职业素养进行系统测试,在此基础上划定培训范围和培训重点,定向设置培训课程。此外,丰富在职培训和脱岗培训的形式,将审计人员岗位轮换作为业务技能学习的重要方式,在审计部门内部形成长期学习和合理竞争的氛围,甚至增加跨地区培训学习和出国培训学习的机会,以适应未来跨地区、跨国的审计业务的需要。

四是制定科学合理的考核激励机制,为审计人员提供良好的职业发展路径。经济责任审计工作本身并不产生经济效益,而是作为一项监督问责机制存在,审计人员自身很容易产生低效能感,其工作成效量化的难度也难以突出绩效成绩的优劣,迫切需要调动审计人员的积极性和创造性。应当基于岗位职责进行绩效管理,有针对性地设置考核指标及权重,自上而下地制定公司总部到各分支审计机关的考核评价体系。将绩效考核评价结果与薪酬激励挂钩,综合运用物质激励、精神激励和晋升奖励等手段,增强审计人员职业意识与专业知识自修习惯,使内部审计部门成为企业高级管理人才的培训基地[1]。

(三) 以大数据应用夯实审计全覆盖

随着信息技术的新一轮革命,尤其是"数据元年"的到来,大数据、云计算、人工智能等信息技术迅速发展,社会运行数据与信息的处理方式发生改变。经济责任审计涉及领域较广,数据处理的工作量较大,不仅需要从上级审计机关和本部门数据中心采集数据,还需要在审计实施过程中采集被审计对象数据,甚至从网上抓取数据和信息。目前大数据查询方法、大数据可视化技术等大数据分析方法处于起步阶段,非结构化数据的存在更增加了数

---

[1] 余中福,李涛,王聪,等. 我国企业集团公司内部审计人力资源管理探讨 [J]. 会计之友, 2013 (5): 94–96.

据处理的困难。应对大数据环境的挑战,需强化大数据技术运用,夯实审计全覆盖方法,推动电子数据审计发展。

一是制订大数据审计的审计办法与指南,从审计规划上重视大数据战略。公司审计工作办法、质量管理办法等可以对电网公司审计部门的组织形式、主要职责以及审计人员的工作要求和工作程序做出规定,是审计人员在进行审计工作时必须遵循的行为规范和准则,能够保证数字审计的自我约束和风险控制。审计指南除了能对审计内容和程序的基本要求进行规定外,还能够通过列举经济责任审计的具体原则和运用,为审计工作的实际开展提供指导性的审计操作规程和方法。但目前仍然缺少针对大数据审计的审计办法和指南,无疑将限制大数据在审计工作中的广泛应用。

二是将大数据技术应用于审计实际,构建现场审计与大数据非现场审计的综合应用模式。在经济责任审计领域运用大数据方法,需借助相关审计办法和流程,从审计数据来源、审计数据采集方法和审计数据分析方法三个层面设定大数据审计的方式方法。在审计数据来源方面,充分运用各审计机构内部的数据库(如 ERP 业务审计信息系统),丰富和完善本部门在实施审计项目过程中收集的数据资源,包括下级审计机构层层上传的审计数据,鼓励上下级之间、同级审计机构之间实现信息共享;通过互联网抓取数据资源也是审计数据的重要来源,具体如政府官方网站公布的公共财政预算、国有资本经营预算支出情况、工程投资项目情况等。在审计数据采集方法方面,将数据采集划分成结构化与非结构化两种方式,将涉及财务基础数据、行业业务数据等已经存在于数据库的数据,和企业现状、风险分析等量化困难、情况复杂的数据相分离。根据对被审计单位的调查,在审计现场搭建分析环境,在访谈和现场观察的基础上,采集审计所需要的相关数据,与非现场(审计机关内部)数据分析同步开展工作,确保数据分析工作既有非现场数据的支撑,又与审计现场紧密结合。① 在审计数据分析方法方面,提倡基于 SQL 的数据查询方法、大数据可视化技术、智能搜索与挖掘算法等大数据技

---

① 陈伟,高杰,居江宁. 基于大数据技术的经济责任审计[J]. 财务与会计,2018 (21):51-53.

术的引进与应用。如数据可视化技术借助图形化的手段，可以清晰有效地传达与沟通信息，帮助审计人员从大数据中快速发现问题。通过数据可视化，可以提高审计效率，使被审计的大数据更有意义。①

三是推动经济责任大数据审计的组织模式形成，多部门联通建立被审计对象数据库。政府机关和国有企事业单位长期采取层级节制和分权化的管理办法，审计管理模式和运作机制也存在"碎片化"的问题，工作协同性不强。而人事、财务、纪检等部门都按照自身需要建立相应的办公系统而彼此隔离，容易形成管辖重叠或管辖"真空"，造成业务流程条块分割、支离破碎，无法及时有效回应审计综合化需求。要改变流程断裂和信息隔离，亟须建立统一、畅通的跨部门审计线上协作平台。

四是推动大数据审计的教育与培训常态化，引进和培养综合型大数据人才。传统手工环境下，审计人员常用的审计方法包括检查法、观察法、重新计算法、外部调查法、分析法、鉴定法等。②大数据时代下传统审计方法已经不合时宜，利用信息技术开展审计工作成为必然。应当在审计人员培训计划中设置大数据审计相关课程内容，并配合理论学习和实践操作，将培养大数据人才作为重要目标。

四、过程管控，规范审计评价生成

（一）建立健全全过程跟踪审计制度

传统领导干部经济责任审计以离任审计为一般形式，即在领导干部任期终结之后对其履行经济责任的情况进行审计，是对单位负责人任职期间经营管理活动的总体审查和评价。而领导任期具有不确定性，离任审计意味着在无论任期长短的情况下，对领导干部经济责任进行集中性的界定和判断，这无疑影响了审计工作的效率和科学度：在人事变动频繁的情况下，一个会计年限内有可能存在单一职位多个领导担任的情况，加大了审计工作计划制订

---

① 陈伟，WALLY S. 大数据环境下基于数据可视化技术的电子数据审计方法［J］. 中国注册会计师，2017（1）：85-89，4.
② 陈伟，居江宁. 大数据审计：现状与发展［J］. 中国注册会计师，2017（12）：77-81.

和审计任务实施的难度；领导长期留任则是更为普遍的情况，这又会使得所处理的审计文件涉及时间跨度大、数量多，复杂问题还可能面临无从追证的情况。

与离任审计事后监督不同，全过程跟踪审计制度是对电网企业经济责任审计流程的全覆盖，针对领导任前、任中、离任的全环节实施经济责任审计，能够最大限度地发挥审计效用。全过程审计将审计监督关口前移，需将任前审计、任中审计、离任审计有机结合，共同构成经济责任审计"免疫系统"的重要环节。

第一，在任前审计环节，注重干部任免的规范化。在任用领导干部之前，核实其在上一任期内所在单位经营状况、投资情况以及内部管理，考察领导干部的决策能力、执行能力乃至个人品质等等。对于上一任期内在企业管理、内部执法、投资运营等方面出现疑似重大失误或重要问题的领导干部，采取谨慎化任用原则，并且为了保证任前审计的效果和审计工作的阻力，最好与领导干部上一任期所在单位审计部门保持良好联系，在领导干部上任前开展此项工作。任前审计是离任审计结果有效应用的重要保证，不仅意味着领导干部需对上一任职单位的经营状况负责，还需将履职情况计入领导干部综合评定中，以"先审计、后任用"给领导干部履职形成压力，体现审计监督效能。

第二，在任中审计环节，重点监督干部职责履行。任中审计是审计监督职能的集中体现，在实施过程需有效整合资源，有的放矢地开展审计工作。首先要对职能范围较广而权力行使较为独立的职位进行重点关注，如针对手握重要财务管理权、行政审批权等管理权限的领导开展全面审计，保证权力行使得当；其次，对存在问题隐患的领导干部进行重点监督，比如在以往审计中有过"不良记录"的干部，或在上一任期内未能有效履行经济责任的干部，及时进行绩效审计，明确任期内目标、标准，并重视群众反映的意见，促使干部提高管理绩效水平；此外，对涉及企业运营的重大投资项目、专项资金立项等关键决策进行重点关注，果断运用任中审计成果，必要时叫停"问题项目"，防止因干部不当决策或腐败行为造成公司或单位财产损失。

第三，在离任审计环节，秉持"先审计、后离职"的原则。由于对离任干部缺乏任中监督,且人事变动具有一定突发性,离任审计往往在领导干部离任后才正式开展。在该领导未能完成单位预期任务的情况下,常常由继任领导"兜底负责",很多情况下影响了责任划清的公平性,也使得审计工作陷入无效运行的状态。为保障干部审计监督的主动性,有必要将即将离任的干部纳入审计范围,总结任中审计结果,对干部履职情况进行综合评定;完善审计问责链条,将审计成果作为领导干部任免的重要依据,对领导干部在任期内完成绩效任务形成硬性压力,充分发挥审计监督职能。

值得注意的是,建立健全贯穿于领导任期前、中、后的跟踪审计制度能够提升审计工作的密度和质量,但也增加了审计开展的成本,对审计人员和审计资源配备形成挑战。在此情况下,全过程经济责任审计还需与预算执行审计、财务收支审计进行统筹安排,逐步推进审计项目的资源整合和成果借鉴。

(二)合理规范经济责任审计评价内容

一是健全经济责任审计制度体系,整体规划审计评价的目标任务。各级电网公司建立审计规章制度领导小组,在国家电网公司相关规定的指导下,从制度、业务、操作层面对整体审计工作进行流程设计和制度规定。在集团审计管理制度层面,完善经济责任审计工作办法、质量管理办法等,明确经济责任审计的职责和工作任务,并赋予审计机构相应的管理权限,详细规定审计人员的职权和责任,避免审计人员不作为或越权行为的发生,保证经济责任审计的规范性和有序性。在经济责任审计业务层面,一方面要就电网行业特点,就相应的评价内容或考核方面进行规定,从公司发展情况中分离出企业负责人的经济贡献。另一方面,注重与企业内部审计的其他项目的配合性,如通过查阅建设项目、财务收支、海外业务等方面工作计划及目标实现情况,了解领导人所在审计单位的经营情况和人员情况,为评定领导个人履职情况提供必要参考。在经济责任审计操作层面,制订审计工作方案,确定审计分工和完成审计目标的具体日程,保证审计工作的开展有所依据和指导;审计指南应当包括审计事项的问题描述、实施步骤、审计依据以及审计文本标准化模板与要求,提高审计工作的便捷性和规范性。此外,审计人员本身作为单位负责人经济责任承担的监督者,其审计工作的开展过程也需要配备相应的监督机制,减少审计部门与审计人员"共谋"的可能性。

二是界定经济责任范围,全面评判领导干部履职情况。对领导干部经济责任的审计是对领导干部在任职期间经营管理职责履行情况的综合判断,覆盖财务状况、经营成果、内部控制、重大经营决策等不同方面。首先,要明晰经济责任审计的主要内容,确保审计工作的全面性。审计内容应当包括对其所在企业资产、负债、损益的真实性、合法性和效益性的验证,国家法律规定和公司内控制度执行情况的评价,经营责任目标完成情况的认定,以及有关经济活动和重大经营决策应负责任的界定等。[①] 其次,量化评价经济责任,确保审计评价的客观性。运用"重大""严重"等程度词进行定性界定领导干部工作成效的同时,还应当明确此类词汇的具体含义和界定标准,实现责任界定标准统一、尺度统一,从而减少评判的随意性和工作失误。最后,结合个人廉政建设、社会责任履行情况,进行综合评判。

(三) 科学优化经济责任审计评价方法

一是以定量评价方法作为经济责任审计的基本方法。作为判断单位负责人是否有效履职的重要参考,企业运营状况本身有许多可供借鉴的经济指标,采用定量评价方法不仅能够有效利用好这些定量指标,还能使得审计结果更具说服力。首先,在指标设计上以定量指标为主,如在衡量电网公司财务绩效方面,定量评价方法提倡将在反映公司在财务收支平衡、项目投资运营、投资风险承担、销售增长态势等方面情况的基础上设计财务层面指标,并将其作为经济责任审计指标体系的核心地位。通过利润率、周转率、负债比率、平均增长率等定量数据,尽可能客观地反映真实情况。其次,在评价程序上,审计人员借助自身专业知识和审计经验,对单位负责人任期内公司财务运营情况进行综合判断,并包含对潜在经济风险的前瞻性考虑。

二是在企业管理绩效方面,以定性评价为必要辅助。企业管理水平的重要方面是内部管理制度的可行性、完备性和有效性,在指标设计中应当综合考虑制度是否对企业运营的各个部分进行全面覆盖,管理制度规章是否详细和具备可操作性,以及制度是否被很好地执行等。而不同于财务层面的指

---

① 郭旭.内审护航 大有可为——我国国有企业内部审计发展现状概述 [J].中国内部审计,2012 (9):8-12.

标,管理绩效可借助的既定数值型指标主要是管理制度建立和实际执行的数量和比例,更多情况下需要建立定性的分级评价标准。在进行定性评价的过程中,需要适当增加评价等级的数量,如与"好""一般""不好"的三级评价相比,五级评价、十级评价或者百分制评价更加具有匹配性和细致性;而由于定性评价包含较多主观性因素,审计人员在做出评判时,最好可以建立工作日志或记录台账,在对企业管理绩效评价的同时,附加说明相应的评定理由或评定依据,减少审计工作的随意性。最后,综合运用定量评价与定性评价方法,不仅局限于业绩考核指标,而是形成评价指标链。

三是现场审计与非现场审计结合,注意收集审计证据。首先是运用大数据技术,促使审计取证来源多样化。在现场审计环节,除常规财务方面的证据外,收集相关绩效评价和社会责任评价,整理会议纪要、个别谈话、文件资料等证据资料,形成完整清晰的证据链条;同时,将非现场审计作为现场审计的必要辅助,通过数据挖掘、数据监控、数据存储和数据分析,对被审计对象产生的海量数据进行处理,对经济责任界定提供强有力的证据支撑。其次,运用多元数据采集方法,现场审计可以采用如查账法、盘存法、调查法、统计法等,保证一手数据的真实性和完整性;非现场审计注重采用可视化技术,依照图形化手段,从不同维度观察和分析数据,从而快速从审计数据中发现潜在问题。最后,合理提取有价值的数据作为审计成果依据,剔除重复性数据或低信度数据,做到言必有据、证据充分,避免模糊不清甚至错误定责等。

四是引入先进的审计评价工具,标准化审计评价操作。在审计评价指标体系的建立上,采用平衡计分卡等方法,形成全面评价与分类评价、财务指标与非财务指标、结果考核与过程考核的科学评价标准。在审计评价指标权重的设置上,采用层次分析方法等避免固定权重的弊端,将所有决策相关的因素分解成目标、准则、方案等层次,采用两两比较的方法构造判断矩阵,然后把判断矩阵最大特征根对应的特征向量作为相应因素的权重。[1] 在审计评价结果量化的呈现上,采用模糊评价方法等,减少主观评价的随意性,构

---

[1] 郑新源.基于模糊层次分析法经济责任审计评价模型研究[J].财会通讯,2012(12):27-29.

成对被审计部门和审计对象的全面评价，凸显审计对象自身不足，也利于上级部门全面分析领导干部履职情况。

最后，基于前文（第五章）所探讨电网企业经济责任审计指标体系，电网企业经济责任审计评价还需要注重动态地更新和使用审计评价指标体系。电网企业的发展受到国内外复杂环境变化的影响，经济责任审计应当面向企业的内外部风险，树立风险意识，有侧重性地核查重点经营项目，将审计工作作为防范和预防企业潜在风险的有效办法。而审计工作本身也存在误判、漏判风险，需及时调整审计的重点对象和重点项目，引导审计资源向高风险项目和高风险领域配置。风险导向审计环境下，需对评价指标进行适时调整，审计部门依照工作经验和公司近况，对企业经营项目进行风险评估，建立风险监测平台，对可能引发融资风险的经营项目进行及时预报和控制。

五、末端治理，强化审计结果运用

（一）注重成果提炼，提高综合运用水平

首先，要充分挖掘利用审计成果。首先是集中报告分析审计结果，在格式、结构、内容等方面统一规范。按照审计指南中制定的报告模板和规范进行经济责任审计报告撰写，既保证对被审计单位进行全面客观的分析，又要注重表述下属单位领导人的责任情况；在审计现状描述、问题成因分析、制度优化路径等审计成果板块中，减少审计人员主观分析造成的判断偏差，以及因报告人知识背景、撰写习惯造成的偏差。其次是严格判定问题整改情况，充分利用年度审计报告、季度审计报告。在平均 3~5 年的领导任期下，经济责任审计的成效受到资料留存量的影响，审计人员本身的人事调动也会影响对被审计对象的熟悉程度，需要充分借助领导任期内阶段性审计报告的成果和资料，在面临干部离任、升迁等人事变动到来大量的临时性复杂审计工作时，增强对领导经济责任审计的主动性。最后是检视管理目标完成情况，对照领导任前、任中、离任审计报告。传统离任审计虽然可以将经济责任履行情况纳入领导干部的总体评价当中，但事后问责的机制也使得审计查出的问题常常无法得到及时有效的处理，或是由继任领导承担上一任领导不作为、失职甚至违反法纪的后果，不利于管理工作的开展。一旦实行任中审计，一方面可以对照领导上任之前的企业经营状况，查证在战略决策、人员管理等方面的问题与不足，另一方面提高领导者对任中审计的重视，促使领导提高履行经济责任的能力，并承担由不当管理行为带来的责任后果，更好发挥审计在干部考核中的作用。

其次，要多层次运用审计成果，在部门层面和集团公司层面最大化审计成果效用。对于被审计部门而言，审计结果能够显现部门负责人管控成效与不足，更好地发现、防御融资风险。被审计部门应当利用上任领导干部的经济责任审计结果，及时补足部门管理的短板，对部门人员和业务进行整改。对于集团公司而言，经济责任审计结果能够较好地反映下属部门负责人的履职情况，应当将审计结果作为干部考核的重要参考。对于不能很好履责的领导干部，通过人事调动、人才培养等机制进行及时纠偏，而对负责任、能力强的领导干部予以物质奖励或精神奖励，从而对公司管理层形成绩效压力。同时，电网公司还需定期根据基层单位经济责任审计结果，召开审计联席会议，对财务、人力、营销、生产等各专业管理部门进行排名，将审计成果运用提升到公司决策层面。[①] 通过审计结果排名，激发部门间争先创优意识，为审计治理提供了可靠的保障机制。

最后，还要实现有责必问、有过必究，严格要求被审计对象及时有效完成整改要求。建立审计项目责任追究制度，将经济责任审计结果与经济责任问责相挂钩。

（二）保证过程规范，完善通报和公告制度

用好审计结果通报和审计结果公告两项制度，实现审计一项、规范一块、促进一片的目的，促进领导干部履职尽责，进一步提升审计全覆盖成效等。在经济责任审计结果通报和公告制度方面，就事前、事中、事后公告三个阶段，保障公民的知情参与。通过事前公示审计项目，引发企业内部及社会公众对审计工作的关注，并鼓励企业内外积极力量参与，为审计工作开展

---

① 张国胜. 内部经济责任审计管理探讨——以 AB 电力公司为例 [J]. 财会通讯, 2014 (22)：89-91.

提供宝贵意见。在审计工作的中期阶段，通过公示项目进度推动舆论和社会的监督，一方面，能够督促审计人员有效履行职能，减少审计机构与审计人员共谋的可能性，另一方面，公共监督也促进工作流程的规范化运行，甚至有可能为审计工作提供线索或证据，强化审计对领导干部的追责效果。此外，对审计项目成果进行事后公示，如经济责任审计报告，对领导干部经济责任进行最终定性，增强内部员工对企业管理的认同与信任。

（三）实现成果共享，建立联合审计制度

健全重大项目协调、重要事项通报、重要工作配合、审计整改和审计成果运用通报等工作协调机制，切实发挥审计成果运用联席会议作用。联席会议通常在审计报告出台之前召开，会议代表主要来自以下几类部门：审计实施部门，组织、纪检等干部管理部门，财务、人事、运营等专业职能部门，被审计单位或部门等。联席会议的主要内容是展示当前审计成果，以及发现的相关问题，各部门代表就审计的内容、流程、结果进行讨论，考察审计结果的可信度和参考性。通过对审计成果中重大问题进行集中商议，能够汇集各部门智力支持，聚焦于干部管理和企业发展的关键议题，最终形成企业经营整改意见。同时，联席会议制度是审计管理制度的重要组成，利于提高审计效率，深化审计成果运用层面，促进审计成果运用规范化。

参考文献

一、著作

[1] 杨时展. 世界审计史 [M]. 北京：企业管理出版社，1996.

[2] 胡春元. 审计风险研究 [M]. 大连：东北财经大学出版社，1997.

[3] 张维迎. 企业理论与中国企业改革 [M]. 北京：北京大学出版社，1999.

[4] 胡春元. 风险基础审计 [M]. 大连：东北财经大学出版社，2001.

[5] 徐政旦，谢荣，等. 审计研究前沿 [M]. 上海：上海财经大学出版社，2002.

[6] 刘国权，鲍国明. 经济责任审计专题与案例 [M]. 北京：中国物价出版社，2002.

[7] 管劲松，张庆，肖典鳌. 审计风险管理 [M]. 北京：对外经济贸易大学出版社，2003.

[8] 邢俊芳，陈华，邹传华. 最新国外效益审计 [M]. 北京：中国时代经济出版社，2004.

[9] 陈力生，朱亚兵，高善前. 审计风险管理研究 [M]. 上海：立信会计出版社，2005.

[10] 蔡春，赵莎. 现代风险导向审计论 [M]. 北京：中国时代经济出版社，2006.

[11] 赵保卿. 绩效审计理论与实务 [M]. 上海：复旦大学出版社，2007.

[12] 赵保卿. 新编审计学概论 [M]. 北京：电子工业出版社，2009.

[13] 赵国新. 现代经济责任审计理论与实务 [M]. 北京：中国时代经济出版社，2009.

[14] 陈宋生. 企业经济责任审计评价方法 [M]. 北京：中国时代经济出版社，2009.

[15] 党政主要领导干部和国有企业领导人员经济责任审计规定 [M]. 北京：人民出版社，2010.

[16] 赵耿毅. 绩效审计指南 [M]. 北京：中国时代经济出版社，2011.

[17] 李越冬. 国有控股上市公司财务监督体系研究 [M]. 成都：西南财经大学出版社，2012.

[18] 李小波. 国家审计的国有企业审计目标及效果研究 [M]. 北京：中国时代经济出版社，2014.

[19] 宁月茹. 经济责任审计研究 [M]. 天津：南开大学出版社，2014.

[20] 翟继光. 党政主要领导干部和国有企业领导人员经济责任审计规定实施细则释义与典型案例分析及常用法律法规汇编 [M]. 北京：国家行政学院出版社，2014.

[21] 刘家义. 中国特色社会主义审计理论研究 [M]. 北京：商务印书馆，2015.

[22] 审计署. 企业审计读本 [M]. 北京：中国时代经济出版社，2016.

[23] 曲明. 政府绩效审计：沿革、框架与展望 [M]. 大连：东北财经大学出版社，2016.

[24] 郑石桥. 绩效审计方法 [M]. 大连：东北财经大学出版社，2017.

[25] 安德鲁·D. 钱伯斯，等. 内部审计 [M]. 陈华，等译. 北京：中国财政经济出版社，1995.

[26] 保罗·J. 索贝尔. 审计人员风险管理指南审计与企业风险管理的

结合[M]．北京：中信出版社，2004．

[27] ARENS A A, JAMES K. LOEBBECKE. Auditing：An Integrated Approach[M]．New Jersey：Prentice Hall，1984．

[28] MONTESQUIEU D B. The Spirit of the Laws[M]．Miami：Colonial Press，1990．

二、论文

[1] 侯文川．以厘清职责为起点的电网企业经济责任审计[J]．中国内部审计，2019（1）：49-51．

[2] 王培培．企业高管经济责任审计评价指标体系研究[J]．财经界（学术版），2019（2）：136．

[3] 刘霞，耿希，冉天柔．经济新常态下国有企业经济责任审计开展与人才培养[J]．经济研究参考，2018（64）：6-11．

[4] 宋莉丽．基于内部审计的企业经济责任审计对策[J]．企业改革与管理，2019（6）：174，176．

[5] 王喜荣，石欣欣．新常态下国有企业经济责任审计问题研究[J]．榆林学院学报，2019，29（3）：71-74．

[6] 史元，王骏勇，李方全．再论黑龙江省国有企业领导经济责任审计评价内容[J]．河南工业大学学报（社会科学版），2019，15（2）：80-85．

[7] 李伟．新时期加强国企领导人员经济责任审计工作的思考[J]．企业改革与管理，2019（8）：188-189．

[8] 曹曦子．浅谈《中央企业负责人经营业绩考核办法》对经济责任审计工作的启示[J]．时代金融，2019（15）：127-128．

[9] 李敬阳．内部控制视域下的国有企业经济责任审计研究[J]．现代商业，2019（17）：108-109．

[10] 李田田．浅议新常态下国有企业经济责任审计[J]．西部皮革，2019，41（14）：35．

[11] 杨俊雅．施工企业内部经济责任审计风险及防范[J]．财会学习，2019（23）：154．

[12] 黄光勇. 浅议行政事业单位经济责任审计 [J]. 中外企业家, 2019 (24): 30.

[13] 谢阿红, 李继增, 李元浩. 新常态下政府经济责任审计信息化的路径分析 [J]. 财会学习, 2019 (23): 151, 158.

[14] 王丽春, 张如华. 国有企业经济责任审计结果运用探讨 [J]. 理财, 2019 (9): 58-59.

[15] 李宜恒. 企业离任经济责任审计中的问题及对策的研究 [J]. 纳税, 2019, 13 (24): 157-158.

[16] 边登高. 企业管理者经济责任审计及其风险管控 [J]. 现代企业, 2019 (9): 142-143.

[17] 马东山, 韩亮亮, 张胜强. 政府审计央企治理效应研究: 基于企业价值的视角 [J]. 华东经济管理, 2019, 33 (9): 61-70.

[18] 樊辉. 基于监督体制下的经济责任审计工作探讨 [J]. 全国流通经济, 2019 (24): 182-184.

[19] 兰飞. 国有企业领导经济责任审计风险与控制方法 [J]. 财政监督, 2019 (16): 70-74.

[20] 彭运民, 蔡真捷, 彭怡. 电网企业如何有效提升内部经济责任审计质量 [J]. 中国内部审计, 2019 (10): 70-72.

[21] 刘金涛. 分析经济责任审计中的风险与防范 [J]. 智库时代, 2019 (45): 29, 49.

[22] 朱丹. 论国有企业领导干部经济责任审计 [J]. 现代营销 (信息版), 2019 (11): 163.

[23] 陈磊. 创新发展背景下国企领导人员经济责任审计及风险防范 [J]. 经济研究导刊, 2019 (29): 138-140.

[24] 刘瑞华, 蓝喜. 国有企业领导人员经济责任审计风险及其控制研究 [J]. 商业经济, 2019 (10): 144-148, 161.

[25] 李金良. 国有企业负责人经济责任审计评价指标体系研究 [J]. 现代经济信息, 2019 (19): 255.

[26] 苏胜男. 经济责任审计中的风险及其防范 [J]. 企业改革与管理,

2019（17）：183-184.

[27] 麻丽岳. 经济责任审计的风险诱因及防范对策[J]. 企业改革与管理，2019（18）：180-181.

[28] 范钦韶. 建立经济责任审计长效机制的对策研究[J]. 农家参谋，2019（22）：209.

[29] 罗玉娇. 国有企业领导人员经济责任审计评价体系优化研究[J]. 现代国企研究，2019（12）：169，171.

[30] 王艳霞. 经济责任审计风险及其防范策略研究[J]. 商讯，2019（30）：170-171.

[31] 张鲁承. 国有企业绩效审计探讨[J]. 合作经济与科技，2019（23）：164-165.

[32] 韩文嘉. 政府领导干部经济责任审计评价指标体系构建研究[D]. 哈尔滨：哈尔滨商业大学，2018.

[33] 马帅. 领导干部环境保护经济责任审计研究[D]. 保定：河北大学，2018.

[34] 宋妍妍. CY电厂高管任期经济责任审计研究[D]. 沈阳：辽宁大学，2018.

[35] 韩秀丽. 国有企业领导人员经济责任审计问题研究[D]. 哈尔滨：哈尔滨工业大学，2017.

[36] 楼颖. 国企领导经济责任审计评价指标体系研究[D]. 杭州：浙江工业大学，2018.

[37] 张宇. 烟草行业经济责任审计信息化研究[D]. 西安：西京学院，2019.

[38] 郭培培. JZ能源公司经济责任审计评价指标体系的构建研究[D]. 石家庄：河北地质大学，2017.

[39] 何晨. 电网企业内部审计战略研究[D]. 北京：华北电力大学，2018.

[40] 庞博. 长阳经济技术开发区经济责任审计案例研究[D]. 长春：吉林财经大学，2015.

[41] 操玲燕. 电网经营企业经济责任审计新模式研究 [D]. 南昌: 南昌大学, 2016.

[42] 仇寿海. 国有企业领导干部经济责任审计问题研究 [D]. 衡阳: 南华大学, 2015.

[43] 景晓娟. 国有企业领导经济责任审计评价标准研究 [D]. 延安: 延安大学, 2016.

[44] 陶羽. 基于绩效棱镜的 S 商业地产公司高管人员经济责任审计研究 [D]. 重庆: 重庆理工大学, 2016.

[45] 陶其东. 乡村治理审计支持模式研究 [D]. 蚌埠: 安徽财经大学, 2014.

[46] 郑传浓. 电网企业任期经济责任审计问题的分析与思考 [J]. 审计与理财, 2013 (3): 48–49.

[47] 聂海波. 国有企业应如何有效开展内部经济责任审计 [J]. 商, 2013 (10): 81–83.

[48] 王东霞, 温庆明. 国有企业下属分公司领导人经济责任审计的实施途径 [J]. 金融经济, 2013 (12): 210–212.

[49] 靳殷梦潇. 企业经济责任审计报告的信息质量评估研究 [D]. 哈尔滨: 黑龙江大学, 2015.

[50] 姚红军. 对煤业集团企业经营者经济责任审计的思考 [J]. 科技经济市场, 2014 (8): 111–112.

[51] 李红英. 企业经理层任期经济责任审计中应关注的主要问题探究 [J]. 当代会计, 2014 (12): 51–52.

[52] 舒永秀. 国有企业如何开展和加强经济责任审计 [J]. 中国总会计师, 2015 (4): 33–36.

[53] 曾义. 有效控制电力企业经济责任审计风险分析 [J]. 管理观察, 2015 (10): 73–74.

[54] 金凡. 浅析目前国有企业开展经济责任审计的必要性及建议 [J]. 新经济, 2015 (17): 110.

[55] 王洁. 浅谈如何做好国有企业领导经济责任审计工作 [J]. 财经

界（学术版），2015（11）：302.

[56] 李素清. 基于风险导向下企业领导人经济责任审计的重点及应注意的问题 [J]. 财经界（学术版），2015（11）：289，291.

[57] 张春荣. 企业经济责任审计的应用 [J]. 中小企业管理与科技（上旬刊），2015（7）：59-60.

[58] 柏小燕. 内部治理视角下的企业集团领导干部经济责任审计 [J]. 中国市场，2015（30）：124-125.

[59] 陆平平. 经济责任审计与腐败治理 [D]. 广州：广东财经大学，2017.

[60] 崔文婷. A总公司对分（子）公司的内部经济责任审计研究 [D]. 北京：中国财政科学研究院，2017.

[61] 石文娇. 基于价值链的煤炭企业循环经济审计研究 [D]. 青岛：山东科技大学，2017.

[62] 孙俊晓. 持续亏损类国企负责人离任经济责任审计评价 [D]. 郑州：河南工业大学，2017.

[63] 刘一帆. 基于反腐倡廉的国有企业经济责任审计评价方法研究 [D]. 西安：长安大学，2017.

[64] 宋玲. HT集团Z子公司企业负责人经济责任审计研究 [D]. 长沙：长沙理工大学，2016.

[65] 尹登高. 审计全覆盖背景下审计资源整合研究 [D]. 南京：南京审计大学，2017.

[66] 张妍雅. 基于关键行为分析的国有企业领导人经济责任审计研究 [D]. 南京：南京审计大学，2017.

[67] 王书玲，储德高. 企业领导干部经济责任审计问题研究 [J]. 中国管理信息化，2016，19（3）：32-33.

[68] 吴雪恒. 经济责任审计与审计理论创新 [J]. 理财，2016（3）：85-86.

[69] 何共斌. 国有企业任期经济责任审计风险控制初探 [J]. 现代经济信息，2016（6）：239.

[70] 杨焱. 我国经济责任审计的法律问题及规范化建设 [J]. 现代经济信息, 2016 (7): 318.

[71] 高睿. 试论如何提高供电企业负责人经济责任审计的有效性 [J]. 中国集体经济, 2016 (21): 115-116.

[72] 郑再杰, 褚橙橙, 苏新龙. 企业经济责任审计案例之一——基于A公司股权处置的案例分析 [J]. 中国市场, 2016 (27): 116-118.

[73] 张慧清. 对企业经济责任审计问题的研究 [J]. 中外企业家, 2016 (18): 68-69.

[74] 燕鹏. 论油田企业新形势下的经济责任审计 [J]. 商业经济, 2016 (7): 124-125.

[75] 王建军. 企业领导任期经济责任审计实践 以泾惠渠灌区为例 [J]. 行政事业资产与财务, 2016 (28): 88-89.

[76] 江君妍. 矿产企业环境责任的审计评价研究 [D]. 大庆: 黑龙江八一农垦大学, 2018.

[77] 唐纬. 大数据技术在国有企业领导人经济责任审计中的应用研究 [D]. 重庆: 西南政法大学, 2017.

[78] 李艾芮. 国有企业领导人经济责任审计问责研究 [D]. 重庆: 西南政法大学, 2017.

[79] 李婧君. 基于内部控制的国有企业领导人经济责任审计研究 [D]. 重庆: 西南政法大学, 2017.

[80] 宋晓辉. 国有企业高管经济责任审计评价指标体系构建研究 [D]. 重庆: 西南政法大学, 2017.

[81] 朱鹏翰. 国有企业领导经济责任审计评价指标体系研究 [D]. 重庆: 西南政法大学, 2017.

[82] 余海跃. 高校领导干部经济责任审计研究 [D]. 蚌埠: 安徽财经大学, 2018.

[83] 王悠. 基于风险导向的XX国企领导人员经济责任审计研究 [D]. 重庆: 重庆理工大学, 2018.

[84] 文瑶. 国有企业领导人员经济责任审计评价体系优化研究 [D].

兰州：兰州大学，2018.

[85] 陈乔仪. 铁路运输企业领导干部经济责任审计评价指标体系研究[D]. 南昌：华东交通大学，2018.

[86] 吴运清. 基于经济责任审计的QZ海关内部治理研究[D]. 南昌：南昌大学，2018.

[87] 刘鹤. 校办企业领导干部经济责任审计问题研究[D]. 沈阳：沈阳理工大学，2018.

[88] 徐翌. C企业领导人经济责任审计评价指标体系研究[D]. 武汉：湖北经济学院，2019.

[89] 李亚南. T集团国有企业领导人员经济责任审计研究[D]. 天津：天津大学，2018.

[90] 王永波. 当前深化企业领导人员任期经济责任审计存在的问题与对策[J]. 经济师，2005（9）：233-234.

[91] 杨志勇. 新体制施工企业经理任期经济责任审计探讨[J]. 技术经济与管理研究，2005（3）：108-109.

[92] 罗建峰. 企业经济责任审计的风险及其防范策略[J]. 全国商情，2016（28）：78-79.

[93] 潘红英. 企业经济责任审计评价体系的框架研究[J]. 当代经济，2017（16）：39-41.

[94] 黄丽娟. 加强高校校办企业经济责任审计之我见[J]. 山东教育学院学报，2006（2）：142-144.

[95] 闫治国，林炳发. 企业工会领导人员任期经济责任审计若干问题探讨——兼评"××公司原工会主席刘××同志离任经济责任审计报告"[J]. 审计月刊，2006（7）：30-31.

[96] 殷全新. 企业财务负责人经济责任审计研究[J]. 物流工程与管理，2010，32（10）：151-153.

[97] 胡薇. 供电企业经济责任审计及开展实践之研究[J]. 现代经济信息，2017（21）：177.

[98] 陈嘉. 企业任期经济责任审计风险分析[J]. 中外企业家，2017

(28)：97-98.

[99] 余静. 国有企业内部经济责任审计策略研究 [J]. 现代经济信息, 2018 (17)：274.

[100] 李朝旭. 政府经济责任审计研究 [D]. 昆明：云南大学, 2014.

[101] 郭飞燕, 时晓琼. 国有企业经济责任审计的风险及其防范探析 [J]. 商场现代化, 2014 (30)：224.

[102] 朱应富. 扎实开展企业中层管理者任中经济责任审计 [J]. 安徽冶金科技职业学院学报, 2014, 24 (4)：56-58.

[103] 万奕琳. M区文广局内部经济责任审计研究 [D]. 南昌：华东理工大学, 2015.

[104] 董旗. 浅议国有企业负责人经济责任审计 [J]. 科技展望, 2014 (19)：202.

[105] 中央纪委机关 中央组织部 中央编办 监察部 人力资源社会保障部 审计署 国资委 党政主要领导干部和国有企业领导人员经济责任审计规定实施细则 [J]. 中国工会财会, 2014 (10)：58-62.

[106] 王晓东. 经济责任审计为企业保驾护航 [N]. 中国邮政报, 2014-08-27 (003).

[107] 孙敏. 国有企业领导人员经济责任审计研究 [J]. 上海企业, 2014 (8)：73-75.

[108] 刘佳琪. GS企业经济责任审计工作对策思考 [J]. 商, 2014 (17)：78.

[109] 张韵. 政府问责制建设中的经济责任审计问题探讨 [D]. 南昌：江西财经大学, 2014.

[110] 王凤敏. 低碳经济视角下环境审计目标及其实现机制研究 [D]. 青岛：中国海洋大学, 2014.

[111] 王庆娟. 生态文明视角下的企业经济责任审计 [J]. 商业会计, 2014 (10)：47-48.

[112] 王秀宏. 国资监管中充分发挥国有企业经济责任审计作用 [J]. 内蒙古煤炭经济, 2014 (5)：66, 73.

[113] 施理楠. 基层领导干部经济责任审计问题研究 [D]. 沈阳：辽宁大学，2014.

[114] 严萍. 高校领导干部经济责任审计质量研究 [D]. 石河子：石河子大学，2014.

[115] 王元章. 浅析经济责任审计 [J]. 行政事业资产与财务，2014 (12)：75.

[116] 官晓艳. 高校干部经济责任审计转型浅析 [J]. 财会通讯，2014 (10)：85-86.

[117] 孙志娟. 关于经济责任审计与审计理论创新的探讨 [J]. 时代金融，2014 (3)：266，270.

[118] 缪培娣. 企业经济责任审计若干问题探析 [J]. 财经界（学术版），2014 (2)：246.

[119] 汪春信. 移动通信企业经济责任审计工作的实践与探索 [J]. 审计与理财，2014 (1)：26-28.

[120] 霍强. 经济责任审计与审计理论创新 [J]. 商，2013 (24)：146.

[121] 徐景丽. 浅析企业领导经济责任审计 [J]. 中国外资，2013 (21)：224.

[122] 许桂芹. 企业经济责任审计实施探究 [J]. 商场现代化，2013 (29)：149.

[123] 张积，张大权. 国有企业领导人员经济责任审计重点及评价指标设计 [J]. 合作经济与科技，2013 (18)：84-85.

[124] 周松梅. 物流运输企业经济责任审计的问题及对策 [J]. 商场现代化，2013 (23)：171.

[125] 高霏，黎海波，张黎，等. 基于平衡计分卡的国企领导人经济责任审计评价指标体系 [J]. 商业经济，2013 (13)：77-80.

[126] 唐麦. 高校经济责任审计工作之我见 [J]. 会计师，2013 (13)：47-48.

[127] 刘冬梅. 乡（镇）长任期经济责任审计评价研究 [D]. 扬州：

扬州大学，2013.

[128] 杨飞．浅谈风险导向审计在经济责任审计中的应用 [J]．中国总会计师，2013 (6)：139-141.

[129] 谌慧．基于国家治理的县级党政领导干部经济责任审计研究 [D]．昆明：云南财经大学，2013.

[130] 齐兵．政府审计存在的问题及完善对策研究 [D]．湘潭：湘潭大学，2013.

[131] 冒拥军．企业经济责任审计的程序和方法 [J]．交通财会，2013 (5)：40-43，48.

[132] 熊杉．国企领导人员经责审计与国企改革发展 [J]．理财，2013 (5)：89-90.

[133] 居尔宁．加强我国经济责任审计结果的运用 [J]．内蒙古统计，2013 (2)：39-40.

[134] 李小弟．企业经济责任审计风险治理初探 [J]．赤峰学院学报（自然科学版），2013，29 (7)：56-59.

[135] 王中正．湖南省农村社区集体经济组织审计改革研究 [D]．长沙：湖南大学，2013.

[136] 肖义媛，刘以宏．农村经济责任审计问题及对策 [J]．农村财务会计，2013 (4)：16-18.

[137] 牛晓红，邬小若．企业经济责任审计文献综述 [J]．中国集体经济，2013 (9)：150-151.

[138] 李想．由国有企业经济责任审计难点引发的思考 [J]．现代商业，2013 (8)：232-233.

[139] 杜珺．区县经济责任审计若干问题研究 [D]．济南：山东大学，2013.

[140] 叶全高．企业经济责任审计评价问题之我见 [J]．审计与理财，2013 (2)：34.

[141] 李秀梅，石泉田，赵继文．关于企业领导任期经济责任审计中几个难点问题的探讨 [J]．财会学习，2013 (1)：39-40.

[142] 罗云凡. 新经济条件下企业的内部经济责任审计初探 [J]. 中国外资, 2012 (24): 298.

[143] 张玮莹. 经济责任审计领军企业颁奖词 [J]. 中国内部审计, 2012 (12): 15.

[144] 傅承霁. 浅议道路交通运输企业经济责任审计 [J]. 会计师, 2012 (23): 48-49.

[145] 詹玲. 企业经济责任审计面临的问题及解决途径 [J]. 现代商业, 2012 (33): 229-230.

[146] 高青. 供电企业经济责任审计要诀 [J]. 广西电业, 2012 (10): 26-27.

[147] 唐霖. 论国营企业中经济责任审计的实务操作方式 [J]. 企业导报, 2012 (19): 122.

[148] 袁涛云. 建立经济责任审计对象档案的几点思考 [J]. 审计月刊, 2012 (10): 11-12.

[149] 郭静. 高校内部经济责任审计研究 [D]. 蚌埠: 安徽财经大学, 2013.

[150] 张烨. 我国经济责任审计存在的问题及对策 [J]. 时代金融, 2012 (27): 3, 6.

[151] 薛莲. 如何加强电力企业领导经济责任审计工作 [J]. 行政事业资产与财务, 2012 (18): 86.

[152] 黄志敏. 浅谈在行政事业单位内部建立经济责任审计制度的必要性 [J]. 经济研究导刊, 2012 (27): 122-124.

[153] 李贵贵. 浅析企业经济责任的审计风险的形成因素及对策 [J]. 商场现代化, 2012 (25): 36.

[154] 朱海丁. 把握特点 深化国有造船企业经济责任审计 [J]. 江苏船舶, 2012, 29 (4): 42-44.

[155] 朱英军. 企业内部经济责任审计的创新探讨 [J]. 企业导报, 2012 (16): 115-116.

[156] 刘艳秋. 论电力企业领导干部的经济责任审计 [J]. 行政事业资

产与财务, 2012 (16): 75-76.

[157] 郑志刚. 企业经济责任审计理论定位下的实务探究与启示 [C] //中国内部审计协会. 全国内部审计理论研讨优秀论文集2011. 北京: 中国内部审计协会, 2012: 155-161.

[158] 宋凤玲. 发电企业领导任期经济责任审计探讨 [J]. 理财, 2012 (8): 82-83.

[159] 罗文春. 企业领导人经济责任审计研究 [J]. 中外企业家, 2012 (13): 80-81.

[160] 李沫. 浅谈发电企业所属的多经公司如何做好任期经济责任审计 [J]. 财经界 (学术版), 2012 (6): 252.

[161] 李俊峰. 小议国有企业经济责任审计与效益审计的结合 [J]. 全国商情 (理论研究), 2012 (11): 61-62.

[162] 沈桂和. 铁路企业开展任中经济责任审计探索 [J]. 铁道运输与经济, 2012, 34 (6): 61-63.

[163] 周生平. 国有企业经济责任审计存在的问题及解决的途径 [C] //张茂杰. 财会工作理论研究与实践探索 (第三辑). 北京: 中国时代经济出版社, 2012: 186-202.

[164] 杨飞. 浅谈风险导向审计在经济责任审计中的应用 [C] //张茂杰. 财会工作理论研究与实践探索 (第三辑). 北京: 中国时代经济出版社, 2012: 240-248.

[165] 田艳霞. 乡镇领导干部经济责任审计问题探讨 [D]. 南昌: 江西财经大学, 2012.

[166] 蔡媛媛. 关于做好国有企业领导人员经济责任审计工作的思考 [J]. 科教文汇 (下旬刊), 2012 (5): 198-200.

[167] 汪立元. 国企高管经济责任审计风险模型的构建 [J]. 会计之友, 2012 (14): 24-25.

[168] 谷沅铮. 国企领导经济责任审计评价指标体系研究 [D]. 郑州: 河南大学, 2012.

[169] 徐小军. 国有企业经济责任审计与效益审计相结合的探索和实践

[J]. 现代经济信息, 2012 (7): 195.

[170]《河北省党政主要领导干部和国有企业领导人员经济责任审计实施办法》解读 [N]. 河北日报, 2012 - 04 - 06 (006).

[171] 李金吾. 创新国有企业经济责任审计的思路 [J]. 企业研究, 2012 (6): 57.

[172] 肖军. 国有企业领导干部经济责任审计重点、难点问题研究 [J]. 商业会计, 2012 (6): 49 - 50.

[173] 杨宇. 浅述运用综合平衡计分卡设计国有企业经济责任审计评价标准的设想 [J]. 中国乡镇企业会计, 2012 (3): 132 - 133.

[174] 饶世宏. 经济责任审计在油田企业的转型思路 [J]. 审计月刊, 2012 (3): 41 - 42.

[175] LOKE C H, ISMAIL S, HAMID F. The perception of public sector auditors on performance audit in Malaysia: an exploratory study [J]. Asian Review of Accounting, 2016, 24 (1): 90 - 104.

[176] HAMBURGER P. Efficiency Auditing by the Australian Audit Office: Reform and Reaction under three Auditors - General [J]. Accounting, Auditing and Accountability, 1989 (3): 3 - 21.

[177] MAURO P. Corruption and Growth [J]. Quarterly Journal Economics, 1995, 110 (3): 308 - 331.

[178] NELSON M A, GOEL R K. Are Corruption Acts Contagious: Evidence from the United States [J]. Journal of Policy Modeling, 2007, 29 (6): 839 - 850.

[179] OLKEN B A. Monitoring corruption: Evidence from a field experimented in Indonesia [J]. Journal of Political Economy, 2007, 115 (2): 200 - 249.

[180] GUNS O. The economics of social security in developing country: positive and normative consideration [J]. Economics, 2011 (6): 228 - 236.

[181] OLSON M, SARNA N, SWAMY A V. Governance and Growth : A Simple Hypothesis Explaining Cross - Country Differences in Productivity Growth [J]. Public Choice, 2000 (3): 341 - 364.

三、网络资源

[1] 新华社. 党政主要领导干部和国有企事业单位主要领导人员经济责任审计规定 [EB/OL]. 中华人民共和国审计署, 2019-07-15.

[2] 审计署. 党政主要领导干部和国有企业领导人员经济责任审计规定实施细则 [EB/OL]. 中华人民共和国审计署, 2019-04-25.

[3] 中共中央办公厅 国务院办公厅印发《关于完善审计制度若干重大问题的框架意见》及相关配套文件 [EB/OL]. 中国政府网, 2015-12-08.

[4] 酒泉市审计局. 全面贯彻落实新《规定》推动经济责任审计工作新发展 [EB/OL]. 甘肃省审计厅, 2019-10-25.

[5] 中国内部审计协会. 内部审计实务指南第5号——企业内部经济责任审计指南 [EB/OL]. 中国内部审计协会, 2011-11-08.

[6] 审计署. 审计署关于内部审计工作的规定 [EB/OL]. 中华人民共和国审计署, 2019-04-26.

[7] 审计署. 审计机关审计行政应诉管理的规定 [EB/OL]. 中华人民共和国审计署, 2019-04-25.

[8] 殷海荣. 关于经济责任审计中对被审计领导干部进行责任认定的几点思考 [EB/OL]. 安庆市审计局, 2019-05-28.

[9] 审计署. 建设项目审计处理暂行规定 [EB/OL]. 中华人民共和国审计署, 2019-04-25.

[10] 审计署. 审计机关审计档案管理规定 [EB/OL]. 中华人民共和国审计署, 2019-04-25.

[11] (政策解读) 10问《党政主要领导干部和国有企事业单位主要领导人员经济责任审计规定》[EB/OL]. 分宜县人民政府, 2019-07-24.

[12] 国资委统计评价局. 关于印发《中央企业经济责任审计实施细则》的通知 [EB/OL]. 国务院国有资产监督管理委员会, 2006-03-08.

[13] 新华网. 国企主要负责人应当依法接受经济责任审计 [EB/OL]. 中国经济网, 2008-10-29.

[14] 审计署. 审计机关封存资料资产规定 [EB/OL]. 中华人民共和

审计署,2019-04-25.

[15] 审计署. 审计机关审计项目质量检查暂行规定[EB/OL]. 中华人民共和国审计署,2019-04-25.

[16] 围绕中心服务大局 依法履行审计监督职责[EB/OL]. 新华网,2017-08-25.

[17] 人民网. 审计署解读党政主要领导经济责任审计实施细则[EB/OL]. 人民网,2014-07-28.

[18] 人民网. 审计署解读党政主要领导经济责任审计实施细则【2】[EB/OL]. 人民网,2014-07-28.

[19] 中国新闻网. 中央:建立重大决策终身责任追究制度及责任倒查机制[EB/OL]. 人民网,2014-10-28.

[20] 广东省省属企业审计监督管理暂行办法[EB/OL]. 广东省人民政府国有资产监督管理委员会,2011-04-25.

[21] 新华社. 审计署解读《关于深化国有企业和国有资本审计监督的若干意见》[EB/OL]. 新华网,2017-03-31.

[22] 新华社. 中共中央办公厅、国务院办公厅印发《关于深化国有企业和国有资本审计监督的若干意见》[EB/OL]. 新华网,2017-03-31.

[23] 江苏:部署2020年度省属国有企业主要领导人员经济责任审计工作[EB/OL]. 新浪网,2020-02-26.

[24] 人民网. 人民网:图解"党政主要领导干部和国有企业领导人员经济责任审计"[EB/OL]. 中华人民共和国审计署,2014-07-28.

[25] 经济责任审计:关于国有企业开展经济责任审计工作的思考[EB/OL]. 中国供销合作社,2011-10-20.

[26] 审计署. 国务院办公厅关于利用计算机信息系统 开展审计工作有关问题的通知[EB/OL]. 中华人民共和国审计署,2019-04-25.

[27] 审计署. 中华人民共和国审计法实施条例[EB/OL]. 中华人民共和国审计署,2019-04-24.

[28] 审计署长沙特派办. 关于优化中央企业领导人员经济责任审计现场管理的几点思考[EB/OL]. 中华人民共和国审计署,2019-07-23.

[29] 7部门联合发布党政干部和国企领导经济责任审计细则[EB/OL]. 人民网，2014-07-28.

[30] 光明日报. 完善国有企业领导经济责任审计监督[EB/OL]. 光明网，2014-10-25.

[31] 政策解读：2019版《经济责任审计规定》的20大变化[EB/OL]. 十堰市人民政府，2019-09-04.

[32] 京华时报. 审计署：今年重点审计央企领导经济责任[EB/OL]. 人民网，2015-01-14.

[33] 新华网. 审计机关如何确定审谁不审谁？[EB/OL]. 人民网，2014-10-27.

后 记

党中央历来重视企业经济责任审计的制度设计和实践工作,健全经济责任设计制度一直是增强我党执政水平、推进反腐倡廉和优化市场经济环境的重要安排。而电网企业是国民经济的中坚力量,为我国的经济发展做出了重要的贡献。在电网企业快速发展过程中,加强对其进行经济审计是必要的,有利于电网企业在发展的过程中朝着更加正确的方向发展。

本研究基于对我国电网企业经济责任审计政策变迁与实践发展的系统回顾,厘清了当前阶段国家政策对电网企业经济责任审计的新要求,明确了新时代电网企业发展的新环境和新定位。在此基础上,辨识了电网企业经济责任审计当前问题、未来方向的认知前提和有效路径。我国电网企业经济责任审计工作的完善需要从顶层设计和宏观规划、观念与制度层面、组织与执行等角度进行探索,形成具有实操性、有效性的系统性改革方案。面临新时期新形势,如何通过有效的经济责任审计控制经营风险,适应我国经济发展由高速增长向高质量发展转型的宏观形势,构成了电网企业经济责任审计工作在未来一个长期阶段中需要不断探索和回答的问题。

值此新书付梓之际,需要向本书编写组成员致以诚挚感谢。本书具体写作分工如下:前言、第一章由王鑫根、张晓利撰写,第二章由宋志波撰写,第三章由张颖撰写,第四章由肖峻撰写,第五章由张晓利、吴伟忠撰写,后记由宋志波撰写,本书是集体智慧的结晶。此外,本书的出版亦有赖于出版社和有关部门认真负责的工作,在此一并感谢。

我国电网企业经济责任审计是国家整体企业经济责任审计体系中的一部分,其发展历程和当下模式是符合我国整体的企业经济责任制度变迁和实践发展的一般模式，同时又具有行业性、专业性分工决定的特色之处，存在整体与部分、一般与特殊辩证统一的实践逻辑。我们必须充分认识到新时期完善电网企业经济责任审计的重要性和必要性，把电网企业经济责任审计当作一项关键工作去抓、去落实，明确我辈历史责任担当，提高电网企业经济责任审计工作的法治化、科学化以及现代化水平。